赣州市社科精品著作资助项目
赣州市哲学社会科学研究基地课题
成果（项目编号：2022-JD-031）

宰相才度 易堂魂

魏禧经世思想谈

邱国坤 著

中国文联出版社

图书在版编目（CIP）数据

宰相才度易堂魂：魏禧经世思想谈 / 邱国坤著. -- 北京：中国文联出版社，2023.10
ISBN 978-7-5190-5356-7

Ⅰ.①宰… Ⅱ.①邱… Ⅲ.①魏禧（1624-1681）-思想评论 Ⅳ.①K825.6

中国国家版本馆 CIP 数据核字(2023)第 204817 号

作　　者	邱国坤
责任编辑	张凯默
责任校对	秀点校对
封面设计	贾闪闪

出版发行	中国文联出版社有限公司
社　　址	北京市朝阳区农展馆南里 10 号　　邮编 100125
电　　话	010-85923025（发行部）　010-85923091（总编室）
经　　销	全国新华书店等
印　　刷	三河市龙大印装有限公司

开　　本	710 毫米×1000 毫米　　1/16
印　　张	19.75
字　　数	203 千字
版　　次	2023 年 10 月第 1 版第 1 次印刷
定　　价	68.00 元

版权所有．侵权必究
如有印装质量问题，请与本社发行部联系调换

修竹万竿,清溪一曲。曳杖容与,适我幽独。——魏叔子自题

魏禧山居图(清·戴苍)

魏禧观竹图（阎乐容，14岁）

　　《魏禧观竹图》为酷爱美术的北京小朋友阎乐容所作。14岁的阎乐容小朋友癸卯（2023）春节期间随父母游翠微峰筼筜谷，面对修竹万竿，有感于《魏叔子看竹图》创作了此画。画面以一个当代少年独特的视角，运用速写的手法，虚实结合，再现了当年魏禧的风骨与气节，想象丰富，意境深远，实属佳作。画作亦体现了一代少年对中华民族优秀传统文化的热爱、继承与发扬，具有极大的现实意义。征得阎乐容小朋友同意，辑录于书首，以飨读者。

自 序

以魏禧为代表的的易堂九子及其形成的文化,是宁都人民也是中华民族极其宝贵和优秀的文化遗产。其宝贵和优秀,基于三个主要原因:丰厚的文学创作,永恒的人格魅力,不朽的易堂精神。

魏禧及同堂友人,引领了那个时代的新思潮、新文风,在思想、文化、学术、教育等领域独树一帜,成为时代的标杆,所以,魏禧享有"清初散文三大家之一"的美誉,易堂获得"江西三山学派之首"的推崇。

许多年前,我曾在一个主旨发言中阐述过易堂九子的人格魅力,将其归纳为8个方面:他们有少怀壮志、忠心报国的远大理想;有提刀赴难、舍身驱敌的战斗勇气;有不避风险、临危不惧的侠义衷肠;有急人之难、鼎力相扶的济世精神;有勤勉劳作、躬耕自食的生存意志;有相互砥砺、磊落坦诚的宽广胸怀;有肝胆相照、生死相依的同志信任;有坚守毕生、不事清廷的民族气节。易堂九子高尚的人格魅力,既得到了民众的广泛赞许,也得到了诸如毛泽东、梁启超、陈寅恪等历史伟人或名人的高度认可。

什么是"易堂精神"?明末清初声名显赫的爱国者、

大学问家方以智造访易堂后曾感慨发出"易堂真气，天下罕二"的赞叹。这种"真气"，从学术的角度去解释，似乎还是有些抽象，简而言之，就是"真诚"二字。这种理解，源于易堂九子本身。魏禧为什么能做易堂九子的领袖，同堂长兄李腾蛟有"桶箍"一说，认为"叔子于易堂，譬犹桶之有箍"。而魏禧则认为，自己之所以信服于众，是"箍必须宽大于桶，又须吃得了亏，如今桶箍千锤百敲，皆在箍上"，其内涵，就是做人要真诚。"真诚"是"易堂九子"立身处世的第一要义。彭士望反复强调要"以生为寄，以死为归，以沟壑为家，以忠信才敏之友为命"，邱维屏垂殁之际，示子成和"食有菜饭，着可补衣，无谄戾行，堪句读师"，都是把"真诚"视为人生的准则。为此，易堂子弟魏世俨曾以总结概括式的口吻对同辈说："要之九先生之所同者心，而不同者行其事。同其心者，真与诚而已矣。"这就是易堂精神，赵园先生把这种精神称之为"易堂作风"。"真与诚"，是易堂九子的律己要求，也是其生存的需要。而这种需要，不仅仅之于那个特殊的时代、特殊的群体，也应是我们这个新时代的坚持。易堂九子高举"真与诚"的精神旗帜，反对空谈，提倡实干，求真学问，写真文章，育真人才，交真朋友，守真气节，做真君子。今天，这种精神仍然在新的时代里焕发出耀眼的光辉和鲜活的生命力。

上述种种，已经足够称得上宝贵和优秀了，足够我们且珍且惜，努力传承和弘扬了。我作为一个学养浅薄的业余爱好者，在这条路上努力行走了40多年，焚膏继晷，乐此不疲。现在完成的这本小书，是对宝贵优秀的易堂九子文化的一次新的学习、新的探索，我愿意把这份果实，献给崇敬的先贤，同时，也与热爱优秀易堂文化的人们分享。

感谢易堂先贤的馈赠！

永远的易堂九子！

永远的魏叔子！

邱国坤

2022年冬月

目　录

引　言	……………………………………………………	001
第一章	以身任天下后世的价值观…………………………	004
第二章	严于律己的修身观…………………………………	029
第三章	爱民为大的民生观…………………………………	046
第四章	安邦兴国的德政观…………………………………	073
第五章	忠正勤廉的循吏观…………………………………	100
第六章	有用于世的人才观…………………………………	127
第七章	火尽薪传的教育观…………………………………	146
第八章	崇真尚实的学术观…………………………………	168
第九章	开风气之先的文学观………………………………	180
第十章	谋略深远的军事观…………………………………	207
结　语	……………………………………………………	232

附录

先叔兄纪略…………………………………	魏　礼	/234
翠微峰记……………………………………	魏　禧	/239
翠微峰易堂记………………………………	彭士望	/242
《易堂九子年谱》序………………………	周文英	/251
《易堂九子年谱（修订本）》自序………	邱国坤	/254

《易堂真气　天下罕二——2014年易堂九子学术
　　研讨会论文集》序 ………………………… 邱国坤 /257
关于易堂九子遗著、遗址、遗迹的再认识……… 邱国坤 /261
走近易堂
　　——2014年易堂九子学术研讨会主旨发言…… 邱国坤 /282

主要参考文献 ………………………………………… 299

后　　记 …………………………………………… 301

引 言

魏禧，生于明朝天启四年正月十三日（1624年3月2日），卒于清朝康熙十九年十一月十七日（1681年1月6日）。字冰叔，一字凝叔，号裕斋，宗派际昌。明亡后，避居翠微峰，构屋而居，门前阻石为小池，故此自称居室为"勺庭"，"勺庭先生"亦成雅号。父魏兆凤育儿五人，其二、五夭折，余兄弟三人以伯、叔、季相称。《魏叔子文集》行世后，广为流传，世人多称禧为"魏叔子"。

魏禧生长在明亡清继鼎革之际，因为不愿违背心志入仕，遂邀彭士望、林时益、李腾蛟、邱维屏、彭任、曾灿诸友，同其兄弟魏际瑞、魏礼等九人，相聚于翠微易堂，时称"易堂九子"。魏禧伏处山林十八年，潜心读史，研习古文，创办学馆，砥砺修身，蓄志待发。其报国之志，忧民之心，始终激荡于胸。1662年，魏禧决计用世以出，感言"天下奇才志士，磅礴郁积于胸中，必有所发，不发于事业，则发于文章"（《王竹亭文集序》）。亦誓言："一腔热血，亦欲一用，非用于君，则用于友，悠悠泛泛，无所用之，又安能禁宝剑沉埋之恨？"（《复六松书》）于是毁形急装，先后六次南涉江、淮，东逾吴、浙，行程数万

里，又历时十八年，以"任天下于一身，托一身于天下"之胸怀，几交天下之奇士。

纵观魏禧一生，虽然以一介布衣终老，但其言其行，无不关系经世致用之道，在学术、教育、文学、军事方面均有独到的建树，并以其高尚的德操和卓越的才华，赢得了世人的尊重和推崇。朱方来在《魏叔子文集·救荒策》文后评："勺庭先生山居二十年，心计手画，无时不胞与天下，所著策略，多万世大计。"其弟魏礼在《先叔兄纪略》文中道，叔兄广交天下人物，而"四方闻风趋赴者，亦骈咽辐辏，诸君子咸谓先生有古宰相才度"。魏禧于经世致用之道，有深刻的认识和持久深入的研究，但因其坚守底线，不愿出仕为官，终不能将思想付诸实践。对此，杨敏芳在《魏叔子文集·续论跋》中说："魏叔子天资高迈，好学不倦，经子百家之书，无不贯穿，而尤长于论史……究诸史之未发而不为放言高论以骇世，所谓有用书生者，非耶？嗟乎，叔子不得使见之行事，遁迹山岩，发愤而为言，岂惟叔子之不幸，可慨也！"

经世致用的思想，本起源于孔孟，教人如何做人，如何行事，如何治国。千百年来，有志向、有抱负的士人往往以经世为己任，自觉承担起关注民生，关注国运，针砭时弊，乃至救国救民的大义。明清易代之际，一批远见卓识之士针对明季空疏误国的浮靡学风，奋起提倡实学，其主要内容便是经世致用精神，强调把做学问和治理国家紧密联系起来，用以变革社会，达到济世利民的目的。在这一具有时代意义的思想潮流中，魏禧与同代的顾炎武、黄宗羲、王夫之、李颙、傅山、颜元、李塨等人，都是有力的倡导者和代表人物。

魏禧的经世致用思想，博大精深，自成体系，为一家之言，其核心和根本始终是以"爱民为大"，时刻萦系黎民苍生，终生洋溢家国情怀。本书试图从人生价值、律己修身、民生、德政、循吏、人才、教育、学术、文学、军事十个方面加以展示，让读者从一个较之前不同的新角度更加全面、更加深刻地认识魏禧。

谨以此书纪念魏叔子先生诞辰四百周年。

第一章　以身任天下后世的价值观

能知足者天不能贫，

能无求者天不能贱，

能外形骸者天不能病，

能不贪生者天不能死，

能随遇而安者天不能困，

能造就人才者天不能孤，

能以身任天下后世者天不能绝。

这是魏禧于康熙十九年（1680）四月卧病南昌时写下的一篇日记，此时，距他病逝仅隔半年。短短几句感悟之言，饱含了魏禧对人生持有的基本态度，精辟而富含哲理，读后启人心扉，堪称圣贤之论。

魏禧终年57虚岁，人生价值取向始终异常明确。以下分别从"志存高远的人生追求""积德力善的义利观念""至真至诚的交友之道""有用于世的生存态度"四个方面加以概述。

志存高远的人生追求

魏禧自述，祖代事农业为生，并依靠其致富，到了高祖一代，达到登峰造极程度："先代以力田致富，至希简公益大。嘉靖间岁饥，捐谷万石赈之，朝廷旌其门，赐冠带，希简公乃建圣旨门，凿石镂人物，丹绿之，高大如五岁儿。门内建高堂广室，落地有千柱，子孙繁衍，邑人呼曰'圣旨门魏'。"（《从叔父笃棐翁墓志铭》）希简公名良宗，是魏禧的高祖。曾祖抑所公，名于厚。祖父鸣宇公，名嘉谟，游南太学，病卒金陵，其时，家遗资产值万金。父兆凤，字圣期，自号天民，明诸生，崇祯初诏举孝廉，后又举为师儒，皆不就。道光年间所编《宁都直隶州志》这样评价魏禧的父亲："天性忠孝，岳岳多大节，居丧哀毁如古礼。散所积财及亲疏贫者，为乡人葬死救患，营婚嫁，修治桥梁、道路……学者呼兆凤曰'征君'。"（《（道光）宁都直隶州志·人物志》）魏禧亦称："吾家世忠厚，征君积德力善，为乡里望人。""吾先代来称素封者八世，至征君家声益大。"（《寄儿子世侃书》）聚富于己，施德于人，以至素封八世，家声益大，魏禧正是在这样一个中华民族传统美德氛围异常浓厚的家庭中成长起来的。

魏禧的高远志向大致可以分三个阶段看，甲申政变（1644）之前为立志阶段，翠微峰易堂避居前期为蓄志阶段，自出游始为抒志阶段。

少年立志，刚刚步入少年，魏禧便立下报效国家的雄心壮志，并且认为自己的志向很快就能够实现，他说：

"予十一有声党序，自谓名进士弱冠可致，将崭然见风节于朝廷。"(《送歙县鲍生北游叙》)对于这一点，魏禧兄弟三人都很自信："当是时，吾兄弟三人谓科名当探囊得，期以古名臣自致，节烈风采，彪炳史策。"(魏礼《先叔兄纪略》)魏禧青少年时期报国的途径自然是以早日获取功名入仕为先，所以，于科举时文，勤奋学习，成绩出类拔萃。"十一岁补邑弟子，冠其曹。"十四岁受业名儒杨一水先生，颇得先生赏识。杨一水先生对魏禧的才学与志向称道有加，得意地说："余老无所闻，晚乃得凝叔。此为明镜利剑在吾侧，吾固其门人也。"杨一水先生乃乙卯(1615)副榜，崇祯戊辰(1628)的恩贡，数试南北闱，年未二十即教授弟子，多至数十百人，其中不乏名宦贤才，誉享四方的老先生能甘当十四岁门生魏禧的学生，固然体现为师者的谦虚美德，但亦足见当年魏禧的过人才华。

魏禧青少年时期的立志功夫不仅下在博取科举功名的学习上，广交志趣相同、道德高尚之人，深入学习经世之道，探讨治国之理也是一个很重要的内容。与魏禧相交最早的志同道合者当数曾灿。"余幼与曾止山比户而居，长又同学。自年十三四，辄以古朋友相望责。"(《曾止山诗序》)一个为官家子弟，一个是富室孩子，因志趣相同，结为石交。这期间，与魏禧结为石交的人还有本地的一些名士："余十一岁颇知求友，里中如刘公定、李咸斋、曾青藜、谢君求，或以笃行令德，或污身辱名而志不滓，皆次第相与为石交。"(《彭躬庵七十序》)都是些志向远大的高尚之士。而其中年龄最大者应该是其妻祖、曾为滁州知守的谢于教。"妻祖谢公于教，称宿学，致政家居，年七十余矣。尝姻亚偕往，一揖后，各散去，惟先生十一岁童子，与七十余老人，终日语不倦。"（魏礼《先叔兄纪略》）十一岁的童子与年逾古稀致政家居的知州谈论了些什么，不甚详备，但二人能终日语不倦，可见不能尽是些家长里短之琐事。我们看当年魏禧与比自己年长近三十岁的刘参讨论的话题，大概可推测一二："参字功定，姓刘氏，明之老儒也。……崇祯七年甲戌，禧舅氏言于先征君，延之家塾，为季弟礼师，时参年三十有九，长征君一岁。禧年十有一，尝自别馆归省，宿塾中，与参谈《论语·有子孝弟》章，相得甚，遂为忘年交。"（《刘参传》）孔子的弟子有若谈论孝悌，其实质意义在于通过尊亲仁爱，筑牢社会和睦安定的根基，以明明德，达到修身齐家治国平天下的终极目的。十一岁的魏禧与三十九岁的刘参聊起这种话题，竟然也"相得甚"，可见魏禧年龄虽小，心里装的已然是天下事了。

崇祯壬午（1642），魏禧获得了一个崭露头角的机会。朝廷要员郭都贤巡视江西，考察人才，魏禧赴南昌应诸生试，郭都贤担任主考官，拔魏禧为第一名："崇祯壬午之役，先生较士江右，拔第五人，诘朝谒谢，先生置第一，人勿问，特召禧前曰：'……大破格例，非场屋所宜。'又诵次题文数十语，曰：'此决科才也，勉之无怠。'"（《上郭天门老师书》）郭都贤官至江西巡抚，才学过人，是忠臣名宦，不仅亲点魏禧为第一名，而且能将魏禧文章的精

彩片段口诵出来，足见对魏禧其文其人的喜爱和看重。此时，魏禧距实现名进士之梦，应该只有一步之遥，这年魏禧十九虚岁。

避居蓄志。甲申国变，明亡清继，无情地击碎了魏禧入仕报国的梦想，他毅然选择了避居的方式以蓄其志。始闻京师陷，天子死，魏禧"辄号恸，日往公庭哭临，食不甘味，寝不安席"。他作《伤怀诗》自述："北风漠漠，寒云千里。瞻望昊天，涕泣不已。"也曾与曾灿的父亲曾应遴商量，打算组织义军守护奄奄一息的南明王朝，未果。起兵勤王的救国志愿不能实现，魏禧举家携友避居翠微峰。魏禧的避居，是人生顺应时代的一种主动选择，其中包括对避居地点的挑选："方流寇之初炽也，是时承平日久，人不知乱，且谓寇远难邂及。先生独忧之，寻山石结寨，以卫家室，经营措注，皆有成法。邑人仿效之，得免寇攘之难，时年二十一也。"（魏礼《先叔兄纪略》）不难看出，此时的魏禧不仅有强烈的忧患意识，而且具有长远的战略眼光。

魏禧选择避世绝不等于遗世，仍然以一种积极进取的入世态度处世，在《答陈元孝》信中说："士君子生际今日，欲全身致用，必不能遗世独立。"他把"高节笃行者，坚僻迂疏，遗忽世务，不切于用"，看成是"儒生俗吏，不识时务"之人，（《陈胜论》）认为有志之士处于变革之际，"当思所以自奋，毋徒碌碌，以苟全性命为自得"（《十国春秋序》）。在与同堂李咸斋的诗中抒发了自己积极入世的意愿："隐当为太公，不当为伯夷。择地钓渭水，乃为西伯师。德公处襄阳，诸葛侨隆中。既当都会地，亦多豪杰从。"(《咏史诗和李咸斋》)清楚地表达自己要以姜太公、诸葛亮为榜样，蓄志待发，伺机而动，成就伟业。其实，这种以退为进，蓄志待发的生存态度，在易堂避居的诸子中表现也很强烈，如彭士望在《耻躬堂文钞自叙》中说："丙戌侨居梅川山中，志慨慕田畴，意可得为马援、温峤、富弼。"马援、温峤、富弼分别是东汉、晋、宋的名将重臣，都是有用于世的人物，以这样的人物为效法的榜样，可见他们的志向是鲜明的、高远的。

在蓄志阶段，魏禧顺时而动，有许多积极作为。

认真总结明朝灭亡的历史教训。甲申（1644）、乙酉（1645）年间，魏禧仍怀赤子之心，痛定思痛，写作了《制科策》《限田策》《革阉宦策》等变法三策，并称其写作目的是希望能为"圣人崛起，光复故业"作借鉴："法宜变者，乘天下之时而已。吾辞其害，收其利，而又适当乎其时也。安于故常而不变则惑矣。故圣人崛起，光复故业，此可大变以与天下更始之时也。其法有三，一曰论策制科，一曰限田，一曰革奄宦。"(《变法上》)

相邀易堂诸友讲读研习经世之务。彭士望在《翠微峰易堂记》中介绍："方初聚时，俱少年朗锐，轻视世务，或抗论古今，规过失，往复达曙，少亦至夜分。""每佳辰月夕，初雪雨晴，辄载酒哦诗，间歌古今人诗，辞旨清壮慷慨，泣浪浪下。或列坐泉栈，眺远山，新汲，吹籥煮茗，谷风回薄，井水微漪。遇飞英堕叶缤纷浮水际，时一叫绝，几不知石外今是何世。盖自有'易堂'，凡所为嬉

笑怒骂，诵读讲贯，谋断吉凶，歌泣困厄，濒死丧，言行文章，上及爻象、兵、农、礼、乐、学道、经世之务，罔不遍及，其于学无常师，亦罕所卒业。"这些表面上看似桃源的怡闲情趣，暗中连带着魏禧和诸子入世能量的进一步积聚。

蓄志是为了用志，在艰苦的求索中，魏禧选择了交友、著文、办教育作为自己用志的主要途径。青少年时期交友，多以名相名臣相期许，现在要求有所不同："年二十一，丁国变，则慨然愿交奇伟非常之士。嗣是友道日广，有若易堂之经术文章，程山之理学，髻峰、天峰之节义，以至四方文人奇士，仆皆得与游。"（《答南丰李作谋书》）决意仕进，摒弃时文，魏禧避居后开始跟随姐夫邱维屏学习古文，寻找到了一条光明通达、直抒胸臆的经世之道。从此，他用手中如椽之笔，叙古今兴衰之史，谈国计民生之事，发经世致用之论，成就了一段感人的史话。他和易堂诸子办起了易堂学馆，又自创了水庄学馆，为培养青少年卓荦人才，实现火尽薪传的意愿，建立了一块永久的阵地。

出游抒志。自甲乙至壬癸，历二十八年，魏禧从二十岁的朗俊少年，成长为年近不惑、文章气节皆重的忠贞名士，其间闭户十八年，他感到是走出山林，去更远的地方认识这个世界，同时也让世界进一步了解认识翠微山中易堂诸子的时候了。1662年，魏禧开始了平生六次江淮吴越之游的初程，并将这种抒志的游历坚持到生命的最后。对于出游的初衷，魏禧这样说："壬癸之际，私念闭户自封，不可以广己造大，于是毁形急装，南涉江淮，东逾吴浙，庶几交天下之奇士，行旅无资，北不及燕秦，南不得至楚，遂返山中。"(《上郭天门老师书》)跳出"闭户自封"的山林，去寻找"广己造大"的新天地，这是积极入世的必然，基于这个动因，魏禧选择了出游江淮吴越，那里既是当时全国文化交流的中心，也是易代之际无数忠烈之士的聚居之地。

游历的过程，既是纵情抒发心志、体现人生价值的过程，也是考验其意志品质的过程。魏禧面对的困难，主要是路途的艰辛和身体的沉疴。

且看魏禧第五次出游的行程：丙辰（1676）三月即打算顺江而下去赣州，"予方三月束装，江路阻，不得南下"。江路不允许船只通行的原因，是兵乱所致，待到初秋时分，改从陆路出发，途经兴国、泰和，又遇兵阻。在泰和富田云坞住了下来。"云坞去郡城数十里，去孔道数里，时郡中大攻战，炮声彻左右耳。"(《王竹亭文集序》)陆路上的大路也不敢走了，只好钻到大山里的寺庙中去东躲西藏。从庐陵的石壁回龙庵到青原山，"日转穷山中避兵，所住僧屋先后十有一处"。魏禧在途中寄信给家人说："别兄岁又八月，弟亦十月不相见，此间并八九月不得家信，未晓兄弟行止及家中人安恙。""初出家门，路颇难，绝笋舆处，曾接日行九十里，趾肿，胫骨跛，是平生未惯也。"(《寄兄弟书》)连简易的竹轿都无法通行的山路，可见其崎岖和险峻，苦了魏禧每日要在这样艰难的路途上爬山涉水，直走得趾肿胫骨跛。丁巳（1677）七月终

于到达扬州，魏禧曾说扬州距家乡三千里路程，这次足足走了一年，相比于路途的艰辛，魏禧更需要挑战的是多病的身体。"少屡善病，参术不去口。""某天质衰羸，养疴三十年，不通人礼。""壬子岁，予在吴门卧疾十三日，试诸医不效。""癸丑八月病伤寒，十月骤头风欲发死，十二月又发。""在外旧病幸不作，徼行后头齿作，二三日寻愈，右臂患处时作痛，或因过抄书。""己未九月，予头风作，就医泰和。""庚申三月，予就医双林，中道病作，力疾下章门，使门人清江熊颐主医药。"从这些记述中，可以看到魏禧从小得病，反复发作，经久不愈，疾病给他带来巨大的痛苦。他正是在长期忍受疾痛折磨的状态下，坚持反复出游。至最后一次庚申年之游，从出发开始，魏禧就已经是重病在身，一路由门人梁份侍服。途中，魏禧艰难地写信给儿子世倪说："自出门后三次大病，参药之费，计五十金。七月光福一病，仅存皮骨，揽镜自照，陡然心惊。"（《寄儿子世倪书》）至该年十一月七日，魏禧抱病造访老友冷士嵋，冷士嵋发现魏禧气色不对头："时叔子病始瘥，气馁甚，莫具揖，与余谈，犹娓娓罄衷曲事。余谓叔子宜绝笔墨，简言论，完神啬思以厚自爱。叔子肯余言。期来岁二月聚广陵。吁，讵八日而竟殁耶！"（冷士嵋《书魏冰叔祭文后》）好友的叮嘱相隔不过八天，魏禧在船上突发心气病，一夕卒。

魏禧在跨越十九年的出游中，往复江淮吴越之地六次，行程数万里，其出游的根本意义在于：让魏禧认识了世界，同时也让世界认识了魏禧。

积德力善的义利观念

积德力善是魏禧的家风,"征君积德力善,为乡里望人","吾兄弟以文学为当路所礼,又肯出气力为人"。(《寄儿子世侃书》)魏禧的父亲、祖辈经常"散所积财及亲疏贫者,为乡人葬死救患,营婚嫁,修治桥梁、道路"(《宁都直隶州志》)。针对社会上贫富不均,常有为富不仁者的现象,魏禧提倡树立"财以自养,且以养人"的良好社会风尚。他说:"呜呼!自大道衰而私利盛,分人以财者不概见于乡间,故有视同气为胡、越,族戚婚友为路人,人为异类,坐视其饥饿困苦死亡而不之恤。夫财以自养,且以养人。专自养而不养人,失天所以养我,久必丧其自养之具。世之削人以自封者可见矣。能养人者,天必报之,养其身以及其子孙,故善自养者未有不善养人,善养人者必自养。"(《歙县吴翁墓表》)魏禧褒扬的吴翁是个经常行善事的"善养人"者。一次,吴翁坐船去楚地做生意,船夫偷走了他口袋里的钱逃跑了。后来这个船夫被抓到,吴翁看到船夫是个穷苦人,不仅没有责备他,反而还赠送了些钱嘱其好好养家。又一次,吴翁在路途遇到一位文弱的书生携妻躲避兵寇的骚扰,而几个无赖之徒想诱夺其妻,书生竟然想不出办法保护妻子。吴翁见状,赶紧替他报官,得以解困,之后又送了许多钱给书生,资助书生脱离险境。在楚地做生意时,听说湘潭发生火灾,大火烧了数百家老百姓的住房,又恰逢雨水连绵,百姓老幼露宿泥水之中,很是凄惨。吴翁出钱买了几千条竹席,供这

些因遭受火灾而无家可归的人搭建临时帐篷居住。吴翁做了一辈子的善事，并且将这种济人的美德传给儿子，儿子也秉承父教，务济人事。其实，吴翁并不是一个很有钱的商人，"翁虽服贾四方，资不饶，而好行其德，为人所难能"。吴翁还有很多美好的品德，如衣不解带侍奉久病卧床的父亲，终身未曾打骂过家中的童仆，等等。魏禧说："此皆翁过人之行，然莫难于以财养人。"魏禧褒扬吴翁的目的，就是要"以风世之厚于财而专自养者"。

侠客衷肠式的积德力善者，魏禧也很欣赏。在《卖酒者传》里，魏禧介绍了一位万安县卖酒者买卖间待人接客的几件事情。一件是平生从不欺人。童婢沽酒时，一定要问其是否能饮酒，提醒其不要偷喝瓶中之酒，以免遭主人责打；如果买酒的童婢不小心跌破瓶缶，则另外取瓶重新装好酒，让其带回家里。一件是有一次几位在酒店喝酒的顾客，因为担保贷人之款无法按时归还，要吃官司，可能造成家庭破产的后果。卖酒者见状，问明所欠贷需偿还的金额，共计四百两银子，马上代为拿出给这几个客人还贷，并且连欠条字据都没有立要。这笔钱款四年之后才得以归还，一分钱利息也没有取。最富有戏剧性的是后面这件事："客有橐重资于途，甚雪，不能行。闻卖酒者长者，趋寄宿。雪连日，卖酒者日呼客同博，以赢钱买酒肉相饮啖。客多负，私怏怏曰：'卖酒者乃不长者耶？然吾已负，且大饮啖，酬吾金也。'雪霁，客偿博所负行。卖酒者笑曰：'主人乃取客钱买酒肉耶？天寒甚，不名博，客将不肯大饮啖。'尽取所偿负还之。"（《卖酒者传》）这个卖酒者还真有侠客之义,不仅不见财起意,见利忘义,还巧施其德,尽其所善以待客人,无愧远近之人尊称其为"长者"。

君子爱财,取之有道,以诚实致富也是积德力善义利观的一个重要方面。魏禧在新城授徒时听说这样一段故事:"新城县有刘拐子,居京师中,同乡人见其资用丰饶,问:'汝有何术辄能拐人?'答曰:'一味诚实。'予闻而击节,曰:'此语入神。'"(《日录·里言》)同乡人问得幽默,刘拐子答得直率,魏禧称赞则意味深长。魏禧曾经对门人说:"只一诚字、一谦字自处处人,终身受用不尽。"(《日录·里言》)经商也罢,做人也罢,皆需以诚相待,切忌投机取巧,使奸耍滑。魏禧还指出:"凡做好人,自大贤以下皆带有两分愚字,至于忠臣、孝子、贞女、义士,尤非乖巧人做得。"(《日录·里言》)当然,这两分"愚"意,并不是真愚,而是做人的豁达与真诚。

积德力善的最高境界,是以此作为道德修养的准则来衡量和约束自己,魏禧说这种人可以称之为"君子"。他在《瓶庵小传》里记述了这样的人:"吴门枫江之市有君子焉,人皆称曰瓶庵。或曰守口如瓶,取谨言之义;或曰瓶窄口而广腹,善容物者也。瓶庵幼失怙废学,长自力于学。好文墨士,于贤人隐君子尤尊敬之。朋友之穷老无所归者,曰于我乎养生送死。于是士君子皆贤瓶庵。人有难急之日,好行其德。尝僦小舟,问舟子曰:'几何钱?'曰数若干。瓶庵曰:'米贵甚,如是汝安得自活?'乃增其值。故负贩人亦曰瓶庵盛德长者。吴门高士徐枋难衣

食，瓶庵尝馈遗之，枋不辞。"魏禧认为，人生存于世，要去恶趋善，"有恶无善者是禽兽，无善无恶者是草木；人生平无大过恶，便怡然自足，不思为善，焉能为有，焉能为亡，此与草木何异？"（《日录·里言》）魏禧真诚地希望，普天下之人都能成为好人，普天下之人都能常行好事："余尝举古人'愿天常生好人，愿人常行好事'二语，谓足蔽四书、五经、廿一史、诸子百家中好话头。或谓欲约言之，只上六字已足，曰：不然，好人亦有各路，毕竟以有功德于世，肯利济人者为上。须知上六字是劝世中为恶小人，有无可奈何之意，而祝之于天。下六字是劝世中独善君子，有无限丁宁之意，故祝之于人。"（《日录·里言》）如果能按照魏禧的希望，人人都争取做一个"有功德于世，肯利济人"的好人，这不就是千百年来无数仁人志士追求实现的那种和谐社会吗？

至真至诚的交友之道

魏禧极其看重交友，视交友为积极入世的重要途径，希望通过交友来开阔自己的胸襟，纯洁自己的心志。而"真""诚"，是他对友道最重要，也是最基本的要求。他在《徐祯起诗序》中说："天下之害，由于人无真气，柱朽栋桡，而大厦倾焉。"没有真气，国之将倾，可见其重要。关于"诚"，他在回答二位侄儿的提问时说："诸子世杰、世俶请曰：'今欲处身处世，无怨恶而有济于务，其道何由？'曰：'曰诚、曰谦、曰恕、曰宽、曰敏、曰信、曰惠、曰公。'"（《日录·里言》）至真至诚，始终是魏禧秉持的交友之道。

真诚方能识友。魏禧交谢廷诏，是一个慧眼识珠的过程，彭士望称其类似于"古人之谊"。魏禧在《谢廷诏传》中这样介绍："谢廷诏者，字君求，余同县人。其父生五子，诏贤，读书，比为弟子员，多交游，为人排患解纷乱，不自见德，人亦弗知也。诏家世寒微，喜任事。戚友有大故，往往身出入吏胥间，由是世士轻之。禧十岁，识诏于舅氏，貌顾不甚伟，又日闻其行事，益不敬之。崇祯壬午年，余与曾子灿读书莲花山，诏因余舅氏子假馆江园。予归，闻诏特在，颦蹙以告灿。比入园，数见诏行颇适外，不读书，人杂逯园门，自皂隶里正及诸无赖生无不至。予亦从其门人语，得所为文字，曰：彼谢生者耶？久之，得其行事，曰：有是哉！夫其所谓谢生也。于是走告灿，摄衣冠就诏室，曰：'向者鄙薄君子方八九年，今乃知子，子毋弃我。'遂为莫逆交。"（《谢廷诏传》）在魏禧最初的印象中，谢廷诏出身于寒微家庭，其貌不扬，常出入于吏胥之间，又与皂隶里正及社会上三教九流各种地位低下的人来往密切，是个被人瞧不起的读书人。魏禧和曾灿对谢廷诏也有点反感。通过八九年的观察，魏禧发现谢廷诏不是像常人所说的那样，而是一个能急人之难、重义轻利的侠义之士，只是为人低调，不愿张扬而已。于是引为知己，结为莫逆之交。谢廷诏和魏禧、曾灿曾因避乱住梅源村，廷诏因重病卧床不起，魏禧和曾灿悉心服侍，为谢廷诏端屎接尿，而谢廷诏亦"视之晏如也"。恐怕作为有大隐之志的谢廷诏，也是想类战国时冯谖客孟尝君之

举,以此来为魏禧的真诚友道树德。可贵之处还在后面:"丙戌春,灿以清江公荐,奉命监军四营,将出湖东。诏私谓余曰:'四营虎狼也,曾子徒忠诚,亦惧其才之不胜任也。且曾子既为人上,则难以得下之情,予不可不往。'然而诏之疾已大渐矣。后三日,诏病死。诏昏革不知人,惟大呼曰:'杀贼!杀贼!'"这不就是"士为知己者死"的壮举吗?魏禧感叹说:"余兢兢惧失天下士,而几失于州里。向微舅氏子请假江园,则诏将终身无知者。"(《谢廷诏传》)魏禧不被世俗的眼光所扰,发现并得交谢廷诏这样的市井隐士,皆因其真诚之识有之。

以真诚之情,博真诚之心,是魏禧结交高士汪沨的一段美谈。汪沨二十二岁中举人,是江浙的名士,但不喜欢结交权贵,时人称其"汪冷"。他先是拒绝了一桩富家千金的婚事。后来钱太守打算将女儿嫁给他,他对钱氏说:"我是一介寒士,你是贵家小姐,只希望你知礼义,孝事公婆,与妯娌和睦相处,就足够了,不要讲究那些奢华的服饰和婢女的侍候。"钱氏过门后果然去服饰,屏侍婢,亲自下厨和操持家务。明亡后,汪沨谢绝仕进,内姻想强迫汪沨参加会试,并拿出一千两银子对其妻说:"如果能劝说你的丈夫赴试,这千两银子就归你。"其妻坚决拒绝,并说:"我的丈夫决心已定,我劝说不了,我也不喜欢这些钱。"之后,汪沨常于大山名川之间,作异人高士之游。魏禧初次出游吴浙时,听说汪沨其人,很想结交,但又苦苦不得其人。魏禧自述道:"余癸卯游浙江,闻三孝廉名,国变并谢公车,有监司欲见之,知其不可屈,舣舟载酒西湖上，属所亲招之，唯汪沨不至。沨，钱塘人，字魏美。尝独身提药裹往来山谷间，宿食无定处。"（《高士汪沨传》）此时汪沨就在杭州，当地官员设好宴席，载酒舟船欲在西湖上款待汪沨，汪沨没有接受宴请。魏禧来自千里之外的赣南山区，此刻且无什么名气，尽管到汪沨母亲和兄弟住的城郊居所探访多次，又在西湖汪沨所能出现的地方打听数天，仍然毫无收获。魏禧设法找到汪沨的弟弟汪沄，请他代转自己给汪沨写的亲笔信函，汪沨仍然不见。为了结交这位高士，魏禧坚持耐心等待。又一天，汪沄告知魏禧，汪沨将游西湖。魏禧很兴奋，心生激将之计，致信一封，请汪沄转交汪沨，信中说："足下知仆至，意当倒屣过我。顾以常客遇我，足下则可谓失人。"短短数字，既表达了对汪沨的敬重之意，也流露出自己交友的真诚之情，同时对汪沨之前的态度又略有微词，落落大方，另有一番气度。

汪沨得书，方知道魏禧亦非寻常之辈，马上跑到魏禧下榻的驿馆相见。"自是常出就余，出则必之愚庵所，抵足卧，往往谈至鸡数鸣，或更起坐行不肯休。"（《高士汪沨传》）两个志趣相同的高节之士，遂结为兄弟之交。与汪沨的结交过程，魏禧印象十分深刻，称赞汪沨"于当世盖热中人也"。一个人人都称其为"汪冷"的高士，却被魏禧用真诚焐暖了心，在朋友面前畅开胸怀，展示出热血衷肠豪杰之士的本心面目。应该说，魏禧是深谙友道的。

真与诚是维系易堂诸子关系感情的基础，魏禧倾毕生心血守护之。易堂九子这个遗民群体，很大程度上是魏禧

用真与诚凝聚而成的，发端始于魏禧和彭士望的相交。这是一次极偶然的人生际遇，魏禧和彭士望两人分别都有描述。

彭士望在其《魏叔子五十一序》中是这样回顾的："忆予乙酉六月，自南昌携俪停许湾，身三驾宁都，平日口语寄托人，俱不足信。方彷徨间，俄造予一少年，颀然清癯，角巾，蓝縠衣，趋揖曰：'身魏凝叔也，慕君久，幸过一言。'携推入小东园，语不可断。予浴，叔子立盘次语，比夜漏下三十刻。予曰：'定矣！吾决携家就子矣。'叔子曰：'此自吾事。'"

魏禧在《彭躬庵七十序》中也回顾了这段改变人生的定交："余乙酉年二十二交躬庵先生，至今三十五年如一日，虽一父之子无以过也。……及见先生所行事，议论称道其交游之人，则皆若古书传所记载，不觉惝恍自失，意若发醯鸡之覆而见天，取智井之蛙而投之江河也。初先生以福清林退庵言知予，立谈定交，决计与朱用霖携妻子相就。舟至，余方晨起，闻之，蓬头垢面，裋被走砂碛相见，慷慨谈论，每至佳处，先生辄摊两手向用霖曰：'何如？'是时先生长予十四年，为名卿相所宾礼，立义声，有大名于时。予方局促乡里，名不出州府，而先生一见特与为兄弟交，古人所称知己何以过焉！"

魏禧称道当时的彭士望"为名卿相所宾礼，立义声，有大名于时"并非虚言。彭士望参与东林党人的结社活动，抨击腐败的朝政；师从铮臣黄道周，因营救黄道周几于入狱；为抗清将领杨廷麟募兵九江；史可法督师扬州抗清，招彭士望为幕僚。面对年长自己十四岁、有如此丰富阅世经历的彭士望，魏禧"不觉惝恍自失，意若发醯鸡之覆而见天，取眢井之蛙而投之江河"的心情，应该是完全发自内心的感受。而彭士望对面前这位年轻人亦有"一见如旧"的感觉，凭借自己深邃的洞察能力，认定魏禧是一个可以托付的人，"遂定交，以家寄托"，并与林时益同往依之。魏禧与彭士望的见面与定交，是真诚与真诚的相会与交融，彭士望日后在其诗中说："易堂自兹始，求志得从容。"（《耻躬堂诗钞·山居感逝》）

易堂诸子性格各异，志趣也随着时间的推移有所变化。李腾蛟为人恭惠淳厚；邱维屏为人高简率穆，平常沉静不言，不识者以为村老，有问者日夜娓娓不倦，与人争辩时辄高声气涌，面发赤，颔下筋暴起如箸；彭士望少负大志，正直豪迈，果敢多谋，坚毅顽强；林时益年轻时有大志，避居后力耕自食，常悲歌慷慨，好禅，性情和雅达观；彭任为人恬淡、端庄自然，德量宽宏，常容人所不能容，忍人所不能忍；曾灿少负才华，以风流相尚，为人质朴无饰，好慷慨助人，能以死任大事，后略显颓唐。三魏兄弟亦各有其长：魏际瑞为人伉爽强急，疾恶如仇敌，也能自屈于理，好诙谐；魏礼少鲁钝，受业于禧，为人沉毅刚苦，不避凶险，勇于义概；魏禧则形干修颀，目光奕奕射人，少孱善病，参术不去口，性秉仁厚，宽以接物，与人以诚，多奇志，直言无讳。

性格志趣各异的易堂诸子，在亲缘关系上又错综复杂。彭士望和林时益、邱维屏和魏氏兄弟，结交之前就已

经是亲戚，林时益的幼子后来又做了彭士望的女婿。此外，彭士望的儿子娶了魏礼的女儿，林时益的女儿嫁给了邱维屏的儿子，彭任的女儿嫁给了李腾蛟的儿子，魏际瑞的女儿嫁给了彭任的儿子，魏礼的儿子娶了曾灿的女儿，等等。

上述几种复杂的因素是内在的，还有许多需要面对的复杂外部因素，如残酷的政治环境，艰苦的生活环境，以及由社会变革带来的一系列突如其来的干扰。中国社会科学院古代文学研究室主任、著名学者蒋寅先生曾在一次研讨会上说："易堂九子是非常特殊的一个文人群体，在中国历史上，我都想不出哪个朝代有这样一个文人群体可以和他们相比。"足见易堂九子当年存在的特殊性。需要看到的是，易堂九子这一群体的存在，在他们当世时就延续了六十余年，其后学后人亦再延续了若干年之久，如若没有一般强大的向心力量，是不可能实现的。

关于这一点，1694年魏礼之子魏世俲在回复彭士望的儿子彭汝诚信中说："吾前辈九先生，远者来自千里之外，聚处一堂，以真信诚笃教子弟，挽明季浇漓之习。或出或处，各有其道。忠信笃敬以为本，朋友为性命，视朋友之父母子弟如伯叔父母子弟，跪拜坐立，一若同姓，迄五十余年不少变。故至今易堂真诚不欺之名遍南北。是吾前辈积数十年之心思力行以有今日。"接着又说："吾侪俱为易堂先生子，要之九先生之所同者心，而不同者其行事。同其心者，真与诚而已矣。"（《耕庑文稿·答彭汝诚书》）凝聚易堂九子的强大力量，正是真与诚。以真诚贯之的易堂九子，世所罕见，故此，当年方以智造访翠微，才会从内心发出"易堂真气，天下罕二"的感叹。

有用于世的生存态度

"以生为寄，以死为归，以沟壑为家，以忠信才敏之友为命。"（彭士望《耻躬堂文钞·与宋未有书》）彭士望的这句话，表达了包括魏禧在内易堂九子的共同生存态度。魏禧将古今死难忠臣分为三等："古今死难忠臣当作三等观：从容就义，视死如归者，上也；意气愤激，一往蹈之者，次也；平居无鞠躬尽瘁之心，及临事顾名思义，若不得已而以一死塞责者，则未免有所希冀，有所安排矣，又其次也。"（《日录·史论》）魏禧认为，作上等观者，是为立大节者，而大节是天下人的立身之本："人之贤不肖，当观其大节，大节既立，其余不足复较。""是以论人者必先大节，而其不徒以节见者为尤贤。"（《李忠毅公年谱序》）

人要为"大节"而生，为"大节"而死，便活得其所。魏禧笔下的许秀才，便是这样一个人。许秀才名王家，字君聘，是苏州长洲县人。少好学，以名节自励。"乙酉，北兵南下。……八月，下剃发令，王家慨然太息曰：'父母冠我时，祝我为何如人？此发岂复不毁伤耶？'家人见其语决，环之泣。或劝王家曰：'君一秀才耳。未食天禄，奈何遽以身殉乎？'王家曰：'国家养士三百年，所养何事？吾已名列学宫，亦朝廷士也。先师杀身成仁，求生害仁之义，吾讲之熟矣。'以父母属妻顾氏曰：'尔善

事堂上，吾不能终养为孝子矣。'父母素知王家为人，亦忍涕谓王家曰：'汝行汝志，勿以我二人为念。'王家乃整衣冠赴河水而死，时年三十有九。"（《许秀才传》）

有人认为许秀才仅仅因为"争毛发丧其元"而赴死，有些过分，魏禧认为这种看法是错误的。他说："士苟奋然出此，虽圣人不以为过。今夫伯夷、叔齐让国而隐于首阳，亦商家两匹夫耳。"像许秀才这种贫贱之士，"不食朝廷升斗之禄，无一级之爵，顾毅然舍其躯命，以争名于毫末，震天地而泣鬼神，虽夷、齐何以加焉？"（《许秀才传》）面对许秀才为"大义"而赴死的壮举，魏禧感到十分惭愧，"禧亦故诸生，方偷活浮沉于时，视二许能不愧死入地哉？"

魏禧所处变革之际，诸多遗民清正刚烈，为节义而殉国，"其行洁，其志哀，其迹奇，其幽隐郁结，无可告诉之衷，可以感鬼神而泣风雨。"（孙静庵《明遗民录·民史氏与诸同志书》）魏禧对此时的生存态度，有过深刻的思考："变革之际，舍生取义者，布衣难于缙绅；隐居不出者，缙绅难于布衣。盖人止一死，无分贵贱，贪生则同。布衣无恩荣，无官守，此舍生所以难也。布衣毁节趋时，未必富贵，闭户自守，亦无祸患。缙绅则出处一殊，贵贱贫富立判，安危顿易，事在反掌，此隐居所以难也。"（《日录·杂说》）他深切感到作为一介布衣，于出和处之间的两难选择。正因为有如此的艰难抉择，易堂诸子的出处态度不一。

彭任这样说："学问固求于实用，然不必专于设施，或独善，或兼善，唯其时耳，均之为有用之学也。今日吾党所处之时、之境，穷乎？达乎？处乎？出乎？穷处在下，便当行穷处之事；若穷处在下，而欲行达而出之之事，恐未见其可也。……且'出处'二字亦须表里清楚，不得拖泥带水，诸兄自度才可为志欲救世者，亦不妨出而任天下之事，正邵尧夫所谓：贤者所当尽力之时，能宽一分，则民受一分之赐也。苟度身世而不可出，则不出有不出之事，日用伦常有多少当尽分处，但当随所遇以为事，则道无不在矣。如此，则出自成出，处自成处，各成其是而已。"（彭任《草亭文集·与甘健斋书》）彭任认为，处者有处的原因，出者有出的道理，须因人而异。当处则处，当出则出，否则，将适得其反。无论出与处，皆应以求实用，以有用为目标，如果能够抱持这种态度，则该出就出，该处就处，各成其是而已。诸子中，除了彭任、李腾蛟、林时益，乃至邱维屏，基本上都选取了以处为主的生存态度。

对彭任诸友所持的生存态度，魏禧是认同的。他在《答陈元孝》文中说："然沉浮二字最是难为，浮者便浮，沉者便沉。独浮沉之间，稍方则忤人，稍圆则失己。古人所谓绝迹易，无行地难也。"处者可以守节、达志，出者亦可守节、达志。魏禧对易堂彭士望、魏礼之出，倍加赞赏。对于彭士望的出处态度，魏禧评论道："先生老不忘世，四十年不安其席。比游楚，阻兵不得归。或有以高官达爵饵先生者，先生去而逃之山中。及归，而先生适七十。易堂诸子咸谓先生得出处之正。夫百里奚七十而

入秦，先生七十而去之，其义当必有在。"（《彭躬庵七十序》）彭士望自己也说："望自童幼性成，即以朋友为命。今行年七十有三，所交王侯、将相、富贵人、穷士、方外、游侠，以至浆博屠沽，下走厮养卒，不可胜计，而其真者则多出于穷士。"（《耻躬堂文钞·复张一衡书》）"但四十年偷活草间，安贫守拙，从未一入公门。"（《耻躬堂文钞·复高学使书》）"居行离乱同称老，出处存亡总食贫。伏枥何曾称烈士，闻钟空自笑遗民。"（《耻躬堂诗钞·别杨永年》）无论出处取予，彭士望都坚持了极其高尚的志节。

魏礼的出游，使魏禧感受到了另一种生存的意义和价值。季子好游，举债独身南极琼海，北抵燕地，行程数万里。南游时，驱车瘴疠之乡，蹈不测之波，飓风夜发屋，卧星露之下。沿途屡遇兵变，杀人如麻，尸交于衢，流血沟渎。北游时，经山东，方大饥，饥民十百为群，煮人肉而食，千里之地，草绝根，树无青皮。家人和朋友对魏礼这种冒着极大危险的举债独游行为既担心，又有所不理解，希望魏禧加以劝阻。魏禧坦然笑着回答："吾固知季子之无死也。"魏禧带着称赞的口吻说："吾之视季子举债冒险危而游，与举债饰其庐，一也。且夫人各以得行其志为适，终身守闺门之内，选耎趑趄，盖井而观，腰舟而渡，遇三尺之沟则色变，不敢跳越，若是者吾不强之适江湖。好极山川之奇，求朋友，揽风土之变，视客死如家，死乱如死病，江湖之死如衽席，若是者吾不强之使守其家。孔子曰：'志士不忘在沟壑。'夫若是者，吾所不能也，吾不能而子弟能之，其志且乐为之，而吾何暇禁？"（《吾庐记》）有志之士，四海为家，"视客死如家，死乱如死病，江湖之死如衽席"，这无疑是一种令世人刮目相看的生存境界。

托身于天下，寄生死于友于文，毁形急装，乏服以出，是魏禧人生作出的重大抉择。魏禧之出，主要活动为交友、著文，面临许多新的困难，但是，更为重要的挑战是精神层面的。他说："弟闭户十八年始出游，交东南贤者。归，又八年而出，出处取与间，常兢兢恐失山中面目。而交游势不得不杂，文字应酬不得不多，乖违本志，遂亦不少。杜子美云：'在山泉水清，出山泉水浊。'每念斯语，辗转生愧，始信浮沉之际，大是难为，此后益当因明训加惩也。"（《与徐孝先》）又言："仆向有二语，居山须练得出门人情，出门须留得还山面目。"（《答陈元孝》）于纷繁复杂的交游应酬之间，稍不留意，便有失志失节的可能，为此，诸友对魏禧也多有诫勉之言。魏禧的出，使一腔热血得以一用，使沉埋之宝剑焕发出灵光，他的德才，随之也逐渐得到各路贤能之士包括当朝新政的关注，魏禧成为海内家喻户晓的名士。

康熙十七年（1678），魏禧五十五岁，这年他接到了诏举博学鸿儒的通知，但是，以病为由辞诏。朝廷以用才为名不依不饶，江西巡抚要亲验魏禧病情。"有司催就道，不得已舁疾至南昌就医。巡抚舁验之，禧蒙被卧称疾笃，乃放归。"（《清史稿·列传·魏禧传》）这是一次面对生死的直接考验，对这场关乎名节的考验，魏禧早在出发前已

有准备:"魏禧举博学宏词,以疾辞。当事敦逼,不得已,诣会城,携安世同行。禧卧竹筐中,怀药语安世曰:'吾此行不获请,必引决,以骸骨累君。'"(《(道光)宁都直隶州志·人物志》)魏禧嘱咐随行的门人任安世,如果巡抚要强迫自己应诏,则服随身携带好的毒药以死明志,死后请任安世将尸骨带回山中。结果是,魏禧被放归山中,临离开南昌时,口占答杨友石诗一首,其中有:"天寒作客殊草草,冰雪堂中寒正好。自笑虚名累此身,无端风雪章门道。"诗中所表达的,应该是面对获取和给予之间生死考验的一种坦荡情怀吧。彭士望在《祭魏叔子文》中认为,当年"叔子辞荐辟,人谓其舍翰林,不知其能舍姓名"。魏禧出处取予的态度,的确彰显其人格高洁纯真的与众不同。

第二章　严于律己的修身观

魏禧在易堂诸子当中处于领袖地位，这是诸子公认的。诸子中最年长者李腾蛟曾说："叔子于易堂，譬犹桶之有箍。"易堂诸友，各怀其能。论年龄，李腾蛟最长，与魏禧犹如父子；论出身，林时益为明宗室后裔，正统的皇亲国戚；论辈分，邱维屏是其姐夫，魏际瑞是其兄长；论资历，彭士望已名闻海内，卓有建树；彭任与他同庚，只有曾灿、魏礼稍小。魏禧对李腾蛟如此肯定他在易堂所起的作用，是这样认识的："予尝深思其言，以自勉励。箍必须宽大于桶，又须吃得了亏，如今桶箍千锤百敲，皆在箍上。"魏禧认为，易堂诸友对自己的信任，是建立在自己能宽容、能吃亏、能经得起千锤百敲的品格上。

能宽容。宽厚宽容，是魏禧从小养成的良好品质。魏礼称其兄："性秉仁厚，宽以接物，不记人之过，与人以诚，虽受绐，恬如也。"（《先叔兄纪略》）彭士望在《魏叔子五十一序》中也称赞魏禧"为人一本于忠厚，天真烂漫，人乐亲之"。魏禧自号"裕斋"，据说是为了"自进于宽裕"。魏禧平生受过何种欺骗，善于记事的叔子并未留下记录，也许正是因为他的宽容之心。而其仁厚、忠厚、

宽厚之心待友，倒是有不少叙记，其中当以宽厚之心待彭士望、林时益两家人的事迹最为感人。彭士望对魏禧"一见如故""立谈定交"，本应出自感受到魏禧的热情和宽厚的态度。而魏禧随即将彭士望、林时益两大家人口"延住于家，后相与入翠微"，也是因为其仁厚所致。算起来，当时彭、林两家初到宁都时人口应该不下十人，从1645年夏开始住在魏禧家中，随后在条件极端艰苦的情况下，魏禧又将两家人安排居住在翠微峰易堂最好的房间里，直到1652年发生山难变故，诸子被逼下山，八年时间里，魏禧始终与彭、林两家朝夕相处，倾其所能关照帮扶。如若没有一颗忠厚之心、一片待亲之意，的确很难让彭士望、林时益两大家人安下心来。"人乐亲之"，是对魏禧仁厚之心的肯定和赞许。

　　魏禧常以宽厚之心待友，也能以宽容之心处事。据其自述，戊申年（1668），魏禧与友人发生了一件因墓田引起纠纷的事情："戊申三月日，禧死罪死罪顿首致书某足下：前往李村登先母坟，见逼墓左介所特废田栽松樟护坟之地，为尊家斫树起大坟，其中去先母坟仅尺余，不觉痛心骇魄，口悸不能言。徐量所占地计长五丈有五尺，阔一丈有六尺，不孝兄弟归而愤激，语无伦次，大伤平日与足下为朋友之雅。"（《与友人论先坟书》）显然，是友人侵损了魏禧先母的墓田，这种行为对家族而言在历朝历代都是很严重的事情。在封建社会，孝大于忠，百善孝为先，墓田不仅是祖先安灵祭祀的场所，它还是家族凝聚与维系的支柱，具有慎终追远的重要意义，因之，魏禧才如此椎膺呼天，痛哭流涕，魏氏兄弟的情绪反应才如此愤激。面对一场家族与家族之间的严重危机，魏禧指出化解矛盾的途径有三条：打官司；寻求双方的亲友调解；友人自断。"禧愚不能测足下意指所在，窃以《易》称迁善改过，取诸风雷，故曰：'君子见善则迁，有过则改。'言无所待也。夫徙义于终讼之后，何如徙义于婚友平议之时；徙义于婚友平议之后，何如徙义于足下天心独复一人之自断。足下高明，其必有以处此。"（《与友人论先坟书》）魏禧认为，诉之于讼对双方伤害最大，走调解之路也不免有伤和气，最好的化解办法就是当事之友人见善则迁，自行改过，所谓解铃还须系铃人。魏禧以宽容之心，博取了友人迁善改过之行，用宽容化解了一场家族间的大矛盾。好友计甫草称赞魏禧以"婉要和平"的态度，处理好了一件"呼抢愤激"之事。

能吃亏。魏禧认为，能吃亏是处世处人的一个道德要求。他说："我不识何等为君子，但看日间每事肯吃亏的便是。我亦不识何等为小人，但看日间每事好便宜的便是。"（《日录·里言》）在给侄儿世杰的信中说："欲作人必须吃苦，处人必须吃亏，否则无以动心忍性。汝所欲立志，先将好虚胜、好便宜、自利私之念极力铲除。"（《答世杰·又》）这里把能吃亏的道德修养与立志也联系起来了，如孟子所言："故天将降大任于是人也，必先苦其心志，劳其筋骨，饿其体肤，空乏其身，行拂乱其所为，所以动心忍性，曾益其所不能。"（《孟子·告子下》）欲成大事者须先立志，欲立大志者须先学会吃亏，可见魏禧很重

视以此自律。

魏禧的这种认识，有来自经验，但更多来自教训的总结。吃亏有两种，一种是不计较财物上的得失。魏禧性格仁厚，宽以接物，乐善好施，散财以济世救贫，于财物自然不计得失。一种是待人处事及口锋上需要持谨慎态度，所谓谨言慎行。这方面魏禧有过痛苦的教训。他自己检讨说："予少禀戆直，多效忠告于人。"（《日录·里言》）"吾兄弟少好口语，舌锋铦利，颇以此贾怨谤。"（《寄儿子世偘书》）这种喜欢在口舌上争强好胜的缺点，引起过深爱叔子的族祖石床先生的忧虑，石公说："冰叔生平反构一二大难，几几有杀身丧家之虞者。此又何故？……大抵冰叔之人之文之行皆如水晶射日，又如新剑出冶，光芒刺人而锋锷淬手，此其所以来尤怨。若能痛自敛抑，亦可不必小心翼翼而自安矣。夫处权势而来弋，与处名行而来毁，其道一也。此老子所以尚退也。"（《日录·里言》）这是石公看了魏禧一些书信往来后的评论，魏禧也感到言恳意切，对症下药，附于文后以示自警。

魏禧"生平反构一二大难，几几有杀身丧家之虞"的事无从考究，但因为好发议论而吃亏的事却曾有过。"余生平未尝遭险受横逆，十七岁时曾于席上以讹传道人阴事，不知此人即在对坐，予当下惊渐欲死，而此人并不相仇，且成文章知己，终身遂为此友所容。余告止山曰：'平日谨言，一放肆，便刺手，可见天地爱我。'然此人终不相仇，转会心粗手滑，恐又是弃我之意。每思少病人一病便重，愿诸君时赐提醒也。"（《日录·里言》）友人的原谅并没有使魏禧释然，对比之下，魏禧更感到自己的卑陋和浅薄，他视这教训为"重病"。

"重病"需要治愈，愈后更需要防止复发。魏禧提出了三条"防病"的措施。

其一，要学会"自反"。他说："人于横逆来时，愤怒如火，忽一思及自己，原有不是，不觉怒情燥气涣然冰消，乃知'自反'二字真是省事、养气、讨便宜、求快乐最上法门，切莫认作道学家虚笼头语看过。"(《日录·里言》)又说："少年人最要忍得口头锋住，与人相讥骂时尤要著意。盖人情原喜相胜，回他言语，定思驾过此人，人却难当，此便与攻发人之阴私一般。故凡骂语谑语，须有分寸，不但不中怨恨，亦是自处忠厚之道。"(《日录·里言》)人都有争强好胜之心，亦有自尊之心，魏禧要求即便批评人，也要掌握一定的分寸，做人要守"忠厚之道"。

其二，有话要当面说。"汝于我言行，心中不然处，便须直说，必有一人受益。如汝说得是，则汝益了我；说得不是，则我又益了汝。"(《日录·里言》)这不就是"有则改之，无则加勉"吗？直说，批评者和被批评者都受教育。"人孰无过，只要所过是朋友面骂得的，不可是朋友背地方说得的。盖当面可骂，过虽大，毕竟属光明那边。背地方说，过虽小，毕竟属暧昧那边。"(《日录·里言》)魏禧认为，当面开展批评，是一种坦诚的、光明磊落的、与人为善的批评态度；背后议论，则是不负责任的批评态度。前者即便是骂，也是行君子之道，而后者则有暧昧庸俗之嫌。其言语亦犀利辛辣，正是魏禧的行文为人风格。

其三，要谦虚做人。魏禧在很多场合强调做人要谦虚，时刻不忘以此要求自己并教育门人。魏世傚曾经回忆彭士望在翠微吾庐做客时勉励自己的一段谈话："傚父五十，先生旬日住翠微，傚奉左右。时同堂通家子皆与执事，饮酒中，先生顾傚兄弟等而言曰：'少年之有志者，能以十字自循省，其庶几有成。'傚请其目，先生屈指而数之，一曰存心，二曰积德，三曰思过，四曰力学，五曰求友。勺庭伯父深然之，曰：'请更益以二字，曰执谦。'先生亦首肯，深然之。"（《耕庑文稿·彭躬庵先生七十序》）魏禧说，不虚心的人有两类。一类属志大识卓之人。这类人心气高，高则往往失虚，只看到上面的，忽视下面的。一类属志密行切之人。这类人心实，实则不虚，看得近，缺乏远见。真正虚心之人的衡量标准是："人每能言我能虚心，我能容人，未之思也。我之才地学问事事过人，而能屈己以从之，乃谓之虚，否则狂而已矣。横逆之来，自反无一毫不是，而不与之较，乃谓容，否则，妄而已矣。"这个标准定得很高：本身学问在他人之上，但是能听得进不如自己的人的批评意见；自己不曾犯任何错误却遭受无端指责，但是不会与人计长较短。否则，便有"狂""妄"之嫌，这的确需要虚怀若谷。

能经得起千锤百敲。彭士望在《翠微峰易堂记》中说："方初聚时，俱少年朗锐，轻视世务，或抗论古今，规过失，往复达曙，少亦至夜分。不服，辄动色庭诟，声震厉，僮仆睡惊起，顷即欢然笑语，胸中无毫发芥蒂。"魏禧在《彭躬庵七十序》中也说："然吾两人山居，争论古今事及督身所过失，往往动色、厉声、张目，至流涕不止，退而作书数千言相攻谪，两人者或立相受过，或数日、旬日意始平，初未尝略有所芥蒂。"对此，中国社会科学院的著名学者赵园先生评论说："更足以示以人'易堂真气'的，毋宁说是那种系于时尚而又自具特色的诸子间的相互砥砺，如彭士望、叔子们描述的'攻谪'，几乎可以视为易堂作风，其严肃性决不在儒者的修省之下。"（赵园《聚合与流散——关于明清之际一个士人群体的叙述》）在诸子相互砥砺的修省过程中，魏禧自然担任着主角。

魏禧重视并积极参与其中的"攻谪"，包括自考与互规两个方面。

自考，是一种主动将自己的缺点错误亮相于众的修身行为。魏禧说："有过不令人知，是大恶事。然有过辄自表白，又未免因'不讳过'三字把改过工夫松了一分。"（《日录·里言》）又说："求言闻过，当如病人求医，有'得之则生，不得则死'之意，不可如试官评文，取其瑜者，弃其瑕者而已。"（《日录·里言》）易堂三馆均设有先生弟子功过格的教规内容。如李腾蛟主持的三巘学馆，设有"彰纠录"。"彰纠录"就是李腾蛟和弟子们每天反省己身的登记册，要求每个人都把自己的过失或善行记录在"过格"或"善格"中，以便互相督促，定期进行评议和奖惩。魏禧亦经常主动在朋友和门人面前反省自己，同时也会对弟子门人的自考进行评点。

看看魏禧如何评点门人的自考："令诸生自陈功过批

论之。示某曰：夫立身有本，治家有基，不于本与基致力，则如浮萍漂泊，永无定止。又交游泛滥，不求真君子可依倚者，一当患难贫困，则生平之力皆虚用，举目茫然，无一可缓急矣。自反于实，无悔而思吾言。"(《日录·里言》)这是针对门人自考存在"虚"的缺点，在评点中提醒门生要以真以实补正的建议。又"示某曰：词色间忤父母，有任性情故为，此不孝之大者，有气质偏驳，欲改不能者。然天下断无不能改之气质，无事时，深自悔责，屈柔其气，调习其容。临事时，凝心聚神，以察其失，顽性将发，十分强忍，忍之既久，则成自然。子试以吾言用工一月，不验，不足信也"(《日录·里言》)。这是针对门人自考存在对父母不礼貌、不尊重的缺点，提醒门生从养成方面加强自我修养，习惯成自然，有了好的气质修养，自然能行孝道。魏禧很有信心地对门人说，按照他的方法去做，一个月内定出成效。自考的内容包括律己修身的方方面面，通过自考，及时发现问题，改正错误。

　　相较于自考，互规是一种开展得更经常、更激烈的攻谪。魏禧在论及互规的重要性时说："弟愚以为吾党之才与学各有长短，而首在洞然见其胸臆，有知必言，有言必尽，其互持而不相下，则与同堂平其是非；而其要尤在于心志亲切恳笃而不可解，视数友者如手足耳目之必不可阙少，则其有厚而无薄，有信而无疑，所必然也。人目有所眯，耳有所壅，则手足拮据，必使其复于聪明而后止。岂尝曰吾能持能行则已矣。"(《复李咸斋书》)才学各有长短，志趣各有异同，目有所眯，耳有所壅，互持不相上下，则与同堂平其是非，出于道德的追求，互规便自然展开了。

魏禧所参与的易堂诸子间攻谪是异常激烈的。"苦言相箴规，攻谪比仇敌。相谓玄冬雷，交好如一日。"（《梦故人》）攻谪时堪比仇敌，斥责声震如雷，言辞激越，然而，攻谪过后，交好如旧。当然，这种激烈的程度因各人的性情而有所不同，邱维屏静时"若未尝身与其间"，动辄如"千顷波涛"。李腾蛟则娓娓细言，如"春日旦旦"。而魏禧自述"吾徒爱气矜，正色敢犯难"。他曾经因关于时文的见解不同而与姐夫邱维屏发生争论，说邱维屏"性静默，与人对，数日不发一言，不识者以为村老，尝不与拱辑。有问之者，日夜娓娓不倦。至争辩事理，辄高声气涌，面发赤，颔下筋暴起如箸。尝与予争辩时文体制尽善及继统者必为之子，至座中人皆罢酒，声震山谷，鼾睡者悉惊寤不为止"（《邱维屏传》）。

魏禧不仅认为易堂应该有这样浓烈而又淳朴的攻谪气氛，也希望友堂能有这样的风气，以加强道德修养。他在答北田陈元孝的书信中说："仆质鲁，于易堂中最为下劣，然藉兄弟朋友切磋之力，虽文章小道，有所失，必力相攻治，如严师之训其弟子，下至子侄门人，动色相诤，三数十年以至于今。或有一言几道，正坐此也。足下北田内外，其亦崇此风指乎？天地闭塞，人才寥寥，一二志士，当厚自培养，以供后进挹注，若源之不浚，数流而竭，己则枯槁，乃思润物乎？此盖诸君子所不能辞其责者，仆下劣，亦当竭驽足以追其后也。"（《答陈元孝》）书信中魏禧

对易堂的攻讦风气颇感自得，把崇尚攻讦的风气和人才的培养紧密结合起来认识，希望北田诸子也崇尚此风，足见魏禧的良苦用心。

魏禧素以诤子之任。"予少时严于疾恶，见凶恶小人，必思驱除，虽怨尤丛身，自信理当如此。不知除残去暴，在得志乘权人，便当任为己事。若伏处贫贱，快逞里闾，终是少年喜事之习未除。"（《日录·里言》）这里说的是待恶人小人的态度，疾恶如仇敌。此种态度，也延伸到对朋友之间的过错所不能容忍："朋友不能规过，或所见未及，或性情不恳笃，或无犯颜敢谏之气，然三者首在性情，性情胝切则识自无所不入，力自无所不出。夫朋友有过，吾苟闻之，如负芒刺于背，如人骂己姓名，夜有所得，则汲汲然不能待诸旦也。"（《日录·里言》）规过对于魏禧，竟然到了"夜有所得，则汲汲然不能待诸旦"的地步，难怪易堂中人，往往夜半时分还在争论不休，往复达曙。

易堂诸子互规过失，动辄庭诟，顷即又欢然笑语，胸中无毫发芥蒂，对于这点，弟子有所不解。门人任安世曾就此请教魏禧："先生诤人，人每悦服，必有其道，可得闻乎？"魏禧回答说："进言之道有三，而当机之用不与焉。一曰立信，一曰致诚，一曰任恕。吾平日所言所行，必勉去好利好胜护党护过之习，然后论一事，责一人，人皆确然无疑我之意，而后言可出也。子夏曰'信而后谏'是也。"（《日录·里言》）立信、致诚、任恕，魏禧和易堂诸友的互规攻讦，建立在这样的基础之上，自然成为真正的修身之道。

在互规的过程中，魏禧以其"能受尽言"得到了广泛的好评，也因此赢得了易堂诸友的尊重。"能受尽言"，即是不管何人，不论何时何地，不问目的，只要是提出的批评，都乐于接受。魏禧说："听言闻过，只取其长益于我，不可有高下贤愚分别之念，尤不可计较进言者品行何如，若有教我以正、未出于正之想，不但阻塞言路，便当面错过几许明镜良药矣。"(《日录·里言》)这方面魏禧的确说到做到，由于他能受言，听得进批评，进言者不但有易堂诸友，堂外友人、门人弟子、亲戚眷属都成了进言者。

同堂友兄的进言有的是剥皮论骨，丝毫不留情面的，邱维屏的进言便是如此。庚寅（1650）七月，针对三舅魏禧当时存在的缺点，作为姐夫、老师兼同堂友兄的邱维屏，回复了一封一千三百余字、言辞犀利的信给魏禧。复信指出："足下好进谏，本自不拒谏，而常自拒谏；足下好攻人之非，本自不饰非，而常自饰非。拒谏饰非者，大恶也。不拒谏而常自拒谏，不饰非而常自饰非者，尤恶之恶也。而足下不幸以敢于自信；足下自信，又不幸逐事逐件自处有故而持之益坚，其后合之万事万件，率皆如此，遂以为常。呜呼！天下事伸一己之见，即万分人非而我是，君子已不胜大惧。抑我原有不必是者，而况复为常也？足下之拒谏饰非盖有如此者。"(《邱邦士文集·与魏冰叔书》)复信中还罗列了魏禧这方面的一些表现，分析了其中的原因，提出了认识和改进的方法。

对于邱维屏如此声色俱厉、剥皮论骨的批评，魏禧是始料未及的，自称经过"独坐深思"，"最后思之"的反省

过程，得益于先生的教诲才"洞然于禧之大恶"："禧生平窃愿受诲于人，不敢自匿其非。有以拒谏饰非相加者，反而求之不得其故，则抑郁愤闷有不知已之怨。又窃独坐深思，以为好色而后疑淫，好财而后疑盗，人之多言必非无故，吾必有以取之；反而求之而又不得其故，则以为多辨说，词气不和平，人观其貌，未察其心也。最后思之，始有如禧之语彭子所谓'意窃矜已，气或盖人'者。至今拜先生之教，而乃洞然于禧之大恶。"（《复邱邦士书》）

魏禧反复阅读邱维屏给自己的批评信，认为批评切中要害："先生推禧之恶于拒谏饰非，推拒谏饰非之故于敢于自信，而所以根究其自信之故，攻坚摘伏，无微不出。禧终夜反覆，盖未有毫发之不中也。"（《复邱邦士书》）魏禧把先生视为良医，无讳之直言为良药，"以苦口生我"："窃闻良医之治疾也，为之原其病，必且为疏其方，调剂其药饵，正本治标，以起死人而生之。今先生亦既原其病矣，禧愿受先生之药也。"（《复邱邦士书》）愧疚之余，魏禧亦非常感激邱维屏对自己犹如"起死人而生之"的大德，也因为有这样的先生和友人感到幸运。

邱维屏对魏禧的规劝不仅使魏禧受到如脱胎换骨的教育，在易堂诸友中也引起了不小的震动。彭士望针对此事曾说："余与邱邦士交三十五年，从不闻其毁一人。然生平尤未尝服人，独私语其妻曰：'吾所服，冰叔耳。'尝馆同邑谢氏，谢问曰：'君于侪辈人何所服？'曰：'吾生平服冰叔一人。'顾尝贻冰叔书有曰：'拒谏饰非者，大恶也；不拒谏而尝自拒谏，不饰非而尝自饰非，尤恶之恶也。足下不幸以敢于自信、自处有故而持之益坚，拒谏饰非盖有如此者。'冰叔得之痛服。易堂诸子大骇异，破口直言，为邦士生平所未有。余叹曰：'此其所以服冰叔也矣。'"（《邱维屏传》文后附）邱维屏对魏禧的"破口直言"，是其平生从未有过，也正因如此，反映了邱维屏对魏禧这位三舅的爱护；而魏禧"得之痛服"，也是经过了一番激烈的思想斗争和反省过程。正因为魏禧敢于严格要求自己，解剖自己，勇于改正自己的错误，使得才气高傲的邱维屏由衷地发出"吾生平服冰叔一人"的慨叹。

邱维屏在选编自己文集时并未将《与魏冰叔书》选入文集中，魏禧为了铭记这一深刻教训，时隔二十四年后将该书信编入自己的文集中，以志明德："复书旧已删去。每念来书，推隐发伏，禧十数年来得力独多，而先生集中又复不存此稿，故互录之以志明德。即其文章，亦已妙绝千古矣。甲寅十一月自记。"（《复邱邦士书》）

彭士望也常常直言诤之，即使魏禧在千里之外，亦要千方百计传达诤言。魏禧说："吾不乐近贵人，耻为世之名士。客外久，交游日起，闻贵人之誉，颇自意得。前和公来，传躬庵先生语，谓吾家信中殊沾沾，非有道之气，吾闻之失色塞嘿，凡不怿者旬有余日。嗟乎，吾向言邱邦士先生韩城还书平淡多旨，却无一二高论，而宠誉泊然，非有道之士不能为。然则吾非见不逮也，习俗移人，贤者不免，况吾本非贤，其不移我也几何哉？吾平生不如人甚多所，此其一节矣。"（《寄门人赖韦书》）从中看得出，魏禧不仅受言，而且还认真推究自己犯错误的原委，并以道

德高尚的君子来比照检查，从中获得教益。

相比较李腾蛟对魏禧的进言，要和缓得多，但是，魏禧仍然极为看重："先生之言，参苓也；弟之言，汗下之剂也。以汗下者驱除其宿垢，而湛以补益之药，虽长生久视无不可者，而何寒热炙疢之足患哉！"(《复李咸斋书》)魏禧视李腾蛟的规劝为"补益之药"中的"参苓"，有健身强体之功效。

"能受尽言"需要受言者宽裕、大度、乐于听、勇于改。这些正是魏禧都具备的优点。他说："仆生平无他长，惟能虚心以受师友之教。"(《又与汪户部书》)故此，弟子乃至内人也经常敢于对其进言。魏禧在新城教学时，曾记述弟子的一次进言："门人任安世曰：'成天下之大功者，享天下之大福；享天下之大福者，必其器量足以受之。今观先生文字议论得意处，辄喜不自胜，恐非受大福之器。'叔子嘿然良久，曰：'此宿疾也。久不亲严师畏友，又复妄发矣。'予近以《左传》授门人任安世、赖韦、吴正名，日夕讲论，三子多所启发规益，而任生尤敢言，偶录其切者如此。乙巳七月初十日新城记。"(《日录·里言》)突然当众听到门人如此严肃的批评，作为先生"嘿然良久"，魏禧内心应该又是经历了一番长时间的痛苦自省过程，认识到老毛病又复发了，幡然醒悟，并将门人的直言规益内容，记录在案，以作警示。

其妻秀孙也常对叔子进言，以督其正。"往室人谓予曰：'汝做一件好事，便喜动辞色，何浅也！'乃知学问偏隘处，妇人女子早已觑破矣。因思人情于他人前便有矜持，有粉饰，虽父母兄弟在所不免。若妻子婢仆，我无忌惮之意，而情最狎，时最习，便有许多不检点处。人能于此随事受规，亦能补朋友所不及。"（《日录·里言》）人非圣贤，孰能无过，持"随事受规"的受言态度，正是魏禧的过人之处。

魏禧乐于在各种不同的规劝中经受锤敲锻炼，所以朋友之中多交畏友，而畏友中又数彭躬庵为第一："余尝谓易堂诸子曰：'吾生平多君子交，所奉为益友、畏友者，必以躬庵为首。盖其言之切中，可奉为韦弦而其不必中者，吾亦可储为药石也。'"（《彭躬庵七十序》）

为什么要交畏友？

魏禧在《书苏文定重臣后》一文中说得很明确："君有重臣，士庶人有畏友，其义一也。君无重臣则国危，士庶人无畏友，则其身可陷于大不义而不救。是故君欲得重臣以安其国，必豫有以养之，人欲得畏友以立其身，必豫有以求之。且吾所谓畏友者，固非徒畏之而已，有所甚信服于吾心而不肯叛吾，甚有所亲爱之而不敢亵，父母妻子不可得间，而其人所不可告语，于其家人与其不能自对者，举无不可以相告。是故人之交友，必以为能拂吾之过而引之于善也。苟其不然，则必便辟而不足交。"魏禧认为，人之有畏友，好比国家之有重臣，重臣能在关键时刻挺身而出，保障国家安全；畏友能帮助一个人立身处世，成为有高尚道德之人。与畏友的关系是神圣的，神圣到至亲之人不可怠慢，父母妻子不能离间，不能向家人诉说的话，能够在畏友面前倾诉。这些都可以说是对畏友充满着

超乎常人的信任。

据此，魏禧提出了作为畏友的四个基本条件："且夫人之失德，固有出于呼吸之间，及其后虽悔之而不及者。惟有其畏友以持之，有所大逆于吾心而不敢拂也，吾大有不服于此一事而不敢违也。盖情足相取而势足以相制。及夫得失成败较然大见，然后快于其心，而其初固无几微怨恶之意。是故可以居吾之功名而不为泰，与吾蹈汤火而不为德，庭辱我而不为嫌，逐杀其妻子而无所忌惮，若此者盖所谓畏友者也。"（《书苏文定重臣后》）魏禧认为，真正的畏友，能"居吾之功名而不为泰"，此乃鄙薄功名；能"与吾蹈汤火而不为德"，此乃不惧生死；能"庭辱我而不为嫌"，此乃铮骨直言；能"逐杀其妻子而无所忌惮"，此乃凛然大义。四个条件，条条皆为严苛标准。邱邦士评曰："说所以为畏友处，乃创辟之论。笔性亦严悍可畏。说到逐杀妻子，语似骇人，然贵戚易位正是此理，如伊尹于汤是矣。君相可行而朋友有不可行者，推其意言之耳。"如伊尹于汤这样的畏友，应该称得上是圣贤标准了，由此可见魏禧的抱负与追求。

依魏禧所论，符合其畏友条件的朋友，恐怕不多。平素魏禧乐交之人，很有特点，交友方法，亦与众不同，"吾生平人伦之乐，人罕有及者。盖内以父为师，以兄弟为朋友；外以师为父，以朋友为兄弟"（《门人杨晟三十叙》）。在这个圈子里，应该可以交到不少畏友。令人遗憾的是，魏禧最终不肯以"死友"称谓曾灿这位交往时间最长的朋友，在《复六松书》中说："'死友'一语，此仆十数年来最伤心事。每登高望远，辄怆然涕下，有子昂'天地悠悠'之叹。吾辈德业相勖，无儿女态，然气谊所结，自有一段贯金石、射日月、齐生死、诚一专精不可磨灭之处。此在千百世后犹得而想见之，况指顾数十年之间耶？"德业相勖，无儿女态，气谊所结贯金石、射日月、齐生死、诚一专精不可磨灭等肝肠火热、胆魄金坚之情之志，正是益友、石友、畏友乃至死友所需，以此来联系，并诠释魏禧希望通过友道达到律己修身的目的和意图，其中还是有很大的想象空间。据与魏禧同时代的著名学者阎若璩称，当时天下有"十二圣人"的说法，魏禧列十二圣人之一（阎若璩《潜邱札记》卷五），足证其高尚的道德修养对天下人的影响。

第三章　爱民为大的民生观

民生问题，一直是魏禧关注的重点，根据当时的时代特点和现实状态，结合历史的经验，他提出了一系列以人为本的民生主张。比如，讲究平等，劝善惩恶，尊重人的生存权和生命权；轻徭薄赋，藏富于民，保民惠民，兴修水利，消除水患，及时赈灾救荒；禁暴苛，施仁政，亲民爱民，取信于民；等等。他时而痛陈时弊，时而疾首呼吁，时而挥书进言，也不乏亲力亲为，替民分忧解难。

爱民为大，是魏禧民生观的核心。

1669年，素有"关中贤令"之称的陕西韩城知县翟世琪慕魏禧之名，派专人携带自己的亲笔书信和重金，跋涉五千里路程，到江西宁都翠微山中，欲聘魏禧往韩城佐政。魏禧婉拒之后，复信翟世琪，信中的主要内容就一个：爱民为大。"禧闻野人忧君之无食，而献之芹；忧君之寒，教以曝日，其事诚足鄙笑，然意则无恶也。禧敢为不急之言以荐于左右。……尝读'子张问仁'，至'信则人任'一语，以为君子立身处世，不可不豫养其望，养望在于立信，立信在于吾之表里可见于人，而人无所疑。此士之出处皆有之，处者之信，以不苟利禄去就，不侵然诺为大；出者之信，以好士爱民为大。"（《答翟韩城书》）一个人立身处世，能够得到他人和社会的信任，是至高无上的荣誉。诚信无处不在，居家之诚信，在于以不贪图利禄去留，不背弃诺言为大；从政之诚信，在于以接纳贤士，亲民爱民为大。

亲民爱民，首先要了解民情民心。魏禧在《送新城黄生会试序》文中再次强调了"爱民为大"这一观点后，着重提到了当时民生的现实问题："今天下何病哉？曰予之答翟韩城也，曰：'处者，以不苟利禄去就，不悻然诺为大；出者，以好士爱民为大。'今天下民困丰荒，稻狼藉于困露，而饥寒于室，四海安恬，而贫者无以生，富者日惧其死，闾阎侧目重足，凛然有不终日之忧。故吾伯子尝言：'时和物丰而民穷财尽，此何故耶？'"一边是年和谷丰，一边是饥寒于室；一边是万里升平，一边是老百姓惶惶不可终日，求生惧死。造成这种反常现象的原因在哪里？魏禧分析说："今夫廉者棱角峭厉，义胜者威足以掩其仁，古今贤士大夫之所同也。天下尝有号安富无事，井里熙恬，而民生日蹙困于征求，死亡于敲扑囹圄，为仁人君子所不忍见闻者。"（《答翟韩城书》）为政者端方正直、适当的法度威仪是可以的，但是以其为名，过分施威则有失仁德之心了。征求无度，施法严酷，正是造成民生凋敝的直接原因。

对于现实中严峻的民生问题，魏禧建议治政者应该持有真正的仁人君子的态度。首先要深入民间，掌握民情，"如得其情，则哀矜而勿喜"，同情处于生存在社会最底

层的老百姓，是最起码的仁德表现。再则，"治乱民犹治乱绳，不可急也"。需要指出的是，此处的"乱民"并不是说普通的老百姓，而是占山为王、行凶打劫的盗贼，此语出自龚遂之口。汉宣帝即位后，渤海郡附近的郡国每年闹饥荒，盗贼并起，而郡守却不能将他们制服。朝臣们推荐龚遂，汉宣帝便任龚遂为渤海太守，当时龚遂已有七十多岁了。汉宣帝向龚遂问平息之策，龚遂说，那里的百姓为饥寒所困，只好被迫起事，并非有意作乱，希望圣上能用德化来安抚他们。治理叛乱的人就好比清理没有条理的绳子，不能心急。龚遂到任后，彻底废黜了追捕盗贼的官吏，布告声明：手持锄镰等农具的人都是善良的百姓，官吏不得过问，那些手持兵器的才是打家劫舍的盗贼。龚遂谢绝了所有护送和迎接的人，单车只身到达郡府，百姓均持锄镰弃兵器，安居乐业，郡中遂即安定，盗贼自灭，龚遂也开仓放粮，赈济灾民。魏禧进一步强调："仁可过，义不可过。"所谓广恩，慎刑，立法贵严，而责人贵宽。奖赏时如有可疑者，应该照样留在奖赏之列；处罚时遇到可疑者，则应从处罚之列除名。罪行轻重有可疑时，宁可从轻处置；功劳大小有可疑时，宁可从重奖赏；与其错杀无辜的人，宁可犯执法失误的过失。这就是仁慈可以多多益善，而义法则应适可而止的基本要义，是"惟仁人惟能爱人，能恶人"的行事处世方式。

基于以仁德之心亲民爱民的出发点，魏禧建言翟韩城之类有作为的当政者要采取果断坚决的措施，以取信于民。他呼吁："击断之用，亦岂可少？然如古人所谓求其生而不得，则杀之之心与生之之功等。是故除大怼，赦小过，持纲纪，禁暴苛，束湿薪于胥吏，而更弦于细民，使百姓晓然见吾心，而实被其泽，则近悦远来，戴之如父母，仰之若神明。时平则歌颂兴于路，祷祀延于身存，有故则若手足之捍头目，决千尺之溪于山而注之壑也。"（《答翟韩城书》）"除大怼，赦小过，持纲纪，禁暴苛，束湿薪于胥吏，而更弦于细民"，是魏禧向翟韩城建言的六条取信于民的措施。消除大的对抗情绪，宽免轻小的罪过，整肃法度纲常，严禁暴虐苛政，约束官吏自身的行为，处处多替百姓考虑着想。这些都是缓和矛盾亲民爱民的积极举措。一旦百姓明白了官府是在为他们办事，自己从中得到了实实在在的泽惠，官府必将得到百姓的拥戴，和平之日歌舞升平，安居乐业；一旦有难，则众志成城，挺身而出，汇聚成一股强大的力量。魏禧说："古之圣人，任天下于一身，而托一身于天下，及其有为，则事半而功倍者，率此道也。"（《答翟韩城书》）天下是百姓的天下，一切有志于天下的人，只要也只有取信于民，才能实现其治国平天下的理想和愿望，舍此别无他路。

改革重征暴敛的税赋制度，恤商裕民，也是魏禧有关民生问题强调的一个重点。

魏禧对朝政税赋制度的建言，主要体现在他对宋荦的交流中。宋荦慕魏禧之名许久，而魏禧与宋荦的真正交往，始于康熙十八年（1679）："商丘宋君牧仲以刑曹郎权关赣州，除门征、蠲舟筹、平权度、赦过误之罪，商旅咸言'百年、数十年耳目睹记所未有'，声闻于宁都。已

未九月，予头风作，就医泰和，舟阻兵于赣，君闻而就交焉。先是，君甫至，寓书山中数百言，以官守不得至，且迎予，予病辞。及相见，甚相得也。君语民生困苦必蹙额而忧。予私念：君少以诗文名海内，有才者不必有德，好文学者疏吏治，古今所同叹。而君顾若是，岂不为贤人乎哉？"（《赠宋员外権关赣州叙》）这时的宋荦在魏禧心目中，不仅是一个才华横溢的文人，也是一个爱民、恤民、深受百姓称道的好官。然而，宋荦毕竟比魏禧小了十岁，此时所任官职也较卑微，但魏禧对宋荦这样贤良的官员寄予了极大的希望，倾其忧国忧民肺腑之言相托："予布衣废疾，言之为出位。虽然，孔子曰：'斯民也，三代之所以直道而行也。'士时位有不同，天下民生则自唐、虞、三代以迄于今一也。身苟不能利诸民，而犹有可以告诸其贤者，则何为不言？君位卑，即不能有所改作。君富春秋，地望才能，他日当为公卿，或得执天下之柄，意者其追用吾言乎？君志诸心而已。"（《赠宋员外権关赣州叙》）魏禧察人，还是有先见之明的，后来宋荦历任山东按察使、江苏布政使、江西巡抚、江苏巡抚、吏部尚书、加太子少师等显官要职，成为真正"执天下权柄"者。康熙皇帝三次南巡，皆由宋荦接待，因其为官清廉，被康熙皇帝誉为"清廉为天下巡抚第一"。宋荦也极力推崇魏禧的人品与文品，并于1694年编辑出版《国朝三家文钞》行世。从此，魏禧也以"清初三家"之一的盛名誉满江南江北。这些都是后话。

  明朝自中后期国家日益衰败，推行崇本抑末、重农轻商的税赋政策，使商户受到很大打击。清初，沿袭了明朝的税制，对商户的税收层层加码，户部、工部关税重重叠叠，以致商户不堪重负，魏禧感到商户们的税赋压力从来没有"重如今日者"，他以自己在芜湖的亲身经历反映现实："以余所见闻，则又莫甚于芜湖。余往来大江南北，尝十过之焉，尺丝一履，寒苴一瓮，皆有税。布帛绩短以为长，或尺寸不如法，则直而裂其匹之半以归于官，官税一而他费三之。有客以半铢买粗茶一笼者，税笼于工部，税茶于户部，公私之费，视价浮五之三焉，客怒而投诸江，此皆余所闻见。其颇宽大者十才一二耳。"（《赠宋员外榷关赣州叙》）税收种类繁多，凡物皆须交税；税政乱，收税官还加征费，税费并收，费甚至高于税；商民怨，税赋沉重，甚至货不抵税费，以致造成商户将一笼茶叶怒投于江中的严酷现实。

魏禧强调，芜湖的户部税收政策一定要进行改革，其理由有三条：第一条，芜湖地处江南的腹地，商品到这里后，往往已经征收了至少三次关税，甚至有的是收了四五次关税了。普通小商小贩的物品，辗转至此要重复征收如此多的税赋，不是十分严重的问题吗？何况距离芜湖税关仅百十里远的龙江还有一道税关。第二条，芜湖口岸不利停靠舟船，湖面上经常刮大风致使停泊的船只相撞击，甚至造成船只破碎，而商户们因为税赋之事往往在这里耽搁很长时间，完事之后则不择天气匆忙发船，经常造成船翻人亡的事件。第三条，有人认为取消芜湖的税关，对国家的税收影响很大。实质上在芜湖设置户部的税关，是从明

末天启年间才开始建议的，此前万历即便陆续开征田赋税，至后来出台"三大征饷"，都还没有在芜湖真正实施税关，也就是说真正设立芜湖户部的税关，仍属清朝开国之后所为，此举深为商贾们所诟病。

国家的财税政策不能急功近利，应该要计度深远，才是治理国家的根本。他推崇张居正的理财观念："予读故相《张江陵集》，其《赠周水部榷荆州关叙》曰：'古之理财，汰浮溢而不务厚入，节漏费而不开利源，不幸至于匮乏，尤当计度久远以植国本。今不务其本而争于贾竖以益之，可乎？'嗟乎，江陵当嘉、隆时，民安财阜，芜湖户部之税未立，他关税视今不过十之三四，而其言犹若此。今百姓穷乏，关税大者仰食万人，吏胥美田宅、荫子孙者以百数十计，则商安得而不困？民用安得而不屈？使江陵当此，其为贾生痛哭之谈，又不知何如也！"（《赠宋员外榷关赣州叙》）如此的税收政策，国家虽然于眼前有些收益，但造成了商困民屈的严重后果。更有甚者，一些贪赃枉法的地方官吏，趁机盘剥敲诈鱼肉商民，中饱私囊，进一步加深了社会矛盾和不稳定因素，实为害民误国之法。魏禧要求贤能的当政者重新慎重考虑，制定切实可行的税法，"行美意于法中，祛大害于法外，所补救犹得二三。不然，商困而民用屈，为国家者，几何其能利哉？"（《赠宋员外榷关赣州叙》）据载，当时户部在全国设立了数十个税关，魏禧以其耳闻目睹的芜湖税关乱象，真实反映了税政的弊病，建言对其他税关的改革也有借鉴作用。

赈灾救荒，是魏禧关注民生问题的又一个重点。

"乙卯，西南变起，赣属盗暴发，吾宁尤甚。"(《周左军寿叙》)"丙辰，予在山中得秉季讣，乱作不能往。"(《哭吴秉季文》)"家乡烽火盛，音信到来稀。"(曾灿《邓尉山中岁除八首》之五)丁巳"四月，吉安韩大任溃围走，凡两窜宁都之上乡。兵寇十万逐至，蹂躏甚"(《先伯兄墓志铭》)。"三年中江闽蜂起，百姓流离死转，殆百万不尽数。"(《寄兄弟书》)乙卯、丙辰、丁巳，即康熙十四年至十六年（1675—1677），正是"三藩之乱"清军与藩王相持阶段，两军在江西境内反复争夺，宁都首当其冲，百姓饱受战乱痛苦，他在《赠黄书思北游序》中对此还做了更具体的描述："丁巳之秋，予自江西来扬州。""夫自吾赣至扬州三千里，所见所传闻，三四年间，天下民生之苦未有甚于江西者。寇兵所蹂践，其夫妻子母死亡离散不相保聚者十之五六，无衣食饥寒死、垂死者十七八矣。江南号称乐土，然民困赋役，不啻十室而五。"寇兵竟相蹂践百姓，百姓被迫离乡背井，妻离子散，死于战乱和饥寒。魏禧的兄长魏际瑞，为了使宁都上乡的百姓免遭兵寇的反复蹂躏，在调停双方冲突的过程中惨遭韩大任杀害。这是人祸，还有天灾。"而扬之下县，七年被水灾，民死亡殆尽。前八月，予之兴化省李廷尉疾，舟百里行田中，茫洋若大海无畔。其不能去者，则蹑板而炊，妇稚赤踝相向水立，拾螺蛤于泥中。舟子言如是者数州县，凡千数百里也。而予五客扬，自始至迄今，每来则灾民乞食于市者，相摩肩不绝，城以外多道死。呜呼，何其甚哉！"(《赠黄书思北游序》)这是1677年秋天，魏禧第五次来到

扬州所见所闻的灾情。扬州所属的县城，已经连续七年遭受水灾，往日的百里农田，如今是汪洋一片，灾民或于泥水中拾螺蛤充饥，或乞食于市，沿途随时都可见因饥饿疾病倒毙者的尸体，许多村落的人几乎都死光了，一幅幅血淋淋的现实图画，令人触目惊心，惨不忍睹。

扬州水患，其根源是淮河没有得到治理，解决的唯一办法，就是根治淮河。为此，魏禧提出治河建议："予尝私谓治河之大吏，不当以资叙迁，当如汉武帝募使绝国之诏，或出公卿所共举，或重赏爵招徕其人。而大吏亦仿此意，以择属官，招致草野非常之士。又当如赵充国先上方略，宽以期日，夫然后河可得治，扬下邑之遗民可活也。"（《赠黄书思北游序》）这个建议中魏禧最突出强调的一点，就是摒弃以往"以资叙迁"的形式，要选派得力的人来负责治理淮河这件事关国计民生的大事。他说，国家要予以高度的重视，要像汉武帝刘彻募使绝国之诏那样，招募治河大吏。汉武帝在《武帝求茂才异等诏》中说："盖有非常之功，必待非常之人，故马或奔踶而致千里，士或有负俗之累而立功名。夫泛驾之马，跅弛之士，亦在御之而已。其令州郡察吏民有茂材异等可为将相及使绝国者。"诏书诏告天下，凡要建立不寻常的功业，必须依靠不寻常的人才。有些狂奔踢人的马，却是日行千里的良马；有些时常被世俗讥讽议论的人，却是能建功立业的奇才。那可能翻车的马，以及放荡不羁的人，关键在于如何使用而已。诏书责令全国各级地方官员，要留意考察推荐官民中有特殊才干、能担任将相和出使外国的人才。朝廷要不拘一格，选任有能力治理淮河水患的主政官员，之后，主政官员也要仿效朝廷的做法，招聘各方面的异常人才，参与管理，齐心协力，如西汉宣帝时期的贤臣赵充国制定的平叛守疆的策略一样，"先计而后战"，步步为营，稳扎稳打，从国家的长远利益出发考虑谋划，最终达到长治久安的效果。魏禧认为，只有这样做，才能治理好淮河，而扬州周边的老百姓才有活路可行。与此同时，魏禧还期待黄书思仕进之后，能做一个关心民生疾苦的好官，多为老百姓办好事。并且，利用好手中的笔，作诗著文，反映民生，以待朝廷纳言。又推荐黄书思去拜见自己的故交，也是一些能亲民爱民的当朝贤吏，通过他们向朝廷陈情，拯救百姓于水火。

当时，严重的自然灾害频发，老百姓抵御重大自然灾害的能力又极其低下，极大地影响了生存和发展。如清顺治四年（1647），宁都及周边地区因遭特大旱灾，农田颗粒无收，物价飞涨："丁亥，岁大侵，宁都斗米五百钱。"（魏世俲《耕庑文稿·恭跋析产后序》）正常年份，一斗米只需一百钱左右，已经是正常年份的五倍了。魏禧在忍饥挨饿、赈济灾民的同时，认真思考着用什么方法能够更积极、更有效地防灾减灾，经过两年的努力，他终于完成了《救荒策》的写作，并将其呈献于世。

魏禧的《救荒策》，完成于清顺治五年至六年间（1648—1649），他在《答翟韩城书》中说："禧于戊子、己丑间编次《救荒策》一篇。"至于为何要写救荒策，魏禧这样说："天灾莫过于荒，天灾之可以人事救之，亦莫

过于荒。"(《救荒策》)因自然灾害诸如水、旱、虫、瘟疫等造成的灾荒，是对老百姓伤害极大的灾荒，虽然自然灾害无法抗拒，但是，只要采取有效得力的防灾救灾措施，完全可以减轻老百姓在灾害中的损失。而临时性的救灾措施，只能救一时之急，必须有一部较为完整有效的救荒之策，才能有效地应对即将或已经发生的自然灾害。为此，他认真研究了古代的荒政之策，认为"古之行荒政、言荒策者不一，有永利者，有利用一时不可再用者；有可行者，有言之足听行之不必效者。要或散见诸记籍中，未有统要，余摭所见闻，择其可常行无弊者条之"(《救荒策》)。魏禧撰写的《救荒策》借古鉴今，切合实际，简洁易行，便于操作，是救荒的良策。

《救荒策》共三十九条，其中包括先事之策八条，当事之策二十八条，事后之策三条。魏禧明确阐述了三种救荒之策的作用和效果，"救荒之策，先事为上，当事次之，事后为下。先事者米价未贵，百姓未饥，吾有策以经之，四境安饱，而吾无救荒之名，所谓美利不言是也。当事者，米贵而未尽，民饥而未死，有策以济，而民无所重困，所谓急则治标是也。事后者，米已乏竭，民多殍死，迁就支吾，少有所全活，所谓害莫若轻是也。凡先事之策八，当事之策二十有八，事后之策三。"(《救荒策》)

且看先事的八条上策：

其一重农。"农者粟之本，或兴屯田，或修水利，或赈贷牛种，或亲行田野劝相，或分督里役地方，谪举游惰，或开垦荒之法，而首先在不以工役妨农时，不以狱讼扰农家，如此则农事举矣。"(《救荒策》)魏禧首先强调的上策，把"重农"摆在第一位，这里的"农"，包括了"农村""农业""农民"，以农为本，农业兴则国家兴，农民安则国家安。其中，粮食的生产又是农民的重中之重，所谓家中有粮，遇事不慌。围绕如何搞好农业生产，增产粮食，魏禧提出了八项"重农"的措施：兴屯田，修水利，赈贷耕牛种子，这三条是要求地方官吏加强对农村农业生产和农田耕作种植的组织管理；亲行田野劝相，分督里役地方，谪举游情，行开垦荒之法，这四条是要求地方官吏亲自下农村去，指导农民，督促农民，落实各项具体措施。最后一条，特别强调地方官吏不能因工役妨碍农时，不能因狱讼骚扰农家。的确，这些措施都体现了一切以农为先、一切以农为重的荒政思想。

其二立义仓。"贫民富民，多不相得。富者欺贫。贫者忌富。贫民闲时，已欲见事风生，一迫饥馑，则势必为乱。初然抢米，再之劫富，再之公然啸聚为贼。富民目前受贫民之害，贫民日后受官府之刑，兵刀之惨，真贫富两不得益也。所以朱子修举社仓，不特救一时饿莩，实所以保富全贫，护人身家，养人廉耻，为法至善。"

"义仓"，就是地方上因防备荒年而设立的粮仓。"义仓"从隋朝便开始有设，《隋书·长孙平传》曰："平见天下州县多罹水旱，百姓不给，奏令民间每秋家出粟麦一石已下，贫富差等，储之闾巷，以备凶年，名曰'义仓'。"当时长孙平担任国家的财政官员，向朝廷上书进言，国以民为本，民以食为命，希望朝廷重视农业生产，提出立

"义仓"的建议并被采纳,此后历代多有因袭。魏禧提议设立"义仓"的特点是,"凡每坊设立义仓,不必分派若干家、若干人,随其相附近处择便为之。听民自议自行,则众情和矣。"这里既要求集中管理,又强调发动老百姓"自议自行",调动广大民众的参与积极性。至于设立费用问题,魏禧提出官民相结合的解决方式:"但建仓费重,或劝富民,或设处公费,随时斟酌。此在官长,以真心勤力行之。凡欲立义仓,先集父老士民,恳切开论以义仓之利,身先捐俸,以劝富室,然后出示远近。"魏禧不仅希望官吏要重视修建义仓,还应该带头捐俸,以身作则,进而带动富室之民积极参与。同时,要求地方官府对义仓的设立、义谷的出入贮存,实行全程管理,并选派得力人员进行监督,制定严格的赏罚制度,"盖以赏罚之权归于官,则人知所畏;以出入之数归于民,则官无可私,所谓官民相制,其法无弊者也"。

建立义仓,鼓励民众踊跃捐献义谷义粮的同时,魏禧希望在民间大力提倡厉行节约,反对铺张浪费的风气,省筵席之费,减鸡鹅之食,薄祷告之资,弃斋醮之虚文,以利济贫民饥民。"省目前宴饮之费,即可苏异日数人之命;减一月鸡鹅之粟,即可救他年同类之生。""里中亲友寿诞称觞,当计其费出义谷;欲为人称觞者,亦计其费出之。或宴会有不可已者,则薄其费而以义谷补之。夫省酒食之浮费,以利济饥贫,此祝寿之上术也。又有疾病及一切祈求,亦于神庙发愿,出义谷若干。夫省斋醮之虚文,以利济饥贫,此祈神之上术也。盖天地鬼神,原以爱人为心,能爱人者，则彼亦爱之。以此祝寿，寿必永；以此祈福，病必愈；以此祈名利子息，名利子息必得矣。"（《救荒策》）这些建议如果推行，不仅杜绝了各种铺张浪费，同时还能不断补充义仓的义谷来源，是一举数得之法。

其三设寨堡。义仓"或一乡自建一所，或数乡共建一所"。"但乡落中无城郭足恃，或有兵寇骚扰，则义谷荡耗，断难复聚。当令各乡于附近之山有险足恃者，因以为寨，无寨者为堡，而置义仓其中，有急则并妇女牲畜衣服器用徙居之。盖寨堡之设，可以固生聚，可以保义仓，可以行青野之法以困敌，所谓一举而三善备者也。"鉴于那个时代经常发生动乱的特点，加强保护和防范措施，是魏禧提出荒政之策的一个新思路，此前未有。

其四酌远粜之禁。"本地产谷有足支数年者，以远方粜运过多，遂致产谷之地顿成饿殍。然概禁远粜，则一方粟死，一方金死，交困之道也。"为了解决粮食储备与交易的矛盾问题，地方政府有必要酌情实行限制远粜的政策，保证各地有足够的粮食储备，以应对突如其来的重大灾荒。

其五严游民之禁。"百姓不谋生业者，宜置常罚，令乡耆邻里时简举之。盖游手好闲之人，如米中蠹虫，饥馑之时，死亡犹甚，多至为盗贼者。若督令务生，则自可生财，有养身之具矣。"鼓励农民勤劳致富，养身持家，对游手好闲，不务正业者进行处罚，这是消除社会不安定因素的积极措施。

其六制谷赎罪。"凡有罪犯情理可原者，一照买谷备

赈银数，输谷不令输银。其谷分寄各坊义仓，值事者具领状交官，俟赈粜时如数取出，以施最穷苦无告之人，或米或粥，视米多少可也。"对情节轻微的罪犯，允许其出钱或买谷入义仓，来减轻刑事的处罚，既可以教育罪犯，促使其向善乐善，又能够补济义仓，施救鳏寡孤独等穷苦之人。

其七预籴。"凡地方遇有水旱，便当实稽境内人丁，核境内谷粟，扣算缺少若干，即多方那处，遣富商预往谷多处买之。盖有水旱，则必有饥荒，若临饥方议他籴，便难措手，且米价亦必踊贵也。"及时掌握各地的实情，及时派商贾筹集资金，从丰收的地区购买粮食，以备荒灾，这亦是防患于未然。

其八教别种。"地方遇有水旱，种植必不得时，即须先察地利，如水多害禾，则急以不忌水者种之；旱久害禾，则急以不畏旱者种之。失彼得此，尚可支持其半，大抵以先时急做为胜著也。"此策指出，如遇普通灾旱，官府宜应因地制宜，采取行之有效的生产补救措施，灵活补种些适宜的农作物，争取弥补因水旱等灾害导致的损失。

当事之中策共二十八条。这些对策用于灾害发生的过程之中，魏禧认为是治标之策，但也能起到救灾民一时之苦的目的。其内容重点是对地方官府提出的工作要求，主要包括：暂缓上解粮米，以留作赈济之用；借贷库银给灾民转籴粮食；请求上一级官署调拨资金平抑市价；动员官吏和富民带头捐款捐物，粮商减价出粜；奏请朝廷旌表赈济有功人员；广开就业渠道；实施均籴、闭籴、强籴之法；防止投机商人哄抬粮价物价；挑选能为灾民服务的人管理赈灾事务；省役、清狱、禁讼、缓税；动员民众清洁环境，防止瘟疫；拓宽收容渠道，增加收容能力；等等。

事后之策有三条，包括施粥、施药、葬殍，都是些不得已为之的措施，当属下策。

魏禧的荒政思想，出发点在于"备荒"。魏禧曾于1669年致信陕西韩城县令翟世琪时，将《救荒策》也随信赠送给了他。在信中提醒翟韩城要居安思危落实"预备之道"："方今天下休息，年和谷丰，万里升平，亦何有万分之一足以厝意。闻之子范子曰：'夏则资裘，冬则资绤，陆则资舟，水则资车。'故《书》曰：'惟事事乃其有备，有备无患。'《诗》曰：'虽有丝麻，无弃菅蒯。虽有姬姜，无弃蕉萃。凡百君子，莫不代匮。'《记》曰：'凡事预则立。'天下之事，利害尝兼，故有以预成，亦有以预败。蚁避水以徙封，水未至而鹳已鸣于垤；鹊知来岁大风，巢于下枝，风未动而童子近探其卵。禧窃以为当今之世，预备之道有百利而无一害者，亦曰求士爱民而已矣。"（《答翟韩城书》）魏禧不厌其烦地引用古语，就是要告诫为官一方的贤吏，为了老百姓的利益着想，一定要事事有备，有备无患。同时，魏禧认为自己提出的《救荒策》，仍是一家之言，希望施行者能根据各地的具体灾情"增美去恶，以成万世万民之利"。

魏禧撰写的《救荒策》得到了极高的评价。友人朱方来在文后说："勺庭先生山居二十年，心计手画，无时不胞与天下，所著策略，多万世大计。予获与其门下士

游，尝窃窥一二，而此策斟酌今古，流自苦心，尤为荒政中集大成也。""天下司民牧者，果能行此，则天不能灾，民生遂而国本固矣。"(《救荒策》文后附）康熙二十九年（1690），湖广布政司参议俞森编辑《荒政丛书》，收录了七位前人的救荒之法，其中包括魏禧的《救荒策》。《四库提要》在介绍这套荒政丛书时称该书"辑古人救荒之法，于宋取董煟，于明取林希元、屠隆、周孔教、钟化民、刘世教，于国朝取魏禧，凡七家之言"。这七个人中，仅魏禧为一介布衣，其余六人均是地方官员，更值得一提的是，魏禧在开始撰写《救荒策》时，年仅二十四岁。正如宋宁宗称赞南宋治荒名吏董煟那样："忠惟报国，诚在爱民。"

民生无小事，事事关民心

魏禧认为，为政者要近民，只有深入百姓之中，才能懂民情，言民情，舒民情。"与仆役工作人处，宜降体和元，引之言话，有三大益。纵其所言，使下情得以上达，而我亦可知里巷好恶及一切土俗利害，物价贵贱，一也。言语往复，得舒其情，使之乐于从我，虽劳不苦，虽苦不怨，二也。话言间或论天理王法，或说善恶报应，随事广辟，亦可使其迁善改过，救补万一，三也。"（《日录·里言》）魏禧总结的这三条近民之得，于官而言可获下情上达之利，于民而言可以缓解焦虑情绪，于政而言可以传褒扬，激励民众，是经验之谈。在深入民生了解民情的基础上，为政者要敢于为民立言。为民立言有两条途径，一是向朝廷奏章呈本，二是以诗文反映。魏禧说，官吏中很多人都擅长诗文，并且影响广远，用诗文反映老百姓的喜怒哀乐，也是其职责之一。郑日奎是江西贵溪人，1659年中进士，曾任礼部主客司郎中，后因劳累过度病逝于任上。此人为政清廉，也擅长诗文，诗文名与同时代的王士祯齐名。在从政之余，潜心学术，并深入民间，了解民情，创作了许多反映民生的诗文，如《信民谣》《战国策杂诗》《父老叹》等，许多人把这些诗比作杜甫的"三吏三别"。但是，同僚中也有的人认为郑日奎身居官位，应该专心理政，不应该花费大量时间去写诗作文，搞那些"出位之言"。魏禧予以驳斥道："或疑礼部君筮仕翰林，迁礼部，并非有民社责，而其发诸文章诗歌者，鳃鳃然悯时忧民，流连而无已，毋宁非出位之言。夫君子立言，必取其关于世道民生，虽伏处岩穴，犹将任天下之责，而况其为士大夫者乎？呜呼，世之士大夫以诗文名天下，而忧乐不出户庭之内，语不及于民生，吾未知其性情心术为何如也！"（《郑礼部集序》）在魏禧看来，一篇不关心世道民生的诗文不是好诗文，一个不关心世道民生的官吏不是好官吏。

惠民利民之事无处不在，政策透明亦是其中之一。魏禧举了一个小事例："宋仁宗时，议者患民税色目多，吏易为奸，请除其名，括为一则。三司使程琳曰：'合而没其名，一时之便，久之，兴利之臣必更出其目，下之民何由知？'按，琳说虑最周到。若将各项税名尽列于单，而总计每石应出之银若干，作几限纳，于先年冬颁示州县，

州县颁各里递，如今繇则之法，则可无此患矣。"（《日录·史论》）奸吏借税目多而从中作假，巧取渔利，当是一弊，但括多目为一则，表面简单明白了，税目却含混不清，贪图私利之官更能施展手段，鱼目混珠，另设税目，比较明面上的税收科目，老百姓更难知晓，还不如逐一公开，收缴明白。

魏禧对史书记载的"刘仁轨论卖马粪，苏良嗣论鬻蔬果"这样的宫廷生活琐事，也认为有关国计民生，为政者应该重视。前者说的是，唐高宗时期朝廷上有位理财能手裴匪舒，他看到皇宫里的马粪都是直接丢弃的，心想如果能将废弃的马粪收集起来再卖到民间，必然会有一笔不菲的收益，于是兴冲冲地上奏皇上。皇上听罢，也觉得是件好事，但还是想征求一下宰相的意见，而宰相刘仁轨听后不同意，认为这固然可以赚钱，且收益颇丰，可是，如若这样去做，将会落下皇家卖马粪的不雅名声。后者说的也是唐朝的事，工部尚书苏良嗣为西京留守，当时尚方监裴匪躬查核西京禁苑，准备出卖禁苑中蔬果以取利，遭到苏良嗣的阻拦。苏良嗣认为作为一国的君主出卖蔬菜水果与人争利有失身份。刘、苏二人的理由都是同一个：皇家卖马粪、鬻蔬果有失国家的体面。魏禧持有不同的看法："刘仁轨论卖马粪，苏良嗣论鬻蔬果，知国体矣。其后不知此二物作何处置。大抵国家于小利所在，取之非名，弃之可惜，如此等类者，国用丰饶，则捐以予民；国用不足，则令有司卖之，以代偿贫民之逋赋，而赦其罪，是上下交利，而国体亦全也。或推此例为恤贫赈荒之备亦可，凡官于郡邑者皆然。"(《日录·史论》)此类东西，利虽小，积少成多，用于民生，百姓得利，国家也有体面，推而广之，如果各地都能将这种好的风气用到恤贫赈荒之中去，将会收到更加积极的效果。这是一种以小见大、知微见著的治政眼光，国家最大的体面是什么？魏禧认为就是做好既利国又利民的事情。

利民之事，也包括乐民之乐，除民之所害。一些地方官府经常随心所欲颁布些有伤民风民俗的条令，伤害民情民心，比如严禁民间嫁娶时操办婚宴酒席，将这种传承了千百年的礼乐习俗一概禁废，使得老百姓无乐可言。魏禧对此评论说："刘向曰：'民苦则不仁。'苏轼曰：'士大夫宣力之暇，亦欲取乐。'汉宣帝诏曰：'郡国擅为苛禁，禁民嫁娶，不得具酒食相贺召，废乡党之礼，令民亡所乐。'盖佚乐者，凡人之情也，纵之则荡，绝之则槁，皆不可久长之道。故为政者，民间风俗，非大害于义，大伤于财，亦姑从其所欲，毋概以礼法相绳。'令民亡所乐'一语，真所谓荡佚简易之政也。"(《日录·史论》)快乐是人之常情，适度的取乐是生活的必需，只要不大害于义、大伤于财，就应该允许甚至鼓励，动辄借口禁止或取缔，这是简单粗暴的为政者干的事情，有失于民心，可取的做法应是与民同乐。

官府简单草率施政，会造成严重侵害百姓权益的后果，魏禧举有一例，要求及时纠正。"吾宁田旷人少，耕家多佣南丰人为长工，南丰人亦仰食于宁，除投充绅士家丁，及生理久住宁者，每年佣工不下数百。近世有司以

疑似之罪，法外加人，于是工人有病死及虎伤、水溺等类者，则其党乘机抢掠，声言谋死，或称兄弟，或称亲戚，朋行骗索，稍不遂意，讦告官府。又或本处地方以此媚上，不待告讦，风闻拘讯。农民破家丧身，卖妻鬻子，甚以株连亲友邻里至数十家者。无耻绅士，又从而蚕食之。至今遂成局例，牢不可破。佣工之家，人人自危。"（《与曾庭闻·又庚子》）魏禧在这里披露的事情发生在顺治十七年（1660）宁都本地，本来简单的民事纠纷案件，因官府急功近利、执法不公，造成为非作歹之人有可乘之机，以致严重扰乱民生和社会的安定。曾灿的兄长曾庭闻虽身居他乡，也很关心家乡的这些事，魏禧希望曾庭闻能以其影响力，"言之当事，禁绝此风，颁示邑令，刊布四境"。"如此则客工不至谋生无地，农民不至无辜破家，赋税不至田荒亏折，所谓事半而功倍者，在足下此举矣。"（《与曾庭闻·又庚子》）

安富恤贫，是魏禧的一贯主张。"予尝论为国者须恤贫民，尤须养富民，或谓：'贫民粗悍，身家轻而犯法易，乃足畏。富民自保不暇，又力脆弱，岂能作乱邪？'曰：一家之富，役者百千人，养者亦百千人。故国家养富民，富民养贫民，贫民得养，则不为乱。是以贫民贫，国非真贫；富民贫，国乃真贫，国真贫，则事不可为矣。"（《日录·史论》）魏禧据史引论，当年唐僖宗荒淫无度，国库挥霍一空，户部官员为了弥补财政亏空，请求皇上批准征借富民及异域商人的财产，僖宗批准可以征借其财产的一半。朝中盐铁转运使高骈上言坚决反对，说当今天下大乱，盗贼蜂起，都是因为饥寒交迫，这些人大多是贫苦百姓，只剩下富户和异域商人相对安定。如果此时富户和异域商人的财产得不到保护，天下将毁于旦夕了。唐僖宗听罢，这才收回成命。魏禧批评当时的弊政："今天下之为官者，既不恤贫民，又专剥削富民，抑何其不思之甚乎？"并且警告，为政者既不恤贫民，又专事剥削富民，将给国家带来严重的后果。

尊重每一个人的生存权和生命权

魏禧对历史上一些阻止人主滥杀生灵的利民之事称赞有加。"人主有贪利而欲杀人者，必当为明不杀人而有利之实；有防害而欲杀人者，必当为设不杀人而无害之策，然后其情安，而鸷忍可回，不当徒以义理争也。如元世祖欲空江南之地，而耶律楚材动之以财赋；契丹主欲尽杀晋兵，而赵延寿教以徙家戍边之谋，似于利主而实以利民，似于扰民而实以救死，真千古解人也。"（《日录·史论》）耶律楚材是蒙古帝国时期的政治家，先后辅佐成吉思汗父子三十余年，担任中书令十四年之久。他主张用孔孟之道的儒家学说来治理国家，并以此为根据制定了许多施政方略，反对屠杀生命。蒙古军队南下，所到之处烧杀抢掠，无论老幼，汉人除工匠外，一律杀戮，耶律楚材挺身而出，予以阻制。1230年冬，又有大臣建议窝阔台："汉人无益于国，宜空其地为牧场。"如果这一建议得以实行，北方及中原汉人必将遭受灭顶之灾。关键时刻，耶律楚材又站出来对君主说，陛下即将出兵南方，需要的所有

物资供应,都要取自中原,每年可以从中原得到银五十万两,绢八万匹,粟四十万石,足够军队和国家的开支,怎么能说汉人无益呢?窝阔台认同了耶律楚材的建议,耶律楚材也以财赋收入的理由为名,巧妙地拯救了数以百万计的汉人免遭屠杀。赵延寿是五代十国时期的后唐官吏,后随父赵德钧一起变节投降契丹,人格自是卑劣,但在契丹改占后晋开封时,阻挠契丹主耶律德光屠杀后晋投降的几万军队,却是事实。耶律德光的目的是想斩草除根,以绝后患,赵延寿则委婉地对他说,可以将这些投降的将士连同他们的家属一起迁往戍守边缘,这样可以免除后患,契丹主最后勉强同意了。当然,后来有人评论赵延寿之所以这样做,有他自己的小算盘,魏禧则认为,撇开这些争议不论,仅从他们能全活几万乃至几十万、几百万人的性命而言,"似于利主而实以利民,似于扰民而实以救死",利民救死,是最基本的人性,是应该大力提倡的。

　　人乃天地之心,魏禧对讲人性的汉文帝给予了有"天地之心"的评价。这个评价缘由汉文帝的一个遗诏:"汉文帝死,遗诏归夫人以下至少使。按,夫人以下有美人、良人、八子、七子、长使、少使,凡七辈,皆在所幸御而无子者,遣归其家,重绝人类,使可更嫁,此古今帝王所未及,而后世称文帝者独未及此。"(《日录·史论》)历史上对汉文帝的评价是较高的,认为他是三代以下最贤明的君主之一,有"文景之治"的美誉,尤其是汉文帝废除灭绝人性的"肉刑",更受世人称道。遗诏所涉之事,也是其开明的一面。中国的封建帝王死后,大都有以活人殉葬的陋习，残忍无比，汉文帝临死前遗诏，免去自夫人以下七个等级的嫔妃殉葬，准其回到原籍，重新嫁人安居乐业，过正常人的生活。七个等级的嫔妃，少则数十人，多则百千人，不能不说是件讲仁德的大善事，对比当时社会上类似不讲人性的现实，魏禧说："今豪贵临死，逼勒诸姬，削发为尼，或悬梁仰药，淫妒之念，至死不移。吾尝谓王敦开阁放姬，豪杰之举也。文帝归夫人以下，天地之心也。"（《日录·史论》）汉文帝能放归夫人以下的嫔妃，对普通人的忧伤疾苦，感同身受，是值得肯定的。

人人平等，无论贵贱贫富。魏禧对无视人的尊严、草菅人命的社会现象深恶痛绝，奋力鞭挞。他少年时期的一位同学日后成为富翁，但其生性残忍，一边以毒打家中童奴妾婢为家常便饭，一边却天天持斋诵经，放生鱼虾鸟雀，祈福消灾。更可笑的是，他知道魏禧向来不信佛，特地远道寄书，建议魏禧也像他一样持斋诵经，延福灭罪。魏禧复信这位昔日的同学，对他的这种虚伪道德予以痛斥："乙卯月日禧白：远书至，劳勉禧持斋诵经咒，放生鱼虾鸟雀，延福灭愆罪，意甚厚，敢有以报德。""往见足下走使僮奴妾婢，不均劳逸，不恤饥寒疾苦，意有小失茶酒之过，答棰便下，动以十百数不止，剥衣裸形，啼号宛转，唇鼻沾地尘，涕泪流沫不断如带，血射肉飞，裂皮笞骨，数唱而更人；伏偃尘土者，四肢委脱，喘息不属，寂而微嚅，足下之余怒方未怠也。然足下不以为艰难，或间一二日行，或日二三行。嗟乎，吾不知足下此时持斋诵经咒之口，放鱼虾鸟雀之心置于何处，所灭之罪，所延之福

归于何处。吾恐以足下父亲为佛，母亲为菩萨，必不以足下持斋诵经咒、放鱼虾鸟雀、谄事曲谨而佑足下，足下死而脱足下于牛鬼猛蛇之口，出足下于纯火纯铁石之地狱明矣。夫人有贵贱血肉之气，莫不畏痛。物类皆然，况并属父母所生养？今石触吾趾，则嗒而偻拊之；木竹小刺，口呵求拔；臂胼生疮疖，召疡医祝药，倚枕屈席，殿屎而不快。吾之子若女，幼则乳妇童妾交抱持，失手倾跌，以为惊怛，抶婢而跳神。长入小学不率，严师傅衣薄笞，意犹以为恶。噫！彼走使者，独非人哉？其杀之而不知恨，榜掠毒之不知痛也？陶渊明遣奴代诸子樵汲，诫之曰：'彼亦人子也，可善视之。'"（《与友人论省刑书》）淋漓尽致地揭露与批驳，目的就是要求这类假持斋诵经咒而真绝人性者将心比心，尊人权，行人道。这位旧时同学一边无视人的尊严，肆意殴打摧残人的性命，一边又想在菩萨面前多烧些纸钱多供些香火，祈求神佛消灾降福。魏禧讥讽道："足下以为佛君子耶？小人耶？虽仆必以为君子。佛诚君子，亲见足下残暴生人，仇怨猥碟，特以能奉媚我，辄使主者脱其罪而降之福，此则李林甫、秦桧之属所为，而谓佛为之乎？"进而又说，如果持斋诵经真心能够让佛解脱残暴生人，为夺人性命者灭罪消灾，那么，"今有路人橐百金而宿我者，吾醉而杀之，四分其金，以一分延僧诵经咒忏罪，又以一分布施人祈福，其余金二分者以奉妻妾、养子孙、祛衣美食，樗蒲歌舞，天下之事孰便于是，吾恐伯夷亦将抽刃而杀人，曾参调鸩而醑客矣"（《与友人论省刑书》）。如此这般，恐怕伯夷也会去持刀杀人，曾参也要在客人的酒碗里下毒药了。真是对伪善者的透骨讽刺。

魏禧援引了许多经典来说明人与人之间都是平等，也必须平等的道理。"《传》曰：'天地之性，人为贵。'班氏《刑法志》曰：'人肖天地之貌，怀五常之性，聪明精粹，有生之最灵者也。'故《书》曰：'惟天地万物父母，惟人万物之灵。'"又言："孟子曰：'亲亲而仁民，仁民而爱物。'横渠曰：'民吾同胞，物吾同与。'西方之书曰：'佛视众生如一子地。'"(《与友人论省刑书》)魏禧说，所谓人，有眼睛有嘴巴、手能拿、脚能走便是人。难道说只有那些富贵聪明的就叫作人，而那些挑担除粪，为人奴婢、智力低下的就不能叫作人吗？不是的，他们也应该与所有人一样，享有做人的尊严和平等的地位。魏禧以痛刻的语意、淋漓的感情，苦言相劝误入歧途而执迷不悟的老同学，称自己此举好比"曲突徙薪之客"，期待老同学悬崖勒马，自悟自醒。

尊重人的生存权利，体恤贫苦百姓，魏禧既有言，亦有行。辛亥（1671）冬客居扬州时，他看见灾民李氏因饥荒无法活命，在大街上贱卖自己八岁的亲生儿子，很是难过，设法凑钱将这个孩子买了下来，为之取名阿邝。阿邝聪明诚实，很讨人喜欢。魏禧没有把阿邝当作童仆使唤，像亲生的孩子一样带在身边，后来又经常让阿邝在家里代替自己招待客人，久而久之，许多好友也像魏禧一样很疼爱这个孩子。过了一年，魏禧带着阿邝回到家乡宁都，家里上上下下的人见到孩子都很高兴，亲戚朋友时常送一些

果点给阿邧吃。也许是受过的苦难太多，心理阴影太重，阿邧与人交流时常常流露出悲观厌世的情绪。魏禧观察到这些细微言谈举止后，对阿邧的呵护体贴越发用心，教他识字，邀请别的孩子与他做游戏。阿邧经常患头疮，魏禧又带着他到处寻医问药。后来，因头疮病重，身上气味难闻，许多人都不愿意接近了，魏禧则日夜守护在阿邧身边。最后，阿邧还是因病离开了人世，魏禧为此痛哭了好几天，派人特制了上好的棺木，将其安葬在水庄松园，亲自为这位年仅十岁的苦孩子撰写了墓记，并收录进自己的文集中。小阿邧生前也许从未曾想到，自己一个命如草芥的穷人家孩子，已经随同魏禧的文章存活于世上达数百年之久。

第四章　安邦兴国的德政观

德政思想，自古有之，早在商朝盘庚执政之时，就提出了"施实德于民"的施政方略。之后西周、春秋时期有作为的开明君主，都很重视"敬德保民"的德政观。孔孟时期，德政观已形成了以"仁德""仁义"为核心的思想体系，重视对民众的道德教化，重视为政者"宽猛相济"的施政措施，要求执政者"举贤任能"，以身作则，重民、爱民、富民，以争民心，建立一个符合道义、符合民利的更为现实的社会秩序，以期达到"修身、齐家、治国、平天下"的目的。

魏禧酷爱经史，并以经世致用为己任，所想所说所议，皆为经世致用之大计，尤重德政思想的完善和实施。他在认真总结历史的经验教训，关注当时社会现实的同时，对德政思想的诸多方面有着独特的思考，本书就其轻专制、革阉宦、废世袭、任贤臣、明赏罚、养民致贤、鉴古明今等方面予以介绍。

轻专制

魏禧在其名篇《留侯论》中，以回答友人提问的方

式，解释了张良辅汉灭秦的动因，其中特别阐发了他对君主拥国立天下的理解："韩之为国，与汉之为天下，子房辨之明矣。""天下公器，非一人一姓之私也。天为民而立君，故能救生民于水火，则天以为子，而天下戴之以为父。子房欲遂其报韩之志，而得能定天下祸乱之君，故汉必不可以不辅。夫孟子学孔子者也，孔子尊周而孟子游说列国，惓惓于齐、梁之君，教之以王。夫孟子岂不欲周之子孙王天下而朝诸侯？周卒不能，而天下之生民不可以不救。天生子房以为天下也。"透过议论，可以很清楚地看出魏禧对于君主权力的几点认识：其一，天下是天下人的天下，不是哪一个或一姓人的私有财产。千百年来封建帝王以天下为己家，"家天下"的观念也由此而生，魏禧的主张，是对专制制度的一种否定。其二，所谓"天子"亦即"人君"或"国君"，是上天为民而立的君主，其根本使命是要能救生民于水火之中，以民为本，为民服务，如此才配称天之骄子，而天下生民则戴之以为父。其三，"救生民于水火"是效法孔孟先贤的优良传统，孟子游说列国，劝齐、梁等国君施行仁政，以佐王道，其"民贵君轻"的思想早已深入人心，成为德政之本。鉴于上述观点，魏禧肯定张良以救民为重，辅汉灭秦，通权达节以择明主的行为是忠臣仁人近乎完美的杰出表现。

魏禧"轻专制"的思想，有其一定的时代背景。《留侯论》写作于康熙癸卯二年（1663），此前十余年，他已经站在反对八股取士的科举制度、抨击误国亡明的虚伪理学、痛陈腐朽害民的封建弊政的斗争前列，创作出了一篇篇声讨的檄文。无独有偶，顺治丙申十三年（1656），抗清失败流亡湘南常宁荒山僧寺的伟大启蒙思想家王夫之，亦完成了影响深广的《黄书》创作。所谓《黄书》，顾名思义，是阐述关于黄帝文明的书。王夫之忠君爱国，泣血扶倾，坎坷从政，失败后在痛苦的流亡期间，开始从理论上认真思考明朝灭亡的原因，探求国家的兴盛之道。他在《黄书》中写道："中国财足自亿也，兵足自强也，智足自名也。不以一人疑天下，不以天下私一人。休养厉精，士佻粟积，取威万方，濯秦愚，刷宋耻……足以固其族而无忧矣。"王夫之以对国家和民族无比深厚的情感，坚信只要从经济上、军事上、文化上去强盛中国，华夏民族便可以永固于天下。其中"不以一人疑天下，不以天下私一人"说的是不要因为一个人自命尊贵就怀疑全天下的人卑贱，不要因为一个人当了皇帝就把天下当作自家的私有财产，与其"以天下论者，必循天下之公"的论述，充满着朴素的唯物论，正是他反封建专制的德政思想核心。与王夫之同时代的魏禧，其轻专制论说与王夫之的论说如出一辙，互为呼应，可见其思想的敏锐。

查考魏禧生平，与王夫之并没有直接的交往，但是他们之间间接的信息沟通，应该是有的，这条纽带就是二位都非常敬重的方以智先生。易堂诸子交方以智，以丙、丁之际始，至方以智住持庐陵青原山净居寺后，历时二十余年。1646年赣州城破，曾灿为避祸远走吴地，于天界寺落发为僧，师事觉浪大师，而之所以能拜觉浪为师，正是通过已经是觉浪禅师弟子方以智的引荐。此后易堂诸子对

方以智神往之至，终于在顺治十六年（1659）闰三月，迎来了方以智对翠微易堂的造访。此后，往来频繁，兼以诗文唱和，方以智视易堂诸子为畏友，赞叹"易堂真气，天下罕二"，魏禧等欲以"严师"事之，方以智不同意，"禧之事丈人拟于严师，然意所不可，则谔谔然自比诤友之列"（《同林确斋与桐城三方书》）。魏禧在文中又说："丈人见易堂诸子，颇以直谅相许，而教诲缱绻，则于益、禧尤笃，是固同堂同室人也。"1667年，方以智已然为僧，魏禧《与木大师书》称："丁未月日，禧顿首：间别七年，每忆金精峰追随谈燕，便如隔世。""每惟相见以来，叠荷训诲，披宣肝膈，有比家人。"方以智在魏禧心目中是一尊高尚无比的偶像，魏禧把他比作活着的文文山、申屠子龙、雪庵高僧，追随丈人足迹，上青原，游武夷，聆听教诲，并将自己读史的心得和对历史人物周公、文信国公、申屠子龙、张留侯等的评价，以诗歌的形式呈送方以智指教（《读史杂咏呈药地大师》）。综上所述，方以智于魏禧，亦师亦友亦家人，关系的确非同一般。

　　王夫之与方以智也有一段生死之交，时间长达二十余年。先是王夫之于1648年投奔永历朝抗清，次年结识方以智，两人共佐永历朝政。失败后王夫之流亡湖南治学，方以智逃禅避难辗转至江西庐陵青原山。王夫之曾跋山涉水，慕名游青原山寺，并与方以智共叙于泰和萧氏春浮园陶庵。1671年，方以智学文天祥不屈于虏廷，自沉万安惶恐滩头殉国，王夫之得知噩耗后，作《哭方诗》二章，表达失去挚友的悲愤之情："长夜悠悠二十年，流萤死焰烛高天。春浮梦里迷归鹤，败叶云中哭杜鹃。一线不留夕照影，孤虹应绕点苍烟。何人抱器归张楚，余有南华内七篇。"康熙二十年（1681），方以智已逝世十年，六十三岁的王夫之仍写诗哀悼："青原千里书，白发十年哭。"可见二人情谊至深。

方以智、王夫之、魏禧，都是那个时代睿智的思想者，以他们自身的智慧和胆略，已经能够感受到一个需要革新的时代的脉搏跳动，何况，他们从内心深处频复交往，相互倡发。大师们对思想世界的期盼与理论，魏禧必然会潜移默化于心，丰富自己的思想认识，王夫之于魏禧的影响与联系，甚至扩大至那个时代如顾炎武、黄宗羲、颜元等思想先驱，是否都可以从这方面来加以联想，这是一个值得探讨的话题，而话题的展开，将有助于加深对魏禧经世致用思想背景的认识。

革阉宦

甲申年（1644）明亡，为吸取亡国的惨痛教训，经过整整一年的痛定思痛，乙酉年（1645）五月，魏禧完成了"变法三策"的创作，魏禧在阐述其目的时说："法宜变者，乘天下之时而已。吾辞其害，收其利，而又适当乎其时也。安于故常而不变则惑矣。故圣人崛起，光复故业，此可大变以与天下更始之时也。其法有三，一曰论策制科，一曰限田，一曰革奄宦。"（《变法上》）魏禧强调"变法三策"是应时而作，希望有助于明君光复故业，重振国运。

为什么要革除阉宦？魏禧指出，使用阉宦，是天子

（人君）不体恤百姓，没有仁德的表现。他说，夏、商以前，没有听说有"阉人"，到了周朝，开始使用阉人，但仅以罪人的身份在宫内供事，地位低下。秦汉之后，扩大至普通的平民百姓，宦官从此产生，并大规模参政。"《传》曰：'山不槎蘖，泽不伐夭，杀鸟兽不以时者有禁。'仁人之于物如此其不忍也。今举天地所生之人，使绝其生生不息之理，身濒于死而几幸以服吾事，何其不仁之甚也。"（《变法上》）古人教导说，在山中不砍伐新生的枝条，在水边不割取细嫩的植物，捕杀鸟兽虫鱼要放生雏鸟幼兽、幼虫幼卵，让万物得以繁衍生息。如今却把天地间万物之灵的人施行阉割，使他们断绝繁衍后代的能力，以濒临于死亡的残缺身躯来为帝王服务，这是何等不人道的事情！

于阉宦自身而言，则极容易产生不正的心术，埋下危国害民的祸根。阉宦自宫刑之后，断绝生育能力，自知老无所养，死无所葬，犹如判处了死刑之徒。其性情也随之发生巨大变化，人格往往遭受极端扭曲，甚至会不惜一切危险，冒死以求达到其险恶目的，更何况他们日夜围绕着君主身边打转。魏禧指出："今贤士大夫既不得出入禁闼，与人主周旋讲论，而聚数千百匪类凶气之人，茕然置一天子于其中。又其人始已犯法造恶而入于刑，其心术既不可用，而功名之路又穷于无所往。论其罪则虽未至死，而亦极于无可加，以无所往之人，当无可加之罪，以济其不正之心术，杂袭萃处而不蛊惑以为非，岂人情哉？"（《变法上》）魏禧认为，鉴于阉宦自身的处境及其便利的条件，要想不变坏都有悖于人情。

宦官的存在，还严重有害于官德，滋生和助长官吏的腐败之风。"天子高居深宫，好察察为明。大臣专务容悦，以固位苟禄，欲求所以当上意者而亡由，故不得不寄其耳目于内侍，出漏天子之言于己，入扬己之誉于上。于是宦官势日益重，而驯致于不可制。然则宦官之害始于大臣自轻，而后宦官重；大臣自贱，而后宦官贵也。"（《变法下》）宦官专权，把持朝政，朝廷官员为了取悦圣上，只好巴结宦官，不惜手段，在宦官中寻找自己的耳目，以致宦官的骄横之势日益严重，恶性循环，不可收拾。由此可见，朝廷大臣的自轻自贱，也是宦官得志的重要原因。

当然，宦官的存在，根本上还是迎合了人君骄奢淫逸的需要，不能爱养天下之赤子，未尽仁德之心，未行仁政之策。魏禧认为，史上最惨痛的教训，莫过于后唐庄宗李存勖。"尝读史至光化、同光之际，未尝不抚卷而太息。以为汉唐之季，君子之欲除宦官者，杀其身，乱亡其国，后世莫不以为戒。"（《变法下》）东汉末年、唐朝末年，皆因宦官乱政，致使国家破灭，而庄宗亲历了唐末宦官乱政的时代，却不懂得吸取教训。虽然其英勇善战，威震诸国，强力取得了天下，但是，胜利之后却忘乎所以，沉湎于声色，任由宦官、伶人交乱其政，国库日尽，民怨兵怒，一夫夜呼，乱者四应，最终身死国灭，成为天下人的笑柄。如当年欧阳修总结的："盛衰之理，虽曰天命，岂非人事哉！原庄宗所以得天下，与其所以失之者，可以知矣。""《书》曰：'满招损，谦得益。'忧劳可以兴国，逸

豫可以亡身，自然之理也。"（欧阳修《伶官传序》）魏禧对庄宗及其属臣的最终评价不过是一群无学术志识的势利声色之徒。

宦官专制是君王专制的产物，在明朝演变到登峰造极的程度。魏禧指出，明朝初始，"太祖皇帝于宦官，法制训诫，尽美尽善"，希望通过立法来限制其影响，比如"卑其秩，少其数，不许读书识字、交通外臣、言朝政"等等。可是，只要没有根除宦官制度，"则卑者可尊，少者可多，推鲁者可文猾，以至于得柄"。这都是些治标不治本的办法，他打比方说："宦官之在朝廷，譬犹恶草之在田，根株不尽则滋息蔓延，必连阡引陌以害嘉禾者，势也。"（《变法下》）事实也证明，自明成祖朱棣开始，东厂权力日盛，宦官权势日重，此后出现了大批不问政事，只靠宦官理政的皇帝，至明熹宗时，一切国事都交由宦官魏忠贤处理，导致天下百姓"只知有忠贤，而不知有陛下"。

古今宦官，惑主擅权，为害天下，所以，魏禧提出，必须绝其种类而后已，如此才能永绝朝廷之祸本。圣明的君主，应该实行仁政，爱养天下之赤子，废除宫刑，对自宫求用之人，予以严惩，对如有再敢奏用此刑的文武群臣，即时劾奏，处以极刑。否则，积习难变，因循苟且，难施尧、舜之政。

彭士望对魏禧革除阉宦的主张大力赞扬，尤其"爱养天下赤子"的厚德仁心，认为"古今从未有人谈及"，指出"有王者起，必来取法"。邱邦士也在文后评论："舅持论皆如此，直当许为王佐之才。"（《变法下》）

废世袭

明初太祖朱元璋设立的藩王分封制度，亦是封建专制的一种产物，后来发展成尊宠安富、扰民乱国的治政毒瘤，魏禧提出必须予以铲除，代之以新法。明朝设立的藩王分封制度，不同于汉、唐、宋，分封而不锡土，列爵而不临民，食禄而不治事，不参与士农工商，且能世袭罔替。起初，似乎对巩固中央集权专制起到一些作用，但时日既久，其弊端明显暴露出来。魏禧说："藩王礼绝公卿，其支庶子孙皆为王为将军，虽百世无或为庶人者。然生长于深宫，老死于妇寺，不亲政，不习兵，熙熙然食粟而高寝者方数百年，安不能以有为，危不足自保。"（《封建一》）藩王不能参与朝政，不能与朝臣密切往来，虽然为王为将军，但不问国事，凭靠爵位食禄，开始人数尚少，国家负担当轻，世袭代传，人数众多，致国不堪负。"明制诸王之子，嫡长袭爵，而亲王支子为郡王，郡王支子为镇国将军，镇国子为辅国，辅国子为奉国，皆将军。奉国将军之子为镇国中尉，镇国子为辅国，辅国子为奉国，皆中尉。自亲王至奉国中尉，凡八世拜爵；而奉国中尉以下，世世拜中尉，传于无穷。冠带食禄不与四民之业，又凡嫁娶丧葬生子命名必闻于朝廷，朝廷赐之财费皆厚赡。"（《封建二》）明朝的这种世袭制度自高祖到烈庙末年，受爵封的宗室子孙已达几百万人之多，魏禧感叹："极天下之财赋，不足赡宗室之禄。"更严重的问题是，这些宗室子孙奢侈成习，挥霍无度，既不从事生产，又放荡邪僻，

在社会上到处横行霸道，欺压百姓，以致怨声载道。魏禧在《朱中尉传》中也谈及这一问题："明季天下宗室几百万，所在暴横奸猾，穷困不自赖，为非恣犯法，而南昌宁藩支子孙尤甚。崇祯末，诸宗强猾者辄结凶党数十人各为群，白昼捉人子弟于市，或剥取人衣，或相牵讦讼破人产，行人不敢过其门巷，百姓群相命曰'麠神'。"可见，世袭宗室子孙大多数已经成为当时社会和国家不安定的重要因素。

魏禧认为，造成这种后果的根本原因，还是在于君王专制、视天下为家族天下的心理作祟。明高祖以为这样做，至数十代后，天下还是我圣子神孙属毛离里之人，哪曾想到败天下者正是这些受爵封世袭的圣子神孙。因此，魏禧严肃地指出："夫以公天下之心爱子孙，则子孙利而天下亦利；以私子孙之心治天下，则天下害而子孙亦害，故其法不可以不变。"（《封建二》）

如何变革？魏禧建议还是应该参照"君子之泽，五世而斩"的思路来制定具体的改革措施。"君子之泽，五世而斩"出自《孟子·离娄章句下》，其基本意思是说，君子的品行和家风，经过几代人之后就不复存在了，也指先辈积累的财富家业，经过几代人就会败光了。它告诫人们，必须居安思危，锐意进取，绝不能躺在功劳簿上吃老本，成为败家之子。魏禧提出的改革思路和措施包括两个方面：于君主而言，对那些功勋卓著的皇亲国戚包括名相贤臣，都应该给予封赏，但必须有局限性，不能无休止地代代相传；于功臣宗亲的子孙而论，有享受父辈祖辈泽被的权利，但更应依靠自己的智慧贤德，为国尽力。与此同时，朝廷要建立定期巡察制度，经常对那些享有特权的宗室子孙和官员进行巡查。"如此则朝廷尊，藩王顺，善足以治，恶不足以乱。无事，为天子宣布德化，则收汉、唐、宋郡县之利；有变，藉以扶持兴复，则得周封建之益。"（《封建二》）其措施虽未完全脱离封邦建国的窠臼，但锋芒直接指向君主家族天下的专制世袭陋政，也是可圈点的。

任贤臣

国家的兴盛发达，必是有贤能的朝臣辅佐，能否礼贤下士，任用贤臣，是衡量国君德政的重要标志。这一方面，魏禧首推商汤之于伊尹。"汤之于伊尹，学焉而后臣之。"商汤，即成汤，是商朝的开国君主。商汤继承父位为商侯时，商国地域不过是一个只有七十里的弹丸小国，统治天下的是夏朝。夏朝的国君为桀，夏桀骄奢淫逸，宠用嬖臣，暴行无道，残酷奴役百姓和诸侯各国，怨声载道，各地反抗势力与日俱增，夏桀统治处于风雨飘摇之中。当时天下的诸侯数千之多，最终消灭夏桀的却是区区弱小之诸侯国商汤，这是什么原因呢？最重要的原因就是商汤得到了伊尹这位旷世无比的贤臣，虚心拜其为师，并赋以绝对的信任和辅政权力，伊尹则凭借他对国家的绝对忠诚之心，对百姓的无比爱戴之情，经过近二十年艰苦卓绝的征战，最终使"三千诸侯"臣服于商汤，灭夏桀而建商汤王朝。有关伊尹的贤能，留待后文再叙。

从国家利益出发，以宽广的胸次求贤臣，任贤臣的君主，魏禧还称道三国时期蜀国的开国皇帝刘备，刘备待贤臣，就是一个"仁"字，用大仁大义之心，真心求之，用之，爱之，以至诸贤臣愿为之死："昭烈初得武侯，情好日密，而关、张不悦，以新旧亲疏文武之嫌也，此关、张小见，终不脱武人气处，所以为昭烈驱使也。昭烈解之曰：'孤得孔明，如鱼得水，愿诸君勿复言。'关、张乃止。足见关、张闻义能徙，真与昭烈同心，否则初已不悦，闻鱼水语，愈当不平，便生嫌隙矣。此关、张死而昭烈必为之报仇，至败且死而无悔也。昭烈愤愤伐吴，自是失著，然观过知仁，足令千载下人愿为之死。若汉高祖但可以得天下，虽真烹太公亦不顾矣。"（《日录·史论》）诸葛武侯愿意鞠躬尽瘁，托身以蜀国天下人，既出于其忠贞之心，也应得于昭烈的至仁至德之情。魏禧说："昭烈临终戒子'勿以善小不为，恶小为之'二语，此匹夫之言，非帝王之言也。既思后主庸才，仅匹夫耳，岂能明于天下大计，告庸主语只合如此。天下大计，则'父事丞相从事'一语了却矣。……故知古今英雄断未有不老实者，只是见得事理透，知人之必不可欺耳。"又称："于此又知昭烈'嗣子可辅则辅之，不才君可自取'语实出本心，非激励孔明也。"（《日录·史论》）临终托孤，父事丞相，如不可辅，君可自取，这嘱托里既有身为国君的自知之明，也饱含对贤臣的无限期待与完全信任，确实体现了刘备的大仁。

类似伊尹、诸葛亮这样既忠又贤、德才兼备的治国理政重臣，每一位开明的人主都希望得到，但并不是每一位人主都能轻易得到。魏禧说："臣之忠奸不易知，臣之才不才，与其才之大小不易知。吾失知于群臣，吾可以改制其后，失知于腹心之臣，则其祸害遂一失而不可再赎。然则人主非甚神明，不与群臣生同里，长同居，寝处出入与共，亦安识所谓腹心之臣而任之者？吾故曰：言腹心于创业之主易，而守成之主难。"(《书苏文公远虑后》)魏禧认为，守成之时人主要得到腹心之臣比创业之时更加困难，这是什么原因呢？主要是难以真正看透堪当腹心之臣的才德，特别是那些能够担当治国理政重任的腹心之臣。魏禧以史为例说，尧禅让于舅，尧对于舅的才德本来已经很了解了，但是，仍然认真设置"釐降二女、主五典、宾四门、宅百揆、纳于大麓"等层层考察的过程，经过反复长期的考察，最终委以管理国家的大任。尧之于舅尚且如此，后世人主贤臣的仁德大都很难企及尧舜，更应该慎重对待。魏禧指出，后世治国者用人，还存在许多弊端，比如"或以世家，以名望，以相荐引，或偶中人主意，或以言语，或积俸按秩贯鱼而升之。问其臣之生平何若，人主不知；才能大小何若，人主不知；何以膺上位大权，人主不知。如是而欲求腹心之臣难矣"(《书苏文公远虑后》)。

鉴于知人之难，魏禧提出了十条日常从普通官吏中识别考察出可为腹心之臣的方法：

莅政之暇，时降体而接之，引以议论，使得以舒达其志；

屈之以非礼，观其偷容；

骤荣之以恩爵，以观其喜，惧之威以观其畏；

授之卒然难应之事；

功大赏薄，观其怨望否也；

吾有过言，有过行，其谀我，或从而诤我；

吾观其所誉果君子乎？其所毁果小人乎？不徇私恩，不怀小怨；

使之作非常，不好名而惧谤；

考所论设有深思远虑，不苟于目前，不惑于群议；

九者皆善，而出于其中心之所诚然。

魏禧概括以上各条日常考察的要义说："夫习与之处，可以观性情；屈之非礼，可以观其自立；不矜赏，不畏威，可以观守；授之卒然难应之事，可以观才；不怨望、不谀、不私可以观忠直；不好名，惧谤，可以观力；深思远虑可以观识；如是而出其中之诚然，可以观心术。夫如是，而曰：'吾有所不能知之臣，吾不信也。'"（《书苏文公远虑后》）邱邦士赞扬魏禧所提出的人主考察群臣的方法，是"经权互用"，是既讲原则性，又讲灵活性的好方法。

明赏罚

为政者对舆情的掌控与正确的引导，是治平的重要环节，魏禧称之为"平论"。"平论者，平己之情以平人情之不平。宣之于口为是非，志之于心为好恶，腾之于众为毁誉，施之于事为赏罚。是非、好恶、毁誉不平，则风俗乱于下；赏罚不平，则朝廷乱于上。此四者，相因而成，故吾之文亦连类而互见。"（《平论一》）魏禧明确指出，是非、好恶、毁誉，事关人心向背及社会风气的形成；而赏罚之事，更关乎国家的安定局面。因此，树立一个正确的评价观念，并建立一个正确完善的奖惩机制，对于为政者来说非常重要。

是非的判断，往往存在各执一词，容易站在自身的立场上去认识。魏禧认为，还是要有个衡量对错的标准："必衷之以圣人之说。圣人之说如权衡，物有大小轻重，以权衡之，各如其数而止。"孰是孰非，如果有一个统一的标准衡量，是非轻重便容易见分晓。他举例说："言理者犹谈天然，一人以为天之外有天，吾乌乎辨之？一人以为天之外无天，吾亦乌乎辨之？故辨理如搏虚。然则奈何？曰：'是必有以实之。'实之何如？曰：'古之人不朽者三：曰立德，曰立功，曰立言。'且夫古之人不言而功德立，未有无德与功而徒言者，功德不立，言虽美而弗是也。吾以是平之。"（《平论一》）在这里，魏禧指出，判断是非的标准就是一个：务实，不尚空谈，坚持用实际效果来衡量检验是非对错，正如古人常说为人在世有三不朽：立德、立功、立言。如果只立言，而未立德与功，其言虽然美，也不能算完美的。

人人都有好恶之心，喜欢谁，讨厌谁，都很正常。然而，普通人的好恶无足轻重，如果是掌握了赏罚权力的施政者，其好恶结果足以关系到天下的治乱。"匹夫而好

人恶人，其好不足恃，而恶之无所害。使一旦操赏罚之柄，则一人之意足以治乱天下而有余。"(《平论二》)魏禧分析说，一个人的好恶，跟他的道德修养和价值观念相关联。不正确的好恶观念，产生的原因有五种："一曰性悖，一曰习慝，一曰眩于目，一曰骛于耳，一曰域于智之所不知。"并指出其具体表现："恶贤而好不肖，性悖者也。好其所亲近焉而已，习慝也。有善不能择，择而不能善者，耳目之过也。好恶其所知，而不能扩其所不知，以己量人者，域于智也。"(《平论二》)性悖者，是指那种本性迷乱之人，这种人恶贤妒能，喜欢接近品行不端之人，天生就是个祸殃，极为少数。习慝者，是指那种心存邪念的阴奸之人，表面上读圣贤书，尊圣贤人，骨子里专干结党营私、任人唯亲的事情。眩于目者，是指那种容易被表面现象迷惑，识见短浅之人。骛于耳者，是指那种人云亦云，先入为主，毫无主见之人。域于智者，是指那种以己度人，自以为是之人。

毁誉，就是批评与表扬，它和是非、好恶是紧密相关联的。魏禧说："是非定则好恶正，好恶正则毁誉平。"(《平论三》)明确了是非对错，端正了对好恶的识别态度，才能够施行正确的批评与表扬。当然，表扬和批评也有方法要讲究。魏禧从打比方入手说："画姝丽者必极天下之粲，画鬼怪者必极天下之丑，非德于姝而仇于鬼，以为否则不足成吾画。是故誉人者腴其骨，而毁人者瘠其肉，盖必如是然后可以成其毁誉之说而已。"(《平论三》)魏禧用绘画者描绘美人与鬼魅两个极端的创作心态，来形容批评与表扬者对待被批评、被表扬者所持的片面态度，可谓入木三分。同时，他指出持这种片面的极端的态度是有害的："故君子有誉人而无毁人，与其失诸毁，宁失诸誉。""毁能贼人，誉亦能贼人。善毁者，如饮之瞑眩之药。不善誉者，如饷炮炙，有毒焉腊其中而不觉也。"（《平论三》）前者强调，应该多采用表扬的方法，善于理政之人，往往表扬多于批评，慎重使用批评的手段。后者指明，批评不当会造成对被批评者的伤害，而表扬过当也会造成对被表扬者的负面效果，必须谨慎行之。对接受批评或表扬的人来说，因其品德修养高低好坏的不同，态度上亦出现差异：品德高尚之人，能从善如流，不为虚名所动；普通的人更喜欢表扬，不当的批评会严重影响其进取心；至于一些权贵往往听不进批评的意见，以至一般人也不愿意冒犯他们，在他们面前说恭维话的人自然也多。

魏禧认为理政需要有正确的是非观、好恶观、毁誉观，为政者要加强对舆情的掌控。而治国者最主要落实的，是赏罚制度。"赏罚不平，则朝廷乱于上。""古今赏罚未有一成而不变者，故平赏罚者平其义而已矣。"（《平论四》）赏罚的具体实施方式在于"灵活"，赏罚的目的在于"义"。"灵活"，就是要既讲原则，又讲变通，符合自古以来善于治国理政者的经权之道。"义"，则是重在精神道德层面上的激励。魏禧总共提出了十七条可供参考的赏罚方式，并逐一就其利弊做了扼要精当的分析。比如，他认为赏罚当否直接关系到"造国""乱国""治国""衰国"的结果："先赏后罚"，"不忸之以恩而踏之以威，则从我

者惧而解，固然如石之脱，不可合也"，这是"造国"之法；"先罚后赏"，"国偷民玩，不摘其桀，不可慑也，先之以赏，是以水济水也，迄其后而束之，则弃前惠，怨黩生"，这是"乱国"之法；"赏克厥罚"，"天下摄然，大兵不兴，大狱不作，大役不发，于是乎抉网而疏之，天下不弛"，这是"治国"之法；"罚克厥赏"，"国可弱不可亡，民可涣不可叛也，峻法以敕之，毋敢作乱"，这是"衰国"之法。又比如，他认为通过行使赏罚的过程和手段，甚至可以区分出"仁主""权主""暗主""鸷主"："疑赏疑罚"，"赏疑则从重，罚疑则从轻"，这是"仁主"的做法；"功同而赏异，罪同而罚异"，"不能者生民心，其能者有机焉以操天下之智勇，非赏罚之平也"，这是"权主"的做法；"数赏而不勉"，"国无纲纪，臣不共君，民不畏吏，千赏则往，如僦市佣，可以缓不可以急"，这是"暗主"的做法；"数罚而不慑"，"君以徼为明，吏以多杀人为能，民习榜掠，视斧锧若末耜，不护其生，慄而思动，可以战不可以守"，这是"鸷主"的做法。只要采用赏罚得当的措施，无论是赏是罚，都能起到弘扬正气、激励精神的作用。魏禧说，在"当赏而财绌"的情况下，"吾罚其不用命者，则用命者荣矣，是之谓以不罚为赏"。"当罚而势绌"的情况下，"吾赏其用命者，则不用命者愧，是之谓以不赏为罚"。前者是丰之以情，后者是施之以仁义，都是一种很好的赏罚激励方法，甚至是一种更高尚的赏罚境界。(《平论四》)

养民致贤

民生事关国家盛衰成败之道，魏禧不遗余力，反复陈述，就连给门生更名这样的日常文章，也要论及治国的大道理。其《熊养及字说》一文，即是如此。"门人熊颐，字养吉。冠石先生曰：君子合万物以为养，故能自养。更之曰养及，曰圣人养贤以及万民也。勺庭氏曰：及之道大矣哉！仁者以其所爱及其所不爱。颐欲自奋于贤，求为圣人之所养，则所以及民之道不可不讲已。"魏禧由门人熊颐字养吉更为"养及"，马上联想到孟子"仁者以其所爱及其所不爱"的治国之道，认为虽然一字之差，却事关国家大事。此语出自孟子："孟子曰：'不仁哉梁惠王也！仁者以其所爱及其所不爱，不仁者以其所不爱及其所爱。'公孙丑问曰：'何谓也？''梁惠王以土地之故，糜烂其民而战之。大败，将复之，恐不能胜，故驱其所爱子弟以殉之，是之谓以其所不爱及其所爱也。'"真正的仁德者，应该是将自己所喜爱的推及于人，缺仁德者则反之，将自己不喜爱的推及于人。如梁惠王一样，一心只图谋侵占他国领土，不惜牺牲百姓性命发动战争。战败后仍不甘心，还要再打，最终驱使其喜爱的子弟上战场赴死。孟子斥责梁惠王是最不守仁德的暴君。

由此魏禧推及有德之君主的养民致贤之理。他从汉高祖的"养其民以致贤人"联系到《易经·大畜》所言"吏称其职，民安其业"；从高祖因养民而得张良、韩信、陈平诸贤辅佐，联系到袁绍仰食桑葚弃民士多离散，而曹操

屯田许下而士益归，均系及民之道。"汉高帝不肯之国，萧何曰：'臣愿大王王汉中，养其民以致贤人。'夫《易》言养，而或者疑之。夫养贤以及民，此《大畜》之后所谓'吏称其职，民安其业'也。草创之际，群雄并驱，日斩杀其民以幸一胜，而有识之士，知非天心所与，则相与交臂去之。故人关之役，诸老将曰：'羽暴掠，不可使。沛公长者，宜遣。'而张良自韩来，韩信、陈平自楚往。故曰：'养民以致贤。'然且得地而弃其民，土田荒，都邑路，货粟无所出，民饥不得食，国贫而困，则贤人无所依。"（《熊养及字说》）养民致贤，反过来，致贤而立国兴邦："或曰：高帝一见韩信而授以大将，一见彭越、黥布而授以相国，饮食供具如王者，捐三十万斤金予陈平而不疑。汉定天下，息兵休民，烟火万里，本高帝养此数人力也。则《易》养贤以及民之说也。"（《熊养及字说》）养民致贤而立国兴邦，真乃德政之道。难怪兄善伯在其文后评曰："养民致贤之理，真识时务，保元气之论也。"

鉴古明今

以史为鉴，总结治国施政者的成败之道，以明御天下之理。

魏禧说："《尚书》史之大祖，《左传》史之大宗，古今治天下之理，尽于《书》；而古今御天下之变，备于《左传》。""尝观后世贤者，当国家之任，执大事，决大疑，定大变，学术勋业灿然天壤。然寻其端绪、求其要领，则《左传》已先具之。盖世之变也，弑夺、蒸报、倾危、侵伐之事，至春秋已极。身当其变者，莫不有精苦之志，深沉之略，应猝之才，发而不可御之勇，久而不回之力，以谨操其事之始终而成确然之效。"(《左传经世叙》)他指出，《左传》一书，包含了统治管理天下的各种智慧，担当国家重任、执大事、决大疑、定大变的执政者，完全可以从中学习并寻求治国理政之"志""略""才""勇""力"，从而获取满意的政绩。从经世致用的目的出发，他对《左传》进行了长达二十年的研读，发微阐幽，成《左传经世》一书。同时，间作杂论二十篇，书后一篇，课诸生作杂问八篇用附卷末。在其《书左传后》文中，他高度概括了总共三十五条治国施政者的成败之道。这些成败之道，既是智慧勇略的结晶，也凝聚了无数血的惨痛教训，值得借鉴。试举之：

"礼者，人之情，天理之节，天子逮匹夫弗能渝焉，故弃礼必败。"这里所指的"礼"，是"六经"之一、"三礼"之首的《周礼》，相传为西周时期周公旦所著，是一部通过官制来表达治国理政的典籍制度，包括了从国家大典到各种具体制度的规范，是所谓"统叙万事"的治国纲领。社会所有的制度规范，都可概括为"礼"，其中重要的内容是"仁义"，遵规范制度，行仁义之道，归仁爱之心，才能实现"以人法天"的治国蓝图，所以魏禧把它列为第一要遵循的原则，强调遵循礼制是道德规范和人之常情的关键所在，上自天子，下及百姓都应该以此来指导并约束规范自己的行为。

"谦受益，知忧，知惧，免于难，故骄且肆必败。"满

遭损，谦受益，忧劳可以兴国，逸豫可以亡身，骄奢放纵者从来没有好的下场，这是历史的结论。

"敏则有功，勤则不匮，故惰必败。"《论语·阳货》记子张向孔子问仁，孔子回答说："恭、宽、信、敏、惠。"做事敏捷，雷厉风行，效率就高，贡献就大。又《左传·宣公十二年》说："民生在勤，勤则不匮。"只要勤劳就不会缺少物资。

"决者，事之断也，故需必败。"需，指迟疑不断。有魅力的人处事果断、坚决，成大事者讲究时机，而时机往往瞬息万变，当时机到来之时，仍然优柔寡断，必将错失良机，贻误事业。

"君子不以呴呴为仁，不以仡仡为勇，故植妇人之仁、衡匹夫之勇必败。"呴呴为仁乃妇人之仁，仡仡为勇乃匹夫之勇，前者姑息优柔，后者有勇无谋，均不能成就大业。

"重则慎，轻则脱，慎固脱离，故轻必败。"凡事慎重，深谋远虑则能坚如磐石；草率轻佻，寡谋弱智则会分崩离析。

"人之有信，车之有轮辐也，故食其言必败。"信为人言，诚实不欺，诚信是做人的底线。孔子说："人而无信，不知其可也。"亦犹如车无轮辐，寸步难行。

"止戈为武，故好战必败。""武"字是由"止"和"戈"两个字组成的，"止戈"才是"武"的本义，止息兵戈才是真正的武功。战争的本身目的就是禁止强暴，消除战争，安定百姓生活，好战者反其道，失仁德。

"弛武备者张戎心,故忘战必败。"废弛武备,容易扩张敌国入侵的野心,因此既要反对持众好战,也要反对废弛武备,只有内修文德,外治武备,才能使国家强盛不衰。

"兽困则斗,民困则畔,故亟作土木,急苛役必败。"被围困的野兽会做最后的挣扎,生活在贫困绝境中的百姓容易产生叛离之心,故此,治国者要体恤民生。否则,穷侈极欲,反复大兴土木,厚征苛捐徭役,民必生叛,国必乱亡。

"厚味腊毒,多藏厚亡,故掊敛黩货必败。"越美味的食物毒性越大,财物积聚得越多,最后损失也越大,物极必反。横征暴敛、贪污纳贿者都没有好结果。

"治国如治病,然而用小人,是饮酖酒以攻疾也,故退贤进不肖必败。"任用人格卑鄙低下之人当政,如同喝毒酒治病,祸国亡身;举贤进能,方为正道。

"人有谏臣拂士,犹瞽者有相,故愎谏怙过必败。"谏臣贤士,犹如瞎子的手杖和引路之人,治国之人刚愎自用,拒谏饰非,没有坚守法度的大臣和足以辅佐君王的贤士,就常常会有覆灭的危险。

"万物本天,人本祖,故蔑祖慢神必败。"上天是万物之本,祖先是世人之本,蔑视祖先,怠慢上天者为大不孝、大不敬。树高千丈从其根,水流万里寻其源,尊祖敬天者昌。

"人,神之主也,有德则祥降之,无德则妖兴,故弃人道贤鬼者必败。"人,是神明的主人,也是精神和智慧

的载体。积善成德，则祥福降临；扬恶失德，则乱魔丛生。守人道，弃邪恶，神明自得，圣心备焉。

"刚不可恶，柔不可弱也，是谓一张一弛，故过刚必败，过柔必败。"要刚直但不能太凶狠，要柔和但不能太软弱，有张有弛，有劳有逸，宽严相济，适可而止，方为治国之道。

"民者邦本，天地之心，故虐用其民必败。"人，是万物之灵，是天地生生不息的动力之源，是国家的根本，得民心者得天下，失民心者失天下。民之所望，政之所向，是为仁政。肆其淫放，虐用其民，是为暴政。

"《传》曰：'女德无极，妇怨无终。'故谋及妇人以男事女者必败。"据《左传·僖公二十四年》载，狄人崇尚邪恶，周襄王却利用狄人进攻友邦郑国并霸占其领土。为感谢狄人，还准备娶狄君的女儿做王后。大夫富辰竭力劝阻说："狄人本性贪婪，您又不断启发他们。女子的行为没有准则，妇人的行为没有终结，狄人必须成为祸患。"周襄王不听劝阻，还是娶狄君女儿为后，恩宠有加，常常将机密大事泄露给此妇。后来，狄人的军队果然进攻成周，并俘获了周公忌父、原伯、毛伯、富辰等人，周襄王也狼狈逃奔到郑国。这是一个谋及妇人、以男事女的典型惨痛教训。

"立国家必正纪纲，纲纪不立，则其败也，匐匐如崩土而不可维，故妻妾、嫡庶、长幼无纪必败。"清正公平的法令法制，是立国之纪纲。法令既行，纪律自正，则无不治之国，无不化之民。无纪纲之国，如乱石崩土，分崩离析，难以支撑。妻妾、嫡庶、长幼亦然。

"始进善，善缘善；始进不善，不善缘不善，故不豫教必败。"《礼记·经解》："故礼之教化也微。"唐孔颖达疏："微者，言礼之教人豫前事微之时，豫教化之。"教化呈善言行善德，须从初始之时、细微之事进行，抓早抓小，以善结善，积善成德，以不善结不善，积恶为邪，可见预教化之重要。

"四时之序，成功者退，故恿而不止必败。"春夏秋冬，四时之序，各司其职，成功者退，亦如日中则移，月满则亏，均为自然规律。人事亦如自然，满亏成退，也需要急流勇退的精神，满而知止。

"蜂虿有毒。《诗》曰：'民之失德，干糇以愆。'故不勤小物惕近必败。"凡是蜂蝎皆有毒性。相互间伤和气，有时并不因为多大的过失，即便待客时饮食考虑欠周到，也许会使对方感到很受伤。因此，贤德之人能够谨慎地处理小事，才不会招致大祸。为政者更应重小处，矜细行，抓微末，见微知著，治其微而救其著，避免因小失大。

"厝足之地不出扶，集于独梁则颠矣，故不谋远必败。"只剩下单腿独立足之地，如此仍不出手相扶，岌岌思危，群聚于独梁之时，势必支撑无力，颠倒扑地。千里之堤，溃于蚁穴；人无远虑，必有近忧。

"《书》曰：'惟事事乃其有备。'故有恃而无备必败。"事事有备，有备无患；未雨绸缪，防患于未然。

"机事不密则害成，故疏必败。"疏者，疏松不密也。子曰："乱之所生也，则言语以为阶。君不密则失臣，臣不密则失身，几事不密则害成。是以君子慎密而不出也。"乱

的根源，往往由言语引发，君主说话不慎密则失信于臣，大臣说话不慎密则灾殃及身，重要的事情不慎密则造成严重的祸害。培育良好的涵养，言谨行慎，是成功的前提。

"顺天者存，逆天者亡，故翳贤德、蔑强大必败。"万物皆有规则是谓天道，顺者存，逆者亡。障蔽贤德之人，无视强大之敌，是逆天道而行者所为，必遭其祸。

"一人欲争，则群起，让则伏，是以相让则有余，争则不足，故争必败。"争者，趋利也，一人欲争，群起攻之。让者，谦让、宽容也，谦让使人敬畏、佩服。《荀子》有言："君子贤而能容罢，知而能容愚，博而能容浅，粹而能容杂。"成大事者，能容人所不能容之事，容人所不能容之人。

"君子瘠己以肥人，故削人自封殖者必败。"严于律己、宽以待人者胜，自私自利，损人利己者败。

"亲亲，天之合。披其枝者伤其心，故疏外骨肉、夷同姓必败。"尊祖敬宗，爱父母子女及其亲戚，是上天的安排，是传统美德，不应违背。疏远其骨肉亲情，破坏其亲缘关系，如同折断树枝伤害树心，后果严重。

"天道福善祸淫，淫则乱，乱则祸生，故奸必败。"孔子说："政善，天福之；淫过，天祸之。"行善以积阴德为最善，阴德又以护生及不淫为上。故见色不动者必获福，犯淫行者定遭殃。善恶昭彰，无人幸免，此乃天道。

"语曰：'一手独拍，虽疾无声。'自盘古以下无独君，故自用、不用人必败。"《尚书》曰："好问则裕，自用则小。"主观武断，刚愎自用之人成就不了大事，凡兴邦强国者必有贤能之人相助，所谓"孤掌难鸣"。

"鱼不脱于渊，利器不可授人，故委柄不治者必败。"鱼儿不能脱离深潭，治国的利器不能随便授给他人。贪图淫乐享受，昏庸无能，不理政事，将权力交给心术不正之人，是为懒政误国。

"松柏之生，薄云霓，立霜雪，震风凌雨不仆，茑萝施其末，则秋风下之，故因人成事不自立者必败。"志向远大、事业成功者自立自强，如松柏傲然挺立，高耸云端，霜冻雪压、风吹雨打历经千百年不倒；碌碌无为、胸无大志者只能附人骥尾、依仗他人成事，如寄生之草缠绕于松柏之高枝，秋风一扫，便枯萎落地。

"出赤心入人腹，则人乐死，故多疑必败。"疑人不用，用人不疑。《后汉书·光武帝本纪》载刘秀："萧王推赤心置人腹中，安得不投死！"士为知己者死，开诚相见，真心相待，乃平定天下之贤德。

"人心之不同如面焉，立于剧骖，擽其过续之迹而识其面，不亦难哉！故轻信人必败。"人面难识，人心难测，车在羊肠般弯曲的小道上不容易翻倾，往往翻倾在通衢大道之上。"此无他，福生于所畏，祸起于所忽也。"疏略轻信者容易上当受骗，此乃治国之大忌。

上述三十五条皆治国者兴邦强国的德政之道，顺其道则兴，反其道则败。友人温伯芳文后评，三十五条"包括一部《左传》成败之故，具变换于分门排户之中，如武侯八门阵法，大阵之中包小阵，此极奇极创之文，在古人所未见"（《书左传后》）。

第五章　忠正勤廉的循吏观

西汉司马迁作《史记》，其中有《循吏列传》，传中记叙了春秋战国时期五位贤良官吏的事迹。五人当中，有四位国相、一位法官，都是位高权重的社稷重臣，分别是楚国的国相孙叔敖，郑国的国相子产，鲁国的国相公仪休，楚昭王的国相石奢以及晋文公的法官李离。

孙叔敖原本是一位楚国的隐者，国相虞丘把他荐举给楚庄王，想让他接替自己的职务，孙叔敖为官三个月后便当上了国相。自当了国相后，孙叔敖"施教导民，上下和合，世俗盛美，政缓禁止，吏无奸邪，盗贼不起，秋冬则劝民山采，春夏以水，各得其所便，民皆乐其生"。孙叔敖治国，反对政令频出，使百姓无所适从，主张多用自然教化的方式，重视言行表率的引导，让远近之人效仿。据称，孙叔敖初任国相时，全国上下官员和百姓都争相前往去祝贺他。有一位老父身穿粗布麻衣，头戴白布帽子，迟迟来到，以吊唁的口气对孙叔敖说："有身贵而骄人者，民亡之；位已高而擅权者，君恶之；禄已厚而不知足者，患处之。"孙叔敖感觉这老父是位高人，话中有话，再拜请教，愿闻其详。老父接着说："位已高而意益下，官益大而心益小，禄已厚而慎不取。君谨守此三者，足以治楚。"孙叔敖铭记于心，一生谨慎为官，"三得相而不喜，三去相而不悔"，一身正气。

子产是郑国的大夫，郑昭君在位时曾经任用自己的宠信做国相，致使国政昏乱，官民不亲，父子不和，改任子产为相后，仅用了一年时间，整个国家便出现了"竖子不戏狎，斑白不提挈，僮子不犁畔"的良好社会风气。"二年，市不豫贾。三年，门不夜关，道不拾遗。四年，田器不归。五年，士无尺籍，丧期不令而治。"经过五年的治理，郑国的社会风气得到了巨大的改变。子产为郑国国相二十六年，去世后大家都失声痛哭，许多老人哭得像孩童一样，涕泪满面，说："子产去我死乎！民将安归？"老百姓已经把子产当作了自己生活不可缺少的依靠。

公仪休凭借出众的德才当了鲁国的国相，用自身端正的品德影响百官。他严令为官者不许和百姓争利，官越大越不能占小便宜。有位客人听说公仪休很喜欢吃鱼，便送了些鱼到他家，他不肯收纳，并对客人说："今为相，能自给鱼；今受鱼而免，谁复给我鱼者？吾故不受也。"现在自己做国相，还能买得起鱼吃，如果因为受贿而被罢官，谁又会再送鱼给我呢？真正的奉公守法，防微杜渐。为了保护老百姓的利益，他停止了在自家园子里种蔬菜，烧毁了家里的织布机，还市于民。

石奢担任楚昭王的国相，为人刚正廉洁，既不阿谀逢迎，也不胆小避事，一次巡行属县，恰逢途中有凶手杀人，他追捕到凶犯，竟然是自己的父亲。他放走父亲，归

来便把自己囚禁起来，并派人告诉昭王，说凶犯是自己的父亲，如果惩治父亲就是不孝，如果纵容犯罪这又是不忠，因此自己该当死罪。昭王网开一面，不同意石奢论罪伏法。石奢说："不私其父，非孝子也；不奉主法，非忠臣也。王赦其罪，上惠也；伏诛而死，臣职也。"于是，石奢接受昭王的赦免令，刎颈而死。

李离是晋文公的法官。他听察案情有误而枉杀人命，发觉后就把自己拘禁起来判以死罪。文公认为主要责任是李离手下的官吏，李离则认为自己是长官，不能把罪责推诿给下级。晋文公仍不同意，李离对文公说："理有法，失刑则刑，失死则死。公以臣能听微决疑，故使为理。今过听杀人，罪当死。"李离认为，法官断案有法规，错判刑就要亲自受刑，错杀人就要以死偿命。你认为我有执法断察的能力，才让我担任法官，现在我断案失误，枉杀人命，就应该判处死罪。于是，不接受文公的劝解，伏剑自刎，用死维护了法律的尊严。

魏禧对司马迁笔下的循吏是认可的。他把官吏分为五种，第一种便是循吏："吏才有五：一循吏，二廉吏，三能吏，四滑吏，五俗吏。"（《日录·史论》）但是，他对真正的循吏，也提出了自己的评判标准："司马德操曰：'儒生俗吏不识时务，识时务者在乎俊杰。'专言俗吏，何也？盖能审天下之大势，定天下之大变，用天下之大机，而后谓之识时务。彼循良贤能，所见不逾尺寸之间，所营不出绳墨之内，皆可以俗吏概之矣。或谓：'能吏每于格外见奇，谓之守绳墨可乎？'曰：'纵能出奇，不过在吏治中著脚，经国远猷，天下大计，有所不知，此京兆作相，功名减于治郡也。况变乱与承平，势尤不同，故识时务非俊杰不可。"(《日录·史论》)凡是循、良、贤、能之吏，都必须具备"审天下之大势，定天下之大变，用天下之大机"的能力，也就是说要"识时务"。这里的"时务"所指，是天下的形势、天下的变化，以及对不断变化的形势和变化的把握，并且要在这个基础之上，制定出治理有利于国家和民生的长远大计，同时，还要考虑到变乱和承平不同时期的不同施政措施。这样的治政官员，方可称得上循良贤能的官吏，否则都可以俗吏论之。这是魏禧对为政官吏好坏优劣的一个基本评判标准，从这个标准出发，他对历史或现实中的一些官员做了单独或综合性的评论，较系统、较全面地反映了他的循良贤能吏才观。

魏禧对古代官吏的评价里，有两位官员在他心目中被认为是近乎完美，可堪称为帝王之师的人，魏禧给予了极高的评价，一位是张良，一位是伊尹。

张良：忠仁兼备，为国为民

魏禧给予张良的总体评价是："忠臣以兴复为急，虽杀身殃民而无悔。仁人以救民为重，故通权达节以择主。子房始终之节，皎然明白，忠臣仁人，兼而有之，奈何后世独以智谋见推也！"(《留侯论》)当然，后世人很看重张良的智谋，除了张良本身的才智，主要还是缘于汉高祖刘邦对张良的评价："夫运筹帷幄之中，决胜于千里之外，吾不如子房。"魏禧认为，张良的雄才大略自然令人佩服，

但真正让人敬佩的，更有他对国家的忠诚，对天下先民的仁爱。

张良的忠诚，首先是忠诚于韩国。张良是战国末年的韩国人，出身贵族世家，祖父连任韩国三朝宰相，父亲又继任二朝宰相。父亲去世后，强大的秦国首先灭了六国之中最为弱小的韩国，其时张良正值年轻，尚未在朝廷任职。韩国的破灭，使张良深感亡国的耻辱，当时他家里还有私家仆从三百人，他将全部家产都投入反秦事业中，连亲弟弟刚死都没有操办葬礼，而是花巨资征求刺客行刺秦王政，为韩国报仇，并且真的寻访到一位能使一百二十斤大铁椎的大力士，这就有了古博浪沙张良冒着生命危险刺杀秦始皇的壮举。以张良之才智，此举尚有些冒失，宋代苏轼称："子房不忍忿忿之心，以匹夫之力，而逞于一击之间。……子房以盖世之才，不为伊尹、太公之谋，而特出于荆轲、聂政之计，以侥幸于不死，此圯上老人所为深惜者也。"唐代李白则以诗盛赞其爱国精神："子房未虎啸，破产不为家。沧海得壮士，椎秦博浪沙。报韩虽不成，天地皆振动。"魏禧对张良的遭逢感同身受，亲自创作了《大铁椎传》一文，并论曰："子房得力士椎秦皇帝博浪沙中，大铁椎其人与？天生异人，必有所用之。"魏禧也希望能得到如大力士、大铁椎之类的豪俊侠烈魁奇之士，一逞复兴故国之志。张良对韩国生养自己始终是忠贞不二的，包括后来极力劝说项梁，请其出面提议立韩王公子横阳君成为王，事成后，尽管此时与刘邦相见恨晚，但仍辞别刘邦，辅佐韩王。韩王成遭项羽杀害后，张良侥幸逃脱楚军的追捕，这才一心归汉，全力辅佐刘邦打天下定天下。张良辅汉立国之后，毅然决定辞封，辞封的主要理由也有"为韩报仇强秦"的目标已经实现，别无牵挂的说辞。

有人责于魏禧，说既然张良弟死不葬，以求报韩，冒生死之险击始皇于博浪沙中，终于辅汉灭秦，这些都是对韩国的忠贞行为。但是，韩王成被杀之后，郦食其劝说汉王刘邦封立六国的后代，其中当然也包括了韩国的后代，而张良予以了坚决的阻止，这是否说明张良并非那么完全忠于韩国呢？魏禧驳斥道："噫！是乌足知子房哉。人有力能为人报父仇者，其子父事之，而助之以灭其仇，岂得为非孝子哉！子房知韩不能以必兴也，则报韩之仇而已矣。天下之能报韩仇者莫如汉，汉既灭秦，而羽杀韩王，是子房之仇，昔在秦而今又在楚也。六国立则汉不兴，汉不兴则楚不灭，楚不灭则六国终灭于楚。夫立六国，损于汉，无益于韩；不立六国，则汉可兴，楚可灭，而韩之仇以报。故子房之志决矣。"（《留侯论》）前204年冬，项羽率楚军将刘邦的汉军包围在荥阳，双方久战不决。楚军竭力截断了汉军的粮食补给和军事援助通道，汉军陷入缺粮断援的危机之中，形势大为不利，刘邦焦急万分，询问群臣良策。谋士郦食其向刘邦献计，要刘邦学习商汤和周武王分封各诸侯王后代的做法，将现有的土地分封给六国的后人，六国的后人受到封赏之后，一定会感恩戴德团结一致共同对付楚军，这样可解汉军之危。刘邦没有看到其中严重的危害，反而拍手称好，吩咐郦食其马上巡行各地分

封。关键时刻，张良外出归来，得知此情，大惊失色，连忙要求刘邦停止实施此策，他指出此一时彼一时，当年商汤、周武王采取这种策略完全根据他们的政情、财情、军情和民心的向背基础出发，现在汉军与商汤、周武王的形势截然不同，如果照搬古圣贤的办法去做，把土地都分封给六国的后人，非但不能得到民心，反而会使人心更加涣散，将士谋臣也会各归其主，再也无人跟随你刘邦打天下了。何况，软弱的六国也马上会被强大的楚国军征服，怎么会向汉王称臣呢？魏禧认为，此时张良已经从单纯的报韩复韩的思维圈子里跳出，真正展示出了他"审天下之大势，定天下之大变，用天下之大机"的能力，体现了一个洞察秋毫的谋略家和富有远见卓识的政治家的胸怀，成为一位卓越的"识时务"者，又一次将汉王刘邦从险境中拯救出来，这既是对韩国的忠，更是对汉王的忠。

救生民于水火，是张良深厚的家国情怀重要的一面，也是他仁政思想的具体反映。魏禧说："仁人以救民为重，故通权达节以择主。"为了实现救民的目的，张良一直在寻找可以托志的明主。先是率众投往义军领袖景驹，途中遇上招兵买马的刘邦，两人一见如故，张良以《太公兵法》进说刘邦，刘邦多能领悟，并很乐意采纳张良的谋略。于是，张良果断地改变主意，决定跟随刘邦。虽然韩王成被立为王之后，张良曾短暂回到韩王成身边辅佐，但韩王成被杀之后，张良便义无反顾地追随刘邦，他认定刘邦是自己最终要选择的"明主"。魏禧是这样认识的："子房之说项梁立横阳君也，意固亦欲得韩之主而事之，然韩卒以夷灭。韩之为国，与汉之为天下，子房辨之明矣。范增以沛公有天子气，劝羽急击之，非不忠于所事，而人或笑以为愚。且夫天下公器，非一人一姓之私也。天为民而立君，故能救生民于水火，则天以为子，而天下戴之以为父。子房欲遂其报韩之志，而得能定天下祸乱之君，故汉必不可以不辅。夫孟子学孔子者也，孔子尊周而孟子游说列国，惓惓于齐、梁之君，教之以王。夫孟子岂不欲周之子孙王天下而朝诸侯？周卒不能，而天下生民不可以不救。天生子房以为天下也。"（《留侯论》）

张良以天下生民为重，刘邦也言听计从，始终乐意采纳张良的谏言。最为称道的是要求刘邦爱护百姓，约法三章的事迹。刘邦先进入关中，占领了咸阳，豪华的宫殿、美貌的宫女、数不清的珍宝异藏，令刘邦及其部下的许多人忘乎所以，认为尽享天下的时候到了。武将樊哙见状，冒死犯颜强谏，刘邦不予理睬。关键时刻，张良以无道之秦灭亡的惨痛教训劝说刘邦，希望他不要犯助纣为虐的错误，既然已经为天下人铲除了祸害，就应该布衣素食以示天下人。张良攸关生死利害的中肯分析终于让刘邦从沉醉中醒悟过来，并愉快地接受了这一富有远见卓识的规劝，下令封存秦朝的宫室、府库、财物，还军霸上，以待项羽的到来。与此同时，采纳张良的建议，召集诸县父老豪杰，与之约法三章，"杀人者死，伤人及盗抵罪"。并通告四方，悉除秦法，不得骚扰社会，侵害百姓，要加强巡逻，维护正常的治安。一系列的爱民举措深得秦民拥护，秦地百姓却盼望刘邦早日成为秦地之王。

即使汉王国基已定，张良也不忘劝刘邦以仁义之心待天下人，封赏雍齿就是一个很突出的事例。汉立之初，刘邦大封包括张良在内的许多功臣，一些未受封之人议论纷纷，争功不休。一天，刘邦在路上看到诸将三三两两坐在地上窃窃私语，张良故意危言耸听，说他们在商量谋反，刘邦大吃一惊，忙问缘由。张良说："你本是一介布衣百姓，凭靠这些人打得了天下，现在你喜欢的人都受封了，有些你仇怨的人却遭到了诛杀。这些人怕既不能得到封赏，又担心追究他们的过失，因此聚在一起商量造反。"刘邦忙问对策，张良反问刘邦平常最恨且又群臣皆知的人是谁？刘邦说，那就是雍齿了。张良说，那就赶紧封赏雍齿，群臣见雍齿被封，自然也就安心了。于是，雍齿被封为什邡侯。群臣见雍齿这样为刘邦平常最恨的人都得到封赏，躁动的心情马上平息下来。张良以他宽厚的仁德之心，又一次化解了刘邦面对的尖锐矛盾，避免了可能发生的动乱。

天下既定，百姓已安，报韩之志已遂，辅汉之功已成，张良认为功成志遂，而其他名利已与己无关，他又以深邃的人生眼光审视现实纷繁复杂的世界，洞穿世俗，自请告退，回归一个普通人的生活状态。张良最终成为后世贤臣良相难以企及的高峰，也成为平民大众顶礼膜拜的偶像。

伊尹：以天命人心为己任，敢犯天下之大不韪，义胆忠心辅成汤建商灭夏桀

论及伊尹，魏禧这样评说："尝读《孟子》'汤之于伊尹，学焉而后臣'，又言'伊尹就汤，而说之不以伐夏

救民'，是则伐夏皆伊尹意也。窃疑其语为过。及读《商书》，而知伐夏之举，果出于尹之独断无疑也。今夫人臣之放伐其天子者，自古以来所未尝有。唯后羿距太康遂相为不臣，羿因民之不忍而距太康；汤以救民伐桀，其迹与羿无异。夫以汤而行羿之事，为自古圣贤之所不为，汤虽躬圣人之德，无富天下之心，有危疑而不敢辄发者矣。使非有任如伊尹者，灼然于天命人心之故，犯天下之大不韪，不以芥蒂其心，变易千古君臣之义，而无惭于尧舜，以别嫌疑，定犹豫，主持其内而辅翼其外，亦安能断然出此也哉？"（《伊尹论》）在这里，魏禧主要称赞了伊尹三件千古留芳名的事情：一是当了商汤的老师；二是辅成汤伐夏桀以救民；三是尽君臣之义放伐天子太甲，以保商汤社稷。

伊尹是夏末商初人，出生在空桑，被有莘国庖人收养，父亲是个既能屠宰又善烹调的家用奴隶厨师，母亲是个采桑养蚕的奴隶，可说是出身微寒。伊尹自幼天资聪颖，勤奋好学，跟随父亲掌握了各种烹调技艺，深入田野了解了奴隶生活的诸多艰辛。他十分向往远古时期尧舜的清平世界，又深入研究三皇五帝和大禹王的治国施政之道，闲暇之际，亦用这些仁德知识去教授贵族子弟，被人尊称为"师仆"。他善于运用烹调中的哲理，联系现实中最底层奴隶们的生存诉求，结合圣贤们的施政之策，加上当时夏桀暴政的种种劣行，去探讨治国之道，成为闻名遐迩受人尊敬的人物。

"汤之于伊尹，学焉而后臣"，这是一段古代帝王商

汤求贤若渴、甘当小学生的佳话。商汤是个励精图治的君王，但总是找不到好的办法，听说有莘国有位能辅佐国政的高人伊尹，连忙亲自去请，没想到连去几次，伊尹就是不答应。商汤下决心一定要请到伊尹，又一次驱车前往。驾车的是位彭姓亲戚的儿子。行走到半路，彭氏之子询问商汤："今天您又要到哪里去？"商汤回答："还是去请伊尹。"彭氏之子说："伊尹不过是个下贱的奴隶的儿子，您是堂堂的君主，下一个命令叫他来见就是，这样已经是抬举他了。"商汤说："你不懂。好比一服药，它能使我耳更聪，目更明，我便一定要服下去。现在伊尹对于商国而言，就如那良医良药。你小子不想陪我去请伊尹，是你根本不懂其中的重要性。"于是，商汤在半路上打发彭氏小子下车回去了。孟子对此事的看法是："天下有达尊三：爵一，齿一，德一。朝廷莫如爵，乡党莫如齿，辅世长民莫如德，恶得有其一以慢其二哉？故将大有为之君，必有所不召之臣，欲有谋焉则就之。其尊德乐道，不如是不足与有为也。故汤之于伊尹，学焉而后臣之，故不劳而王。"孟子认为，国君应该礼贤下士，谦虚待人，绝不能因为自己的地位高就轻慢臣子。孟子认为，想要大有作为的君主，必定有他不能召见的臣子，要有事情商议，就应该亲自前去请教，因此，商汤对伊尹，先向伊尹学习，然后拜他为重臣，于是顺利地统一了天下。正是商汤的精诚所至，伊尹才终于来到商汤的身边辅佐。

伊尹教给了商汤什么呢？对这位君王，《孟子·万章篇》说伊尹"以尧舜之道要汤"，"而说之以伐夏救民"。

也就是教育成汤要效法尧舜以德治天下，为救民而伐夏的方略。尧的德表现在哪里？从后人刘德对他的一段通俗的评价看："存心于天下，加志于穷民。痛万姓之罹罪，忧众生之不遂也。有一民饥则曰：'此我饥之也。'有一人寒则曰：'此我寒之也。'一民有罪则曰：'此我陷之也。'"这样心系天下的百姓帝王，自然是明德之君。舜本身就因为其高尚的品德得到唐尧的信任与禅位，即位后又虚怀若谷，惩罚奸佞，流放四凶，任贤使能，治理水患，开创了政通人和的局面，所以《史记》称："天下明德，皆自虞舜始。"商汤虚心接受伊尹的教诲，乐行尧舜之道，并决心为救民于水火讨伐夏桀。在这个基础上，伊尹亲自深入夏桀之地刺探军情，审时度势，最终协助商汤灭夏，随即，又扶持商汤成为诸侯之王。商汤建立商朝后，伊尹被封为国相，历事成汤、外丙、仲壬、太甲、沃丁五代君主，辅政五十余年。

自成汤开始，商朝的君王们认真吸取夏朝灭亡的教训，善待百姓，天下兴平。问题出在太甲身上。太甲是成汤的孙子，年纪轻轻成为国君，但是他不懂得珍惜来之不易的安定，骄奢淫逸，放任无度，致使国力亏空，民声怨道。伊尹对这位从小跟随自己学习，如今这么不争气的君主看在眼里，痛在心头。用什么方法才能让太甲悬崖勒马，伊尹提出了一个惊天的建议：放逐太甲。此议得到朝臣们的支持。之后，身为天子的太甲被安排到位于祖宗省墓旁的桐宫边上居住，每天面对祖先思过，朝中内外事情，都由伊尹临时担当起来，这样一待就是三年。三年

中，太甲逐渐醒悟过来，表示要痛改前非，他向天下人检讨："天作孽，犹可违；自作孽，不可活！"从此也成为贤君。三年中，伊尹也大忠大义，没有半点私心杂念，全心全意代掌朝政，使商朝避免了一次严重的危机。

魏禧对伊尹最称道也最佩服的，就是："使非有任如伊尹者，灼然于天命人心之故，犯天下之大不韪，不以芥蒂其心，变易千古君臣之义，而无惭于尧舜，以别嫌疑，定犹豫，主持其内而辅翼其外，亦安能断然出此也哉？"魏禧首先佩服的是伊尹敢于以"犯天下之大不韪"的大勇，放逐天子太甲。他说"今夫人臣之放伐其天子者，自古以来所未尝有"，虽然之前有后羿逐太康之先例，但两者性质完全不同，伊尹是辅君，后羿是篡位。再则，令魏禧感动的是伊尹放逐太甲，"不以芥蒂其心，变易千古君臣之义"，为国为民，襟怀坦荡，没有丝毫私心杂念，这是大义。伊尹教育商汤几代君主行尧舜之德，而他自己正是以尧舜之德律己的具体实践者，所以魏禧赞扬伊尹"无惭于尧舜"。

"有任""当其任"，是魏禧对伊尹以担当天下大任为己任，勇于任天下于一身的高度评价。魏禧称商汤尝自言，说自己伐夏灭桀的举动是"将天命明威，不敢赦"，伊尹也曾自言，说自己辅汤兴商是"咸有一德，克享天心，受天明命，以有九有之师，爰革夏正"。这都是假托自己的行为，是代天言事，代天行事，当然，这个"天"是虚构的，而"德"是实在的，伊尹以其纯洁高尚之德辅政商朝，也使商朝几代君主赢得了民众的爱戴，根本原因在于"修德政"。话又说回来，如果伊尹没有以天下为己任的担当精神，也就不可能有共挽国家于狂澜的大智大勇。为此，魏禧赞叹："尝观古今国家危疑之际，非常之举，身当其任者，既已内断于心，则必求夫强力明决敢犯众议者，挺身以发其难，然后大事可济。"(《伊尹论》)伊尹正是魏禧心目中那种能"身当其任"，敢"挺身以发其难"的成大事者，这也是伊尹成为千古良臣的最可称的地方。同堂李腾蛟认为魏禧对伊尹的认识独到之处在于，"只是看透一'任'字，便发出如许创论"，这一个"任"字，就是伊尹把天下生民的安危和国家兴亡的大事视为己任，进而去奋力担当，这正是伊尹身上德、仁、义中那个最闪光的亮点。毛泽东对伊尹给予过高度的评价："伊尹之道德、学问、经济、事功俱全，可法。伊尹生专制之代，其心实太公也。尹识力大，气势雄，故能抉破五六百年君臣之义，首倡革命。"(《毛泽东早期文稿》)

高允、杨震等一种类型的好官，也是魏禧推崇的典型范例。这类好官具有三个特点：为官忠诚正直，敢讲真话；待民亲如家人，乐办实事；于己两袖清风，廉洁无私。

魏禧在《高允论》中首先肯定的是高允为官忠诚、正直、敢讲真话："国书之役，高允既免罪，出语人曰：'吾不敢爱死者，恐负翟黑子故也。'魏子掩卷而叹曰：'甚矣，允之言欺我哉！'允忠诚正直，口无所择言，身无所择行，虽微翟黑子，必不爱死以欺君。然允必为此言者，至高之行，人所乐居，而允顾退然自托于小善，此古人所

为不可及也。"高允在北魏为官经历五朝，任中书博士时做过太子拓跋晃的老师，后官至宰相，备受尊礼。翟黑子为辽东公时，深得太武帝宠信，出使并州，得到了千匹绢帛的贿赂，有人向太武帝告发了他。翟黑子向高允请教说："主上问我，是汇报真实情况还是说假话？"高允说："公为皇上宠臣，可据实以报，这样又可自表忠诚，必然会没什么事的。"而中书侍郎崔览、公孙质等却说自首后罚不可测，应该说假话。翟黑子听信了崔览等人的话，反而斥责高允："你的建议，是引诱我去找死。"并因此与高允断交。翟黑子因为在太武帝面前说假话，终被疏远，最后获罪被杀。北魏太武帝曾下诏让高允与司徒崔浩编撰《国记》，崔浩在编撰过程中怀有私心，以图不朽。果然，不久崔浩因编写《国记》涉嫌讥讽皇族下狱，面临死刑。高允是参编者，也受到牵连，要获重罪。太子拓跋晃带着高允去见太武帝，并要求高允按照自己说的话来应答太武帝，把责任都推到崔浩身上去。但是，高允在太武帝面前并没有撒谎，而是将编撰的真实过程详细地向太武帝做了禀报，并且要求给自己治罪。太武帝见高允面对可能处以死刑的后果，仍然能够如此正直坦诚，认为高允是一位忠贞的臣子，赦免了高允的罪行。高允后来对人说："我不遵照太子拓跋晃的安排去做，是担心这样会辜负翟黑子。"高允懂得，自己不能左手画方，右手画圆，教育他人要诚实、要说真话，而自己却去违心地编造谎言，欺君瞒上。这就是魏禧所称道的高允在"国书之役"过程中的表现。

民生问题高允一直很关注。一次，太武帝问高允：

"政事千头万绪，什么是第一位？"当时，北魏实行田禁令，禁封了大量良田，许多农民因此失去生存的依靠。高允因此回答："臣少时微贱，所了解的事只有田耕之事，请让臣说一下有关的农事。古人说，一里方圆的范围可以辟田三顷七十亩，百里方圆则有田三万七千顷。如果农人勤耕，则每亩可以增产粮食三斗，方圆百里则可增产二百二十二万斛。天下如此之广，如果公私都有粮食储备，即使遇上荒年，又有什么可担忧的呢？"太武帝很欣赏他的说法，马上颁布政令，废除田禁，把这些禁封的良田全部分给了农民。文成帝听信给事中郭善明的巧言，打算建造更豪华的宫殿以供享乐，高允劝谏不可。他为文成帝算了一笔细账：如依给事中郭善明的方案实施，估计各方面征调的用工加起来大约要四万人，这四万人要干近一年的活才能修建好新的宫殿。古人说，一夫不耕就会有人挨饿，一妇不织就会有人受冻，何况是数万人无法从事耕织，这样巨大的开销国家和老百姓都承担不起啊！请皇上三思而行。文成帝也知晓了此事的利害关系，采纳了高允的建议。

　　高允历仕五朝，虽然后来位居高官显爵，但家中很是清贫。早年，高允担任从事中郎的官职，受命与中郎吕熙等人分头前往各州评决狱事，吕熙等人都因贪赃枉法获罪，只有高允一人因其公正清廉得到嘉奖。高允任中书令兼著作郎时，朝臣陆丽对文成皇帝说："高允虽然蒙受皇上恩宠，但是家里穷得像普通的百姓，妻儿都无以为生。"文成帝很惊讶，连忙赶到高允家中察看，看到高允和妻儿

们住的是几间草屋，盖的是布被麻袍，厨房里只有一点盐菜。文成帝感叹说："古时候的人也没有这样清贫啊！"当时百官皆无俸禄，高允为郎中二十七年没有升过官，家庭生活拮据，经常让几个儿子上山砍柴采野果充饥。高允及其儿子屡次被朝廷加封，都坚决推辞，贵臣显门之后大都已成高官，而高允的子弟始终都没有官爵。尚书窦瑾因事被杀，其子逃匿山中，其母焦氏年老体衰，但亲朋故友无人敢收受资助她。高允将她接至家中生活，予以保护六年之久。魏禧认为高允的这些高尚的品德，自以为都是些"小善"，但正是致高之行的"小善"而致"古人所为不可及也"。

一位好官往往既是忠臣，也是廉吏，魏禧在《高允论》中提及的杨震，便是如此。杨震为世人所知的，首先是他的廉洁："或馈杨震金，曰：'暮夜无人知者。'震曰：'天知，神知，子知，我知，何谓无知！'"(《高允论》)东汉的杨震，年少时便博学多才，品行高洁，儒士们都称他为"关西孔子杨伯起"。但是，他淡泊名利，不愿为官，直至五十岁时，才步入仕途。杨震迁任东莱太守，途经昌邑，县令王密是杨震举荐的官员，王密亲赴郊外迎接恩师。晚上，王密前去拜访恩师，怀中揣了十斤金子，打算送给杨震。杨震说："我了解你，你却不了解我，这是怎么回事？"王密说："这么晚了，没有人能知道这件事。"杨震说："天知道，神知道，你知道，我知道，怎么能说没谁知道！"王密羞愧万分，退了出去。因此事，杨震还被后人美誉为"四知先生"。杨震为官，公正廉明，从不接受私人请托。他的子孙家人蔬食徒步，生活俭朴，一些老朋友想要他为子孙谋置产业，杨震坚决不同意，并说："让后世的人称他们为清白官吏的子孙，不是很好吗？"

　　杨震不仅清廉，而且忠正。他入朝为官后，担任太仆，后又升任太常、司徒、太尉等显官要职。在任期间，杨震对朝廷的腐败现象非常不满，多次上疏安帝，言辞激烈。先是邓太后去世，安帝宠爱的一些后妃开始骄横起来。安帝的乳母王圣自恃抚养安帝，依托帝恩，无法无天。她的女儿伯荣肆意出入宫中，贪赃枉法。杨震援引历史教训，谏言安帝迅速送王圣出宫，并要求阻断其女儿同宫中的往来。昏庸的安帝不仅听不进谏言，还将杨震写的奏折给王圣等人看，致使他们怀恨在心。后来伯荣与已故朝阳侯刘护的远房堂兄刘瑰勾搭成奸，刘瑰趋炎附势，娶伯荣为妻，安帝因此让刘瑰承袭了刘护的爵位，官至侍中。杨震坚决反对，再次上疏安帝，斥责这种不论功德封赏、任人唯亲的封侯行为，是失人心，乱天下。可是安帝一意孤行，亦未采纳杨震的谏言。之后安帝又下诏要为乳母王圣大肆建造新的华丽房屋，杨震再次上疏，要求安帝以国家和百姓的利益为重，把财力、物力、人力都用到救济自然灾害、巩固边关防守、安定百姓生活中去，安帝仍然不听。一些贪腐成性的朝臣，见安帝接二连三不听杨震进言，便更加肆无忌惮，甚至假造诏书，侵吞国库钱粮。屡谏不听，杨震也从不妥协，不屈权贵。安帝的舅舅耿宝推荐亲信要杨震接受，杨震加以拒绝，皇后的兄长阎显也向杨震推荐其亲友，杨震把他拒之门外，而这两个人

在后来都被其他官员迅速提拔重用了。杨震备遭怨恨，奸臣们罗织罪名诬告杨震，安帝下令送归原籍。在回家乡的路上，杨震慨叹："我死无所惧，只是痛恨奸臣狡猾不能诛杀，恶嬖女倾乱不能禁止，我还有什么面目见天下人呢？"于是服毒而死。

后代人魏源是这样评价高允、杨震这类忠臣廉吏的："古豪杰之用世，有行事可及，而望不可及者，何哉？同恩而独使人感，同威而独使人畏，同功而其名独震，同位而其势独崇，此必有出于事业名位之外者矣，有德望，有才望，有清望。……高允，其德望欤？……杨震……其清望欤？"（《古微堂内集·默觚上》）

魏禧认为，真正的好官，视廉洁和忠诚为从政做官的底线："夫廉吏恶不义之财，虽使天地间无复有鬼神，震必不受金。忠臣疾不义之禄，虽金川门不痛哭，翊必不仕。"（《高允论》）他在《日录·史论》中曾引用过一则"贪泉"的故事："广中多货贝，官者易贪。'贪泉'之说，意谓此间水亦能使人贪耳，后人乃真归之此泉矣。人纵不肖，未有先饮贪泉者，而广之贪吏绝多，贪吏以不饮贪泉为常，则廉吏亦不以饮贪泉为奇。每笑隐之此饮，是极善点缀宦谱处。"贪吏绝大多数恐怕都没有喝过"贪泉"的水，喝了"贪泉"之水的廉吏大多数亦没有变成贪吏，可见，官吏贪与不贪，不在于是否喝了"贪泉"水的原因，而在于其德操是否端正，"贪泉"一说，只不过是个用来讽刺官场风气腐败的笑话而已。

为官者必须在任何时候都能把个人利益置于国家利益

之后，视国家利益高于一切，并为之努力奋斗，方为真正的好官。这是魏禧在总结赵鼎、张浚等人的历史教训后得出的一个结论。

"君子之患，莫患乎勇于自信，而不能屈己以成国家之事，故其功可以垂成而辄败。宋绍兴，赵鼎、张浚并相，天下称'小元祐'。寿春之捷，浚欲乘胜攻河南，而鼎欲回跸临安，议不合。高宗意主浚议，鼎力求去，遂罢鼎知绍兴府，孝宗锐意恢复，以陈俊卿、虞允文为尚书左右仆射，允文欲遣使请陵寝，俊卿议不合，而帝方向允文，俊卿力求去，遂罢俊卿判福州。"（《赵鼎张浚陈俊卿虞允文论》）赵鼎和张浚同为南宋初年的名臣，他们有许多相似的经历。赵鼎四岁丧父，母亲樊氏抚养其成人，少年博通经史，二十一岁中进士。张浚四岁成为孤儿，自幼品行端正，才华出众，也是二十一岁中进士。两人在南宋高宗朝廷做官，都是对外力主抗金，反对主和；对内力主积聚民力，稳定根基，因之战功显赫，理政有方，亦深得高宗赏识。特别是绍兴五年（1135），赵鼎升任左仆射，知枢密院事，张浚也同时以右仆射兼知枢密院事，都督诸路军马。宋高宗将边务全部托付给张浚，将朝政诸事全部托付给赵鼎。赵、张二人鼎力合作，亲密如兄弟。二人并相时期，政治清明，民心安乐，有"小元祐"之称，也给期盼南宋中兴复国带来许多希望。正在此时，两人因为一些具体事情安排上产生分歧而闹别扭：其时，张浚在长江刚打胜仗，请求乘机攻取河南，而赵鼎认为不可，奏请高宗返回临安，张浚不高兴，随后赵鼎请求辞去相位，得到

高宗批准，以观文殿大学士的身份出知绍兴府。

无独有偶，陈俊卿和虞允文也是类似的情况。陈俊卿榜眼（进士第二名）出身，为南宋孝宗朝臣，在位期间力主抗击金国，反对议和，采取各种措施振兴纲纪，整顿军队，实行屯田减租，安抚流民的政策，重视人才选拔，赏功罚罪，劝勉风俗，正直敢言，廉洁奉公，深得孝宗器重，乾道四年（1168）升任尚书右仆射，同中书门下平章事兼枢密使。次年，在陈俊卿的大力荐举下，时任四川宣抚使的虞允文被孝宗皇帝召回朝中，升任为枢密使。这样，虞允文入朝成为右相，陈俊卿为左相。虞允文也是个出类拔萃的忠臣，他极力反对割地求和，坚持用兵抵御金国，入朝为相之前曾亲率宋军大败南侵金帝完颜亮，使国家转危为安，其忠烈义勇受人称道。两位忠臣同朝辅佐孝宗，珠联璧合，本是国家幸事，但在一件普通的事情上意见不合，产生隔阂。虞允文为相后，建议孝宗遣使前往金国索回北宋诸帝的陵墓寝庙，陈俊卿认为时机尚未成熟，坚决反对。过了一年，虞允文又重提此事，孝宗亦有此意，亲自写札告诉陈俊卿，陈俊卿仍然坚持不宜，认为待一二年后再说。因为此事，陈俊卿闭门不出，请求离朝，并得到孝宗批准，也以观文殿大学士的身份出知福州。

魏禧对上述数人之事评论道："假令是两君子者，各久于为相，协心毕力以匡时难，则绍兴、乾道所建立又何可量？而卒无所成者，则皆勇于自信，而或毅然奉身以退，或以一身任天下，遂听其去而不留也。夫浚、允文岂不知老成难得，君子之寡助，而天下事之难为也？胡越之人，生不相识，同舟而遇风，则相救如左右手。宋于斯时盖亦岌岌矣，虽博求天下之贤者与之共事，犹惧其不克济，而况以鼎、俊卿之为相乎！且夫鼎、俊卿所诤执，非有纲常名义所不容贷，与安危利害之不可须臾缓也，非如李纲之论割三镇，与论伪命，当以去就力争者也。"(《赵鼎张浚陈俊卿虞允文论》)魏禧看来，赵鼎、张浚、陈俊卿、虞允文等人，本来都应该算得上贤臣名相，而且当时他们所处的宋高宗绍兴、宋孝宗乾道时期，国家正值危难之际，正需要他们协心毕力以匡时难。令人遗憾的是，他们并相共事时，竟在些无关纲常名义与国家安危的琐事上争论不休，最终又为了自我尊严，有的选择奉身以退，有的则独自担当其任，遂听他人去留，以消极的处世态度，给国家利益带来严重损害。赵鼎等四人错误的根源就在于：勇于自信，而不能屈己以成国家之事，所以得到功败垂成的结果，这让他们作为忠臣良相的名誉打了大大的折扣。

在这个方面，魏禧很欣赏伍参和孙叔敖的胸怀与度量。"昔者敖鄗之役，嬖人伍参欲战，令尹孙叔敖弗欲，既南辕而反旆矣。伍参卒言于庄王，改乘辕而北之。及王逐赵旃，敖曰：'宁我薄人，毋人薄我。'遂疾进师而乘晋军，大败晋师于邲。"(《赵鼎张浚陈俊卿虞允文论》)这里记叙了春秋时期楚庄王的两个贤臣孙叔敖和伍参彼此以国家利益为重、精诚团结、大败晋军的过程。先是楚庄王率军攻郑，晋国出兵救郑，待晋军快要赶到时，郑国已经降楚。此时晋国军队已抵黄河边上，准备渡河。楚庄王打算

回师，宠臣伍参劝说庄王攻击晋军，令尹孙叔敖不同意，并且掉转车头和军队大旗，准备南撤。伍参严肃批评庄王和孙叔敖，并且认真分析了晋军当时已经存在的弱点。于是，楚庄王和孙叔敖改变撤军主意，率军向北扎营，静待机会。果如伍参所料，不久晋军内部产生矛盾，出现可乘之机。此时，孙叔敖立即命令楚军乘其不备，先下手为强，迅速出兵攻击晋军，最终大败晋师于邲。敖、郶邲之战的胜利，为楚庄王日后成为春秋五霸奠定了良好的基础。魏禧总结楚庄王取得胜利的原因时说："夫欲战者参，而所以战胜者则敖。敖之不欲战与急于战，皆所以为国，而己之意见与功名无与焉。不务于成己之志，而犯难致力，以信伍参之言，古大臣之用心不当如是耶！"（《赵鼎张浚陈俊卿虞允文论》）在整个战役过程中，孙叔敖所作出的决策完全没有考虑个人的得失，处处以国家利益为先，针对敌情随时修正自己的判断，与同僚精诚团结，相互信任，大度包容，体现了一位名相的高风亮节。也难怪司马迁作《循吏列传》时把孙叔敖放在第一的位置上。对照历史，反观赵、张、陈、虞诸君及高宗、孝宗所为，魏禧发出了"惜夫其君之不能两用之，而宋遂终于宋"的感叹。

对忠臣良将岳飞，魏禧有特殊的情怀，自恨不生其时与之同死："禧伏读《宋史》，每至贼桧杀岳忠武王飞事，辄椎胸泣下，呼天自恨不生其时，与之同死。盖自古大功至忠之臣，蒙冤以死，未有若忠武王之甚者。"（《拟褒崇岳忠武王议》）魏禧认为，岳飞蒙冤死后，虽然易谥追王，建庙封墓，但是，仍然难以平抑民愤，每当论及此事，人们无不痛心疾首，犹如自己的父母被杀，其恨难消。为此，魏禧希望国家能从褒扬忠烈，发扬正气的目的出发，仿效汉寿亭侯的故事，尊岳武穆王飞以帝号，诏告天下州县市镇乡村，悉立庙塑像，明天理，彰国法，使其精神激励万世忠义之士："禧伏见关汉寿亭侯羽至忠大义，历代褒封，累爵帝号，通都穷乡，五家之聚，莫不有庙，妇人孺子，咸知尊亲。……惟忠武王精忠神武，亘古无二，立心制行，至纯无疵。古今名将贤将，可谓集其大成矣。顾遭赵构昏逆，秦桧凶贼，阖门屠戮，死无怨言。禧尝代为自反，未有纤毫致咎之故，衔冤如此，日月长昏，人类当绝。伏望圣明，破格褒崇，如汉寿亭侯故事，尊以帝号。诏天下州县市镇乡村，悉立庙塑像，忠武衮冕居中，岳云、张宪、施全配享，侍立庭墀。仍列秦桧夫妇、万俟卨、张俊、王俊跪像，如今制，凡拜谒祈请者，必加捶挞。而赵构不孝不弟，昵奸仇忠，罪亦不容于死。则当划夷陵墓，刻碑于上，宣示其罪。庶人心愤怒可平，昏主贼臣知所鉴戒，天理明，国法彰，而万世忠臣义士有所激劝。"(《拟褒崇岳忠武王议》)魏禧认为，不如此不足服众心，发扬正气，譬如严冬雪霜，百草夭绝，使无春气怒发，则天心闭塞，终不可得见。

岳飞蒙千古之冤而死，魏禧亦有锥心刺骨的遗憾。究其原因，魏禧说："天下之乱，不乱于既乱，而乱于既治；国家之祸，不祸于小人，而祸于君子。既乱之日，与小人之祸人国家，此不待智者而后见也；而既治之乱，君子之祸，则谨守绳墨之士恒有所不及知，知之而不敢断然出其

言以正告于天下。吾尝观北宋之祸，其罪在章惇、蔡京数奸，而实司马光、吕大防诸贤自贻其患；南宋之祸，其罪在秦桧、韩侂胄数贼，而实岳飞、韩世忠诸贤将坐失其机。"（《宋论上》）岳飞"坐失其机"，"机"在何处？魏禧指出有二点，其一，"高宗既立，天下引领以望恢复"。宋高宗赵构在对金"和"与"战"的问题上左右摇摆，朝廷内外主战呼声一直很高，举国上下更是期盼早日收复故土。当金主完颜兀朮撕毁和约，统兵十万兵临顺昌，宋高宗眼看苟安不成，亡国之虞在于旦夕，急令岳飞诸将迎击解围，并同意岳飞举兵北伐，收复失地。这表明岳飞暂时摆脱了朝廷中"主和派"的制约。其二，"韩、岳诸将战无不捷，金师几于北遁"。岳飞受命驰援，解围顺昌。此时，岳家军已在鄂州整训了三年，士气高昂。与此同时，岳飞已经制订了全面收复中原的战略计划。在顺昌大破金军后，各路军马挥师北上，不到两个月，收复了安徽、江苏、河南、河北大片土地，沿途数十万人参加义军，与岳家军并肩作战，岳家军所向披靡，对金帅完颜兀朮盘踞的开封形成了六面包围之势。金兵哀叹："撼山易，撼岳家军难！"岳飞誓言："今次杀金人，直捣黄龙府，当与诸君痛饮！"完颜兀朮准备放弃开封，渡河北逃。

魏禧认为，在这样有利的形势下，"向使飞不奉诏，不班师内觐，其始若同于叛臣之崛强跋扈而不可制，而专力图金，克中原以迎二帝，然后还戈而清君侧，解柄伏阙，自尸抗命之罪，则虽有百桧不足以为忧者，而区区之金，其何不可蓐此而朝食？"（《宋论上》）令人痛惜的是,"桧以一人主和其内,诸道之师悉罢,甚至矫制杀飞而天下事遂不可为。"魏禧对此沉痛无比:"呜呼!鬻拳兵谏,君子犹以爱君诵之。与其死于奸臣,孰死于敌之为烈。"(《宋论上》)遥想春秋楚官鬻拳,为了使文王改正错误,不惜以兵器相谏,也不失忠君美名,与其被奸臣谋害致死,不如战死沙场,为国捐躯。

有人认为倘若岳飞拒诏,将要面对两个问题,魏禧说这都不成问题。一个是面临孤军作战的问题:"诸道师既先撤,岳忠武虽不受诏,岂能独自成功?"魏禧分析说,其余将领虽然撤军,但是金兵最惧怕的是岳飞,只要看见岳家军旗号,"闻风走死",皆恨爹娘为自己少生长了两条腿。加之数十万义军风起云涌,大力配合,各地军民踊跃支前,各种物资源源不断送往前线,仅钱款即"日以千万计","是独力何不可办也?"另一个是岳飞如若抗拒王命,朝廷将以其为叛逆,派兵檄讨他,天下人也会因他背叛朝廷而指斥他不忠不义。对此,魏禧认为岳飞可以禀报朝廷并诏告天下,自己决心抗金的目的就是要迎先王之陵寝回归,要收复被金兵侵占的中原土地,要揭露奸臣秦桧等人的投降害国嘴脸,要还黎民百姓一个太平的世界。并立誓言,如若成功返朝,任凭朝廷发落,如若不然,宁死战场,为国捐躯。这样忠仁兼有,义正词严,天下人自然不疑。不但不疑,还会积极响应纷纷加入抗金队伍中去。根据岳飞当时所处的形势,魏禧一针见血地指出:"朝廷畏金如虎,金畏忠武如虎,则朝廷安能制忠武哉?韩、刘诸公必不肯举师而歼忠武明矣。故忠武一日为纯臣,则举朝

忌之杀之；忠武一日为叛将，则举朝畏之尊之。古今亡国之情势，类皆如是。惜乎忠武之未可与权也。"（《宋论下》）

　　魏禧反复多次在各种场合提及"权"的重要性，他眼中笔下的张良、伊尹就是通权达节的佼佼者，既忠又仁，能通权达节者方为真英雄真豪杰。他对于宋代的官吏，颇有一番微词："盖尝论三代以后，人才莫盛于宋，其致治远不及汉、唐，何也？汉、唐之立国在强固，宋之立国在忠厚。汉、唐以强固立国，其法多荡轶简易，故一时臣工，类能敢作果为，以自奋其才智，是以能成功。宋以忠厚立国，其法多繁委周密，而一时臣工，又皆循礼守分，不敢逾越尺寸，斤斤然规矩准绳之中以自救过不给，是以不肖者不能为大乱，而虽有大贤不能遂志毕力，犯非常之举以至于大治。呜呼！排众论，冒不韪，危天子以成大功者，终宋之世，吾以为寇莱公一人而已矣。"（《宋论上》）在这里，魏禧也许指出了岳飞班师更深层次的历史原因。看来，魏禧心目中的忠臣仁士，还是更倾向于伊尹那种为国为民一往无前，敢犯天下之大不韪者。

　　当然，魏禧对岳飞假设的种种应对举措，于岳飞说来未必可行。族祖石床针对魏禧的《宋论》评道："此论可存，宋人必不能行之。余谓宋人被理学二字束缚，虽武勇皆不能跳出圈格，如韩、岳是也。又况以决裂望元祐诸贤相乎？然此义此理自是古今奇胆伟识，悬之千古，必有能为之者。"（《宋论下》附评）此义此理，奇胆伟识，的确也真实地反映了魏禧的忠臣贤吏观。

第六章　有用于世的人才观

魏禧的经世主张，最看重两个方面：一个是求士，一个是爱民。"禧窃以为当今之世，预备之道有百利而无一害者，亦曰求士爱民而已矣。"（《答翟韩城书》）"君子立身处世，不可不豫养其望，养望在于立信，立信在于吾之表里可见于人，而人无所疑。……以好士爱民为大。"（《答翟韩城书》）这里所指的"士"，就是人才。人才问题，关系国家兴衰、事业成败，魏禧将其视为经世致用者的重中之重。

得人才者得天下。"古今发天下之大难，成天下之大功者，必有人为之谋主；谋主立，而群才有所凭藉而进，自商、周之初，下至秦、汉之际，五胡十国，分崩割据，莫不皆然。"（《陈胜论》）"谋主"，就是具有以天下为己任而又有深谋大计的俊杰之士，他不同于一般驰骋疆场厮杀攻夺的武将，不仅要有草创建国之勇，而且要有立国治国之智，在创立和建设国家的各个时期充分发挥作用。"故草创颠危之际，率多右战功，尊武臣。且夫攻城略地以取天下，此固兵强马壮者之事。然天下之势，攻取有先后，激劝名义有机，立国之远且大者有规模，求贤有道，而得

民心有术；此则非武臣之所能及也。唯明主知其然，故封赏必先武臣，而深谋大计则必求天下之俊杰以为谋主。"（《陈胜论》）魏禧用驾驶马车和行驶舟船打比方，"辟犹运车者之必衷其轴，而使舟者把其柁；柁定则帆樯、篙师、橹工各奏其能，轴坚则三十六辐皆附。是故谋主立而群才辏者，自然之势也"（《陈胜论》）。杰出的人才，能够准确判断和把握天下的形势，作出决断；能够调动一切积极因素；能够具备远见卓识；能够有招贤纳才和取得民心的好方法。总而言之，就是能够起到驾好车、掌好舵、把握好前进方向的关键作用，确保国家正常运行和兴旺发达。

　　魏禧对比了陈胜、刘邦等人的成败之道后指出："沛公最得士，故终有天下。"（《陈胜论》）他说："或谓，天道后起者胜，涉首难，故无成。按，二世元年七月，陈胜、吴广起兵于蕲，九月刘邦起兵于沛，项梁起兵于吴，秦积暴，二世尤甚，起兵诛之，非无故发难以毒天下者比，而刘、项之起，相后仅二月，其去首难者几何？当是时，沛公最得士，故终有天下，项氏得一范增，不能尽其用，故几成而败。其他田氏、韩氏、赵氏之属，皆无豪杰为之谋主，旋起旋灭，或终为臣虏，固不足怪。胜所始造谋者，独恃一吴广，而广小器鄙夫，未几叛胜。孔鲋、张耳，中材之士，胜得之，谋且不能用，此胜之所以不成者。呜呼，可鉴也。"（《陈胜论》）魏禧认为，刘邦、项羽、陈胜的成败与谁发首难无关系，他们几乎都起兵于同一时间。关键在于得士，陈胜不得士，仅有吴广，但器量狭小，见识不广，难成大事；项羽得谋士范增，但不能尽其所用，亦终归失败；刘邦所得之士人才济济，萧何、张良、陈平等都是人中豪杰，既能为刘邦谋打天下，又能为其谋定天下，所以，刘邦终能成天下之大功，也就是自然之理，不足为奇了。

历史上类似的典型事例还见于三国。魏禧在给林时益的手简中说："后人每谓武侯才孙魏武，此固事后成败之论，亦见武侯每事详慎，必躬必亲，魏武则撒手任人处多。不知魏之才多，蜀之才少，故所任腹心不数人，而其才又未尝卓绝，则安得不躬且亲也？或又谓同建功业，何以吴、魏才多，蜀最才少，自是武侯不及处，夫吴、魏发迹已久，先主取荆，四方之士久已委质二国；及武侯得柄，特能收拾遐僻之士，及二国所弃遗者耳。吴、魏以群材攻蜀，武侯以独力抚二国，此其优劣岂不较然？武侯生而吴、魏不敢图蜀，武侯死则蜀亡，此足以知蜀之无才之效矣。"（《与林确斋·又》）诸葛亮虽属人中豪杰，盖世英才，在生可独支天下，身后国家却难免覆亡，说明杰出的人才不仅要有，而且要多，同时还要后继有人，这样国家才能兴旺发达。

不是什么人都可以称为"人才"，魏禧认为真正的人才必须具备三个最重要的基本条件：一是有德，二是有志，三是有识。

有德。魏禧要求人才必须立德，这里指的德，就是"以天地生民为心"，再说明白一些，就是要把老百姓放在第一位。本来，北宋张载所言"为天地立心，为生民立命，为往圣继绝学，为万世开太平"世人熟知，所谓"横

渠四句",魏禧在回答有关人才问题时,加以发挥:"或问:'当今人才如何便是第一流?'曰:'以天地生民为心,而济以刚明敏达沉深之才,方算得第一流人物。'曰:'此帝王将相之器也,下此何如?'曰:'自帝王至守令,皆要识得此意,方是同气合德应运之人,特才具有大小,则职任有轻重,爵位有崇卑耳。反是者,虽才不可用,得此失彼者,终是第二流以下人。'"(《日录·杂说》)无论职位尊卑高低,只要具备了爱民之心,心中始终装有百姓,再加之以刚明、敏达、深沉的能力和智慧,就是第一流的人才。

魏禧反对重文轻德的选拔人才方式。"学政使者试士,未尝不举德行,然当时补廪,及他日出贡选官,率皆以文字,彼所称笃学高行,不过邀赏银一两,红布数尺而已。呜呼!朝廷重文而轻行,天下之士何为不相率修文也?虚名熏心,实行丧阙,厥有繇至。"(《廪膳生议》)朝廷重文轻德的选拔人才方式,致使天下读书人只顾读书作文,不重视立德修身,种种追逐虚名浮利,道德沦丧现象,却因之而产生。为此,魏禧建议:"凡考试各州县,举德行醇正可为表式者一人,副一人,上于学政。既试,先以首举德行者补廪,其文艺前录者次之。次以副举德行者补增广,其文艺次录者次之。诸州县举不当人者,从以贪庸之罚。"(《廪膳生议》)在这里魏禧着重指出,要对重文轻德取录人才的官吏以"贪庸"的罪名严加处罚,贪庸表现自然包括傍权势、收贿赂、讲人情等等,当然,贪庸之官吏,首先就是无德之人、不可用之辈。

有志。"人不患无才，患无志，有志而以真心勤力行之便是才也。"（《答门人林方之》）树立远大的志向，加以勤奋好学，砥砺奋进，终究能够成就一番事业，有所作为。"古之士伏处贫贱，不偕尺寸，自立其身以致显名。然方其未遇，操术甚卑而不恤。故杜广为廐卒，翟方进为小吏，程贺充眉州厅仆，兒宽赁作，董永、张绎、吴逵为庸，朱翁子、黄盖、江淹卖薪，刘实卖牛衣，傅昭卖历日，王猛鬻畚、周勃织簿曲，为人吹箫给丧事……"（《贫士一篇赠邓生》）魏禧在此文中一口气列数了四十位初始出身贫寒，或居职卑微之人，因为志向高远，好学砥行而最终成为杰出人才的感人事迹，加以褒扬："此初非择而为之也。或身富贵，或成令名命于时，后世以为美谈，盖好学砥行立名而已矣。且夫好学则博文多识，可以待问，砥行则忠信加于人，是以名立于天下，而身显荣于上。故虽身都养不为辱，亲洒扫下坐不为屈，为诸生拾薪执苦不为劳，彼其志诚欲有所就也。"（《贫士一篇赠邓生》）天下真才无数，而且就隐藏在诸如行伍屠沽之类人中间，魏禧感叹自己"廿年来好交天下士，然不能交行伍屠沽，此间失却无数真才"（《答友人·又》）。他很赞赏《水浒传》中的朱富，说："人最难得本体忠信，可以倚仗，则大有大用，小有小用，特不可不自知，不量才力，辄耻小职，厌卑事耳。仆尝谓《水浒传》朱富只是办厨，亦与大豪杰同在天罡地煞之数。"（《答门人林方之》）上梁山之前，朱富只是个开小酒馆的，上山后也只负责安排酒宴，监造供应酒醋之类食物，但他不以所从事的工作和地位低下而感

到耻辱，而是努力做好本分的事情，与各位豪杰们同心同德，成就了水泊梁山的英雄伟业。最终，朱富在一百零八位梁山将领中位列第九十六，同享天罡地煞之星的荣耀。

志向要高要远，并且要矢志不渝。"今天下不乏卓荦之人，方其少年，焰焰然若火之始盛。既而志衰于嗜欲，气夺于祸患，心乱于饥寒，行移于风俗，学术坏于师友，及至强立之年，则委靡沉溺，而向时之志气燀乎若死灰之不复燃。"（《答南丰李作谋书》）真正的人才，既要有"虽身都养不为辱，亲洒扫下坐不为屈，为诸生拾薪执苦不为劳"，身处逆境志愈坚的精神，又要能经得起富贵功名的利诱，在顺境中仍然保持一颗奋发图强、努力前行的心态，方为卓荦之人。

有识。"儒生俗吏，不识时务。识时务者，方为俊杰。"魏禧曾反复引用司马德操这句经典的名言，来强调"识"对一个优秀人才的重要性。所谓识时务者，就是既能准确地认清眼前的形势特点，又能清醒地预见形势发展的基本趋向；既能把握主观的有利因素，又能掌控客观的影响变化。魏禧在《日录·里言》中又说："能识时务，方许谈天下事；既寡尤悔，乃敢论古今人。""寡尤悔"一语出自孔子的《论语·为政》："子张学干禄。子曰：'多闻阙疑，慎言其余，则寡尤；多见阙殆，慎行其余，则寡悔。言寡尤，行寡悔，禄在其中矣。'"学生子张问孔子请教做官的方法，孔子对他说："多听，有疑问的地方先保留，对没有疑问的谨慎地说出来，这样能减少过失；多看，有疑问的地方先保留，对没有疑问的慎重去实行，这样能减少悔恨。言语上减少了过失，行为上减少了悔恨，官职俸禄也就在里面了。"这些内容其实可以用一个词概括：谨言慎行。这里所说的谨言慎行并不是谨小慎微，而是在全面把握形势之后的再言再行，说白了还是要识时务。

不识时务者不能用。魏禧说："天下无时不生才，世乱才益多，然用之各有其时所宜。司马德操曰：'儒生俗使，不识时务。'吾尝以为豪杰犯难特起，与人臣当国家之变，转败而为功，其人才不足用者盖数辈：文章名誉之人，浮言无实；肉食之家，科名之士，多鄙夫；遗老旧臣，守常理，拘常格，而不知变；高节笃行者，坚僻迂疏，遗忽世务，不切于用。"（《陈胜论》）这里提到的四种不值得用之人，既有沽名钓誉的文人，也有追逐仕途的官僚；既有倚老卖老的守旧大臣，也有自视清高不入世欲的隐者。这四种人共同的弱点，就是不能以国家兴亡为己任，不能系民生于心中。

真正的有识之士，胸有远大志略，能知大利大害，去除私心，能见大体，魏禧认为，《三国志》中的鲁肃便是这样的人："弟消夏山中，读《三国志》，叹此时人才，诸葛君而外，断推鲁子敬为第一。是时英才辈出，止知各为其主，独子敬能见大体。故于曹氏则力拒降议，于昭烈则曲为扶持，卒之吴、蜀和而两存，吴、蜀争而两败，只系子敬一人生死间耳。夫合力拒操，天下之公议，唇亡齿寒，古今之至戒，而当局不省者，由其胸无远大之略，而惑于目前之小利也。细人不明大义，不识天下大利大害，

而逞私见，徇私欲，以人国侥幸，亦可哀已。"(《与王乃明》)

无识不足料变，在事关利害非常之际，识尤显重要，因此具备"识"的能力对于做大事之人是非常要紧的。魏禧认为，"识"的能力也可以通过实践进行培养："造识之道有三：曰见闻，曰揣摩，曰阅历。见闻者，读古人书，听老成人语，及博闻四方之故是也。辟如剪花，花样多，剪得快。辟如医药，药方多，医得稳。揣摩者，无是事，不妨作未然之想；事已往，不妨作更端之虑。在己者拟而后言，议而后动是也；在人者不狥古今是非利害之迹，必实推其所以然，使洞然于前后中边之理。……阅历者，所谓局外之人，不知局内之事；局内之人，不知局中之情是也。天下事变不特无常法可守，并有非常理可推，故见闻揣摩之功五，阅历之功十。"(《日录·里言》)见多识广则能博采众长，取其精要；慎密思考则能瞻前顾后，趋利避害；亲力亲为并善于认真总结经验教训，则能把握事情发展的基本规律，增加成功的把握性。如此，便能逐步成为真正的有识之人。

知人善任，严格挑选各级官府吏员。百官之中，魏禧首推宰相为第一要紧人选，他说："相臣者，天子之下一人而已。相臣贤，则可使天子之不贤者从而之贤，相臣不贤，则天子虽有励精图治之心，其力能抑塞之于上，而其党援足盘踞扞格于其下。且夫居官守职，奉法无罪，百执事之贤也。天下治安之日，摄然无事，恒有大难大疑，出耳目智虑之外，此二三小臣所不及知，知之而不敢言，言之而不能断然行之，以豫天下之患而定其变，此其事不得不责望于相臣。天地之所不得为，则君为之；君之所不得为，则其相为之。相臣上参天子之柄，下可以达百执事。国家之利害，苟迫于所不得已，则虽逆天子之法，犯群臣之怨，冒天下之大不韪，必且毅然为之而有所不敢避。"（《相臣论》）宰相地位极高，责任极重，上参天子，下达百官，既每日于天子左右辅政治理国事，又要时刻做百官群臣之表率，以身作则，在有关国家利害关系面前，还要敢于挺身而出，"逆天子之法，犯群臣之怨，冒天下之大不韪"，维护国家的利益和民众的安全。因此，执相业者，必须是大才，为此，魏禧打了个生动的比方："相臣不可无才，犹人不可无五谷。"

对明朝的相业，魏禧持基本否定的态度。他说："昔者汉丞相权最重，当时贤人所以自效，犹为近古。""洪武中惩胡惟庸之乱，遂削宰相之官，然人才庸下，视宋加甚。李贤、张居正其才足任，乃又以骄吝失之。呜呼！此三百年所以无相业也。"（《相臣论》）有明一代，魏禧真正推崇的内阁辅臣是"三杨"。"三杨"指杨荣、杨溥、杨士奇三人，他们在明朝初年洪熙、宣德至正统时期担任内阁辅臣，其间安定边防，整顿吏治，发展经济，使明朝的国力得到空前提高。明人焦竑称赞"三杨内阁"："西杨（杨士奇）有相才，东杨（杨荣）有相业，南杨（杨溥）有相度。"（《玉堂丛语》）"论相首推三杨，按其行事，方之古人为何如也？"（《相臣论》）魏禧认为"国朝虽废丞相，然入阁办事，其权不轻"，但是，为什么会庸相多而贤相

少呢？他认为是国家在选拔人才的制度上出了问题："独怪后来专以科目资格限人，拜相必繇翰林，不习民情吏事。最可笑者，舒行缓步，轻咳微声，以养相度，竟同木偶儿戏。每读国史，清谨忠直者不乏人，而才略逊前代远甚，至于相业尤卑鄙矣。"（《相臣论》）论资排辈又不懂民情，不问吏治；才疏略浅，却故作高深。这些都是明朝庸相的特征，也难怪在人们心目中，其时"相业尤卑鄙矣"。

地方如州县吏才的选拔和使用，也是用人当中的关键环节。魏禧总结历史教训后指出："天下之乱，莫不始于州县。州县得人，则乱不及府；府得人，乱不及省会；省会得人，乱不及京师。州县选非其人，酿毒决疽，祸延都会，势有必至。"（《殉节录叙》）他在分析明末亡国也有地方吏治无力的原因时说："然当时州县吏权太轻，细故兴除，必积累而上大有司，不报可，终不得行。又所简科目士，率皆以时文进身，不习世务。夫以不习世务之学，居甚轻之任，而当大难，民社存亡系于反掌，死生决于呼吸，虽贤者犹不克胜，况贪庸龌龊者乎？"（《殉节录叙》）州县吏权太轻，遇事烦琐呈报，不能当机立断处置危急突发情况，加之大都是些不习世务的书呆子，甚至或是贪腐之人等等，问题根源的矛头还是指向当时国家的人才选拔和使用制度。有关各级官吏的使用问题，魏禧建议要学习历史上一些行之有效的做法："张九龄言：'京要官必历刺史、县令。'卢怀慎言：'州县宜久任。'陆贽言：'长官得自辟其属。'杜佑言：'用人不当专仰吏曹。'诸大计良法。"（《日录·史论》）张九龄、卢怀慎、陆贽、杜佑都是唐朝的名相，在治国理政方面有很丰富的经验，上述各条既涉及官吏的选拔和使用，也涉及对官吏的督察，的确是吏政的大计良法。

辨真识伪，全面考察，谨防小人得道。魏禧指出，权力欲望极深，心术不正之小人，往往善于凭借其过人的狡诈手段，博取信任，一旦得势，则显现真容。为此，用人者必先出以公心，对被用者的一贯表现详尽了解，并广泛听取各方面的意见，加以分析判断后作出用人的决定。魏禧告诫当事者要以司马光错用蔡京、宋高宗轻信秦桧为训，慎行其事："昔司马光欲复差役之法，为期五日，同列病其太迫，蔡京知开封府，独如约。光喜曰：'使人人奉法如君，何不可之有！'其后绍圣、崇宁间，首以光为奸党，使贤士大夫尽遭荼毒，流祸生民，驯至亡国者，则皆京为之倡也。"（《蔡京论》）蔡京的奸诈之处在于，瞅准其他官员都不能如期执行司马光恢复的差役法时，唯独他在规定的时间内坚决执行，凭此直接得到了司马光的信任。司马光错用蔡京的后果是，蔡京担任宰相，将已经遭贬的司马光再贬，直到除名，并将司马光等辅臣称为"元祐党人"，许多朝臣被蔡京罗列罪名，贬斥流放，死于非命。当然，这位位极人臣、穷奢极欲，最终祸国殃民的奸臣，还是死于岭南贬途。秦桧的奸诈之处则在于，把自己伪装成一个对国家一心不二的大忠臣，骗取了宋高宗的赞赏和重用。其实在随徽、钦二帝一起被金军拘往北方的过程中，同拘的朝官后来都守节不屈，惨遭流放，唯独秦桧见风使舵，摇尾乞怜，随金军南下，返回行都临安，谎称

是杀死监视自己的金兵逃回的。高宗昏庸，不能察奸，还得意地说："朕得一佳士。"这位当时朝廷上下都认为是大忠臣的秦桧，原来竟然是个卖国求荣、坑害忠良的大奸臣。

建立长效的用人监察机制，确保用人得当。魏禧认为，人是会变化的，或因利欲的引诱，或因环境的改变，或因时间的推移，或受其他各种因素的影响。他罗列了几种现象："且夫人有矫名立节以取荣誉，及于得志，恣行其私者；有砥行砺志出于本心，晚节不终，一败涂地者；有希君相风旨，以忠直为谄谀，廉洁为势利者；有性之所秉，长短各殊，或直而不廉，或仁而不忠，或刚介而嫉妒，宽厚而贪污者。是故君子之用人，以其善而信之，与以其善而疑之，则皆可以失人。"（《蔡京论》）如果有一个有效的监察机制和审判标准，将所用之人长期置于监察之中，则可以及时掌握人才的成长和发展趋向，避免用人时各执己见，犯失人之误。

鉴于国家抢救人才已经到了刻不容缓的地步，为此魏禧精心创作了《制科策》，提出了制科改革的大法。其主要内容包括三个方面：一是痛陈八股之陋；二是废八股论策，以救制科之败；三是兴《小学》，纯风俗，明礼法。

痛陈八股之陋。科举制度起于隋，盛于唐、宋，历元、明至清初，已有近千年的历史了。明以前科举考试的内容和形式，还是比较多样的，如唐朝科举考试有分制科和常科两种，制科主要应试对策，发表对时政的看法和建议。常科则设置了许多科目，如秀才、明经、俊士、进士、明法、明字、明算等，有时多达五六十种，考试内容有时务策、帖经、杂文等，大量出身卑微的寒门士子通过这一选拔渠道，步入仕途，参与治国理政，但是，从明朝成化年间（1465—1487）开始，对科举考试的内容和形式进行了严格限制，命题范围仅限"四书""五经"，文体形式仅限时文，即八股文，这样对选拔能经世致用的人才就产生了严重的问题。

八股文的弊端到底在哪里？魏禧指出："古者取士之途广，国家则专出于制科，而其法尤未善。八股之法，一在于摹圣人之言，不敢称引三代以下事，不敢出本题以下之文；一在于排比有定式。夫题之义理，有博衍数十端然后足以尽者，有举其一端扼要而无遗者。今必勒为排比，则是多端者不可尽，而得其一说而毕者，必将强为一说以对之。其对之又必摹其出比之语，斤斤然栉句比字而不敢或乱。六朝之文，排俪为工，虽杂施于游咏笺记，而后人尚讥其陋。今之以长对排俪而译经传，其陋抑可知已。圣贤之理，适用为本，故言理不征事则迂疏。古人之言，不征后世之得失，则言之富且精者不得见。今必以为不可毫发有所损益，则是古人所一言者，吾从而再言。所短言者，吾从而长言。言之毫发逮圣人无益，况必不逮耶？"（《制科策上》）首先一个弊端，指出八股文从内容上仅仅是代圣人说话，毫无自己的见解，这实际上就是用枷锁囚禁士子的思想，驯养人云亦云的奴仆，扼杀人才的发展能力，从而导致思想僵化麻木，学问空虚无用。随后一个弊端，就是写作形式固定呆板。本来，对一种观点可以从不

同的角度加以阐述，有的要繁，有的可简，而八股文则只能按规定的套路写作，不允许做其他发挥，连字数句式都有严格规定，不能越规。用词遣句上亦追求排比对偶，以华丽为美。这种骈文章法，在六朝时仅运用在游咏笔记体散文写作中，还遭到后人的诟病，现在竟然用这样一种浮华不实的文体，来诠释高雅严肃的经传，亦未免太过庸俗卑陋了。魏禧特别强调，"圣贤之理，适用为本，故言理不征事则迂疏。"一味重复古圣人之言，空发与现实毫不相关的议论，如此空洞无物的八股之文，于古圣人无益，于今世更无益。

八股取士的人才选拔制度，扼杀了大批天下奇才异能。魏禧指出："国朝黜杂学，尊孔子，勒《四书》《五经》为题目，法视前代为独正。贩夫竖子莫不知仁义道德之名，然才略迂疏，不逮汉唐远甚，及其后则遂欲求为东晋、南宋而有不可得者。天下奇才异能，非八股不得进，自童年至老死惟此之务。于是有身登甲第，年期耄不识古今传国之世次，不知当世州郡之名、兵马财赋之数者。而其才俊者，则于入官之始而后学。"（《制科策上》）魏禧痛心地说，天下的人才一辈子都围绕着八股打转，于是就出现了虽然有的人凭借八股文取得功名，步入仕途，但到八九十岁还弄不清楚历史朝代更替的顺序，也不知道当世有哪些州、哪些郡，对国家的基本国情一无所知。一些真正有能力、有政绩的官吏，也是当官之后才从头自学起来的，这种现状真是可悲可叹。

废八股，改以论策，以救制科之败，这是魏禧提出的制科大法。他先将二者在培养事关国计民生的优秀人才方面做了对比，认为："八股之为经济者，施于论则腐矣。论施于策则迂，策施于奏议则疏。何者？言理者易伪，而核事者难欺。故法未有久而不敝，然其立法之始，则不可不尽善。"（《制科策上》）陈腐、保守、空洞是八股文的致命弱点，以这种思维来经邦济世，完全脱离千变万化的实际，肯定行不通。而论策又如何呢？魏禧认为："论策之制，其敝也必有剿袭靡衍，夸而不适用。而天下之人，则势不得不取古今治乱之书而读之，而讲求天下兵马财赋，关厄险阻、时务利害之事。"（《制科策上》）改以论策之法，虽然也有可能存在因袭剽窃、敷衍了事、脱离实际的问题，但是，论策毕竟要面对和回答的是实际的国计民生问题，为论策者不得不去阅读相关之书，考察相关之事。魏禧用一个形象的比喻来进一步说明此理：捕鱼的人一定在江河湖泊中张网，打猎的人一定在深山密林中设陷，这样做才能有收获。倘若到水中去猎兽，到山上去捕鱼，这等于到冰雪中去寻找钻木取火的燧人氏，捆缚住骏马四脚而又要求它日行千里。因此，想要获得对国家有用的人才，必须废八股，制论策。

如何变八股、制论策使人得尽其才，适于实用？魏禧就选择人才的四个层次提出了一个应试的参考科目：

童子试：《小学》论一道，科经书白文三。其中《四书》一，《易》《书》《诗》《礼》所占经一，《春秋》《胡传》一，令自某处起，默书至某处止，兼唐

人考字、宋人帖括之意。

弟子员试:《四书》一道,所占经一道,策一道。

乡试：策一道,《春秋》一道,判一道,《四书》一道,所占经一道。

会试：策二道,判六道,皆一试。

对"论"魏禧提出了三条要求：

一、凡《小学》《四书》经为论,无定体,无长短格,乃称引秦、汉以下得失当代时务诸禁。

二、凡命题,毋割裂章句以巧文,毋亵而不经。

三、凡判必依律,去对偶,如谳狱之语。或设事造题,使议其罪。

对"策"魏禧也提出了三条要求：

一、凡试策试州县者,策以其州县之利害。

二、乡试策以其乡、会试策以天下之利害。

三、会试之策,概论国势治道,或古人当国事业者一,分吏、户、礼、兵、刑、工六职命题者一。

魏禧还强调在试论策的过程中人尽显其能,使用时亦官尽其才："自为弟子员,使各占其所能。专才者对一科,通才者对数问。中进士,廷试则使杂陈其所见而考难之,以定其官。于是以通才者署郡县选。专某职者,就某部观政，授其部官。"(《制科策中》)特殊时期，还可以单独设科目破格招聘特殊人才："愚谓国家有大难事，竟当另设一科，悬格以募异人，储材以备急用。"总之，就是要打破常规，不拘一格选用人才。

需要注意的是，魏禧在《制科策下》中，对童子试为什么要试《小学》做了重点的说明，其意味深长。他说："童子何以试《小学》？天下之乱繇风俗坏，风俗坏繇《小学》废。是故使之孝亲敬长，奉法守礼，童而习之，外柔其筋骨，而内植其心。故孔子曰：'少成若天性，习惯成自然。'今之人幼习章句，稍长治文艺，童子能时文，则泰然以谓成人。于是有身登甲第年壮强不能随行后长之礼者。"(《制科策下》)《小学》一书，是南宋儒学大师朱熹及其弟子编纂的，全书六卷，分内外两篇。内篇含立教、明伦、敬身、鉴古四个纲目，外篇含嘉言、善行两大内容。内外篇中大部分内容都是教导人讲气节，重品德，强调自我修养，发愤立志等，历来受到仁人志士的重视。朱熹在《小学序》中说："古者小学，教人以洒扫、应对、进退之节；爱亲，敬长，隆师，亲友之道。皆所以为修身、齐家、治国、平天下之本，而必使其讲而习之于幼稚之时。欲其习与智长，化与心成，而无扞格不胜之患也。"朱熹甚至很通俗地称："后生初学，且看《小学》书，那是个做人的样子。"魏禧指出，八股取士，不要求学习《小学》这类对少年儿童的道德品质养成教育很有益处的经典，一味追求文章，以致成人甚至为官从政后品质低劣，道德缺失。现在要纠其偏，重《小学》，就是要从幼

年开始便加强"孝亲敬长，奉法守礼"的道德品质教育，让优秀的传统美德熏陶少年儿童，使之外化于形，内化于心，逐渐成为习惯自然之性。魏禧认为："《小学》精，可为圣人，粗之不失常人。"这就又回到了他对人才的初始要求，首先就是要做有德之才，一个道德高尚者，即便不能成为圣人，也可以做一个堂堂正正的普通人。当然，对于《小学》中存在些糟粕或不合时宜的内容，魏禧也认为可以有所取舍："然而有古礼若内则不适时者，有阙略若朋友之义当补次者，有义精深不可喻童子者，则必考定焉，勒为不刊之书。"（《制科策下》）

《制科策》完成于乙酉年（1645）五月，一年前，崇祯皇帝夫妇自缢而亡，近三百年的一代王朝宣告结束。当清军入京时，据说城门上有人写道："八股奉送大明江山一座！"类似的史实是清初吕留良在其《东庄诗存·真进士歌》中自注道："崇祯末，有人拟一仪状云：谨具大明江山一座，崇祯夫妻两口，奉申贽敬，晚生八股顿首。贴于朝堂，亦愤世嫉俗之忠言也。"辛辣的讽刺，却也反映了一部血淋淋的亡国史。顾炎武当时也曾愤慨而言："愚以为八股之害，甚于焚书，而败坏人才，有甚于咸阳之郊。"（《日知录·卷十六》）明朝走向覆亡的原因有多重，但八股取士致使人才沦丧，国无才用肯定是最主要原因之一。在写作《制科策》的同时，魏禧又写了《革奄宦》《限田》两策，合称"变法三策"。他说："吾变法三策，唯制科法，虽扰攘之时中才之主，无不可行，然其法与学校官制相为表里。革奄宦则君必圣贤而后能，盖非减宫嫔之数,定时见群臣之制,寡欲勤政,未易言也。限田则与保甲相表里,及篇中先事数款。故曰:法必相辅而后行。古人制度有此一事为尽善,而此一事所以尽善处,实不专在此一事也。三策作于乙酉五月,其后稍损益之云。癸卯自记。"(《制科策下》)遗憾的是,其时正值明清易代之际,亡国且亡天下,诸项变革大法,终无实施之地,魏禧沉陷报国无门之忧。

在声讨八股取士的进程中,魏禧无疑是最早站在斗争前列的思想家之一。随着清朝统治权力的日益巩固,八股取士制度仍属清廷的主要人才选拔方式。直至清朝末年,废除八股取士和科举制度的呼声日益高涨,维新派代表人物严复在其《救亡决论》中宣称:"天下理之最明而势所必至者,如今日中国不变法则必亡是已。然则变将何先?曰:莫亟于废八股。夫八股非自能害国也,害在使天下无人才。"张之洞等人在《奏请递减科举折》中也称:"是科举一日不废,即学校一日不能大兴;将士子永远无实在学问,国家永远无救时之人才;中国永远不能进于富强,即永远不能争衡于各国。"旋即,八股退出历史舞台,此时,距魏禧提出反对八股取士之策,又已过去了二百五十余年。

第七章　火尽薪传的教育观

　　了解魏禧的教育观，先要了解一下易堂三馆的大致始末。1664年春，易堂诸子中彭士望应邀赴福建宁化南庐授徒，并为易堂三馆作《三馆教式序》，序文称："吾易堂士多奇伟，持高节，而李子力负、邱子邦士、魏子凝叔尤检身端饬，负人伦之望，二十年来绝意进取，隐居教授。"（《耻躬堂文钞·三馆教式序》）文中所指李力负（腾蛟）、邱邦士（维屏）、魏凝叔（禧）分别就是易堂三馆的主持人。易堂三馆之一的易堂学馆位于翠微峰顶之易堂，始建于1646年冬，自有易堂之日起，便开始授徒，其时易堂诸先生除彭任外，均齐聚于馆中。易堂学馆于1692年在魏礼门下招收了最后一个弟子，之后正式落下帷幕，历时四十余年。水庄学馆和三巘学馆均开馆于1653年。之前一年，翠微峰蒙遭山难，诸子纷纷逼迫下山，魏禧居位于翠微峰南麓龙溪边上的水庄，李腾蛟迁三巘峰随彭任，三巘峰与翠微峰隔山相望。魏、李二人随即相继办起了水庄学馆和三巘学馆。山难平息后，邱维屏重返翠微峰，继续主持易堂学馆。当时，易堂的学馆在江西名气很大，与之同名气的还有南丰的程山学馆，星子的髻山学馆等，号称

"江右三山学派","其远者不可得闻矣,吾江右南丰谢秋水、甘健斋,星子宋未有,新建杨友石,俱当世楷模,授徒州里,与吾易堂三子互相倡发"(《耻躬堂文钞·三馆教式序》)。据史志载,易堂三馆在鼎盛之时,有弟子门生百余人之多,其办学规模相当可观。魏禧、彭士望、邱维屏也曾多次被外地学馆延聘为主讲教授,其影响不可谓不广。总体来看,魏禧是易堂九子当中从事教育时间最长的最具特色的先生,已经形成了一套较为完备的教育思想。他的教育思想和教育实践,就是易堂三馆的代表。

培养经世致用、能任天下难事、能当天下之变的卓荦之才,是魏禧教育思想的核心理念。

据彭士望《三馆教式序》称,易堂三馆,各自有其教学内容及方式上的要求,但是,"其大旨则同",也就是说,培养的目标是一致的,"以为古今人才绝续如火传,然一日不得薪,则万古之火于是乎熄"(《耻躬堂文钞·三馆教式序》)。《三馆教式》原文已无从查考,然魏禧授徒新城所作的馆教条件,可见于其文集,其中明确提出了自己从事教育事业的目的:"仆不自揣量,窃谓南面而为人师,固非徒教以进取之器,又非徒以文章名当世而已,将使立身经世之道,皆由此举之。"(《日录·里言》)"仆窃谓考古以用今,练事以验理,求友以自大其身,造士以使吾身之可死,此数言者度足下亦不以为河汉,而求友、造士二者为尤大而急。"(《与富平李天生书》)魏禧认为,国家的兴亡盛衰,在于得人,而得人最主要的手段,是创办好教育,让青少年能担当大任,从而"火尽薪传",以延

续自己的志向："盖任天下难事,当天下之变,非少年血气雄刚不足胜任,而为涂日长,其才与学皆可深造,而不足量其所至。又仆所交程山、易堂、二峰之人,其长者年逾六十,少者亦且四十,皆渐就老死,终恐不获得志于天下,以自验其学。古人有言曰:'火尽而火传。'然欲火之不息,在于积薪;欲志之不灭,在于得人。"(《答南丰李作谋书》)与此同时,魏禧也敏锐地看到了当时社会与教育的腐败往往使人才自生自灭的严峻现实:"今天下不乏卓荦之人,方其少年,焰焰然若火之始盛,既而志衰于嗜欲,气夺于祸患,心乱于饥寒,行移于风俗,学术坏于师友,及至强立之年,则委靡沉溺,而向时之志气燡乎若死灰之不复燃。"(《答南丰李作谋书》)魏禧反复强调办学的宗旨和目的,念念不忘通过创办教育,"求所谓以当世自任,负匡济真才者",以其"利国家济生民之心",大展宏图,"开后世之太平"。

德高为师。魏禧办学,很注重师德对学生的影响,而且,他也拥有一支师德力量雄厚的师资队伍——易堂诸位先生,这是在中国古代教育史中很少有的现象。

他说,各个地方都有许许多多"忠信之士,可寄托之人",可是,最终能成为"贤人君子之足名于天下后世不多见"。这是什么原因呢?"盖无特达伟俊之人,为之开发其胸智所不知,夹持其力所不及,而俗师小儒又以其鄙志陋识、自私自利之学术教导而熏陶之,是以虽有美质,终于汨没,而不能自立以有成也。"(《彭躬庵七十序》)亦即要想造就能经世致用可寄托大业之人,必须有特达伟俊之师。他举例说，像樟树、松柏这样可以历经霜雪并作栋梁之用的树木，如果没有懂园艺的师傅自幼苗开始对它们加以识拔、灌溉、培育并扶植，只是让它们混在杂树当中和贫瘠的土地上生长，任由牛羊践踏、樵夫砍斫，最终能侥幸成材的少之又少，大多数终将与杂树弱草早早变成腐烂的枯枝败叶。

魏禧曾撰文推荐过一则以德育人、以德化人的典型事例，透过这个事例我们可以从侧面更清楚地认识魏禧提倡的师德在教化门生弟子当中所起的作用。他介绍，有一个称之为"守塘公"的普通老百姓，看到住在隔壁的两兄弟为争夺家产结仇，并打起了官司。于是，守塘公想了一个促使兄弟俩和解的好办法：一天，天还没有亮，守塘公怀揣数十两银子进入其兄之卧室，长跪于床下。其兄醒过来惊讶地问："您这是干什么？"守塘公回答："您的弟弟现在很后悔，委托我暗中带着银子来换田券，请您不要对外人说。"其兄高兴地答应了。次日，天刚亮，守塘公又长跪于其弟床下，说："您的兄长委托我前来向您道歉，愿意将田券给您，不要打官司了。"弟弟也挺高兴。后来，兄弟俩才知道都是守塘公安排的，兄弟互相抱头痛哭，和好如初。(《观行堂记》)这个守塘公不仅德高，而且不愧是个教育的行家里手，把动之以情、晓之以理的工作做到了极致。

教育者应该具有德才兼备的高素质，只有这样的先生，才会使受教育者在潜移默化中不断受到感染和熏陶，不断进步。而教育者的这种高素质，又必须在实践中不

断打磨培养。魏禧说:"往授徒水庄,易堂诸子尝相过从,余谓诸生曰:此磨镜匠也。诸生愕然。余曰:先生如镜子,诸生各来取照,然积久尘昏,镜子自体不明,若不得人磨洗,安能照人?伊川先生言,人有三不幸,余谓当以学业粗成为人经师,为四不幸。"(《日录·里言》)伊川先生是北宋著名的教育家程颐,他曾经说过:"人有三不幸。少年登高科,一不幸;席父兄之势为美官,二不幸;有高才能文章,三不幸也。"指的是少年心性不定,早得大名,容易心乱神迷,不知天高地厚,误入歧途;步入社会后依仗父兄扶持,高官美爵,不知人生艰难,不察民间疾苦,容易坏心性,败德行;至于学富五车,才高八斗的才子神童,更容易遭到捧杀。魏禧以学业粗成为人经师视为人生之四不幸,为什么呢?他认为德才粗陋浅薄的人当老师,弟子以其师为榜样,遵从老师教诲,唯师命是从;社会也因为他是老师,尊奉师礼,多有虚美赞扬之辞,久而久之,为师者自经为是,不思闻过,也没有人向他指出缺点错误,最终贻害弟子。魏禧认为教育者德才兼备的高素质来自自身不断的学习,还有就是经常得到他人的规益,"三十授徒,积今十余年,使不得胜己之友时相规益,不知尘昏何等矣"(《日录·里言》)。这种规益,不仅来自诸如易堂诸子等友人,也来自门人弟子,魏禧把能否直接批评老师的过失,看成是做弟子的一种责任来要求:"即仆谬长一日,自知阙失多端,其过言过行及讲论差谬处,诸生见及,有能直指其非者,仆谨虚己听受,敬而爱之,亲于子弟矣。"(《日录·里言》)魏禧曾严肃地指出:"天下治乱风俗之淳漓，人心忠孝廉耻之存亡，莫不由于教化，故师道为甚重。"（《端友集后叙》）实际教育过程中，作为门生时魏禧"以师为父"，尊师重道；作为教育者时视弟子"亲于子弟"，敬之爱之，实属一位师德楷模。

　　易堂三馆虽各有主持，各有馆教条例，但师资队伍是一个共有的教育团体，而先生们个个都是高尚师德的身体力行者。李腾蛟是九位先生中最年长者，和各位先生在易堂讲学，先生们都用兄长的礼节来待他。徙居三巘后，开馆授徒，他带领门生弟子穿古制礼服，戴古制礼帽，行古制礼乐，朝夕歌诗，一派大儒风范。为人谦逊淳厚，门人弟子有时冒犯，从不计较。三巘学馆门前特地立有一块木牌，李腾蛟称之为"彰纠录"，就是记载大家过失和善行的登记本，上面赫然列着李腾蛟和全体门生的名字。李腾蛟要求包括自己在内的每个人每天都必须在上面填写自己的过失或善行，也可以互相填写，根据记录，每半个月总结一次，各有奖惩。这一教规，后来被各个学馆仿效。邱维屏原本在易堂学馆西侧筑有一间简陋的土屋，以此栖身，1652年山难后，土屋被毁，次年易堂学馆重开，由邱维屏主持，山上房屋紧张，邱维屏也无财力重新在山上建新房，只好采取走教的形式上山授徒。邱维屏老家住在城郊河东，距翠微峰有十余里路程。一年四季，无论寒风雨雪，还是烈日酷暑，邱维屏总是徒步往返于河东与翠微峰顶易堂学馆之间，家庭生活的极度艰辛，上下攀缘翠微峰的险恶处境，已成平常事。但他心中始终装着易堂学馆弟子们，这一坚持，就是二十五年。1679年农历九月，邱

维屏躺在病床上，再也不能登翠微上易堂教授弟子们了。临终时，他把儿子成和招至身边，告诫儿子："食有菜饭，着可补衣，无谳戾行，堪句读师。"（《邱维屏传》文后附）食只需要能充饥，穿只需要能御寒，做一个诚实、守信、正直的人，这就是邱维屏对儿子的最后嘱托，也是他自己毕生践守的人生准则。彭士望评价邱维屏的示儿遗嘱说："此十六字，元气包裹，令千古人父子浓心妄想一切都尽，可为世则。"（《邱维屏传》文后附）邱维屏是当时著名学者方以智尊称为"神人"的大学问家，也是魏禧的古文老师，其师德人品如此高尚，其实魏禧教育集团的每一位先生，都是用类似这样的师德感召和熏染门生弟子。

教育门生树立远大的志向，是魏禧办教育的重要任务。

在新城授徒时拟订的馆教条件，首先一条便是要求门人弟子立志。"其一曰立志。古今天地内止有此身，安肯碌碌甘为人下，温饱安逸毕世而已。上者忠孝信义为俊杰奇伟之人，次亦谨言慎行不失乡里长者。"（《日录·里言》）如何具体培养少俊奇伟之人，他提出两大方略：一、"恢弘其志气"，使之不"自私自吝，安于卑俗"，从而确立"安天下"之志，具有"利国家济生民之心"；二、"砥砺其实用"。使之不"志高而无当，言大而夸"，而是通过"历其身于事会盘错，以自试其能"，做到"任一职则必称，为一事则必成"（《答南丰李作谋书》）。

立志的教育，要从少年时代抓起，不同的性格特点，采取不同的教育方法，开阔其胸志。"少年子弟，聪俊者当教其脚踏实地,敦朴者当引其心向空处。或问:何谓空处?曰:无是事作是事想,不当境作当境想,高怀古人,远忆名山大川之类是也。盖敦朴者资性当滞于有,每见现前,守成规,少高朗阔大之意,故须引向空处,发其天机,荡其志气,乃有入路。"(《日录·里言》)父母要关注子女人格的完善,要对其生活习惯有严格的养成教育,淡泊以明志,摒弃娇生惯养,从小培养和锻炼子女日后应对抵御疾病和困难的心理承受能力。"人幼时不可令衣丝缟,尝食肥甘,盖幼年衣食所费无几,父母最易娇养其子,到后长大,其费不给,服粗茹淡,遂觉难堪。至养蒙当教澹泊,又不待论。人平日食用不可求精,卧处不可求安,盖平常无事尚是易为,若当疾病患难稍不如意,倍增苦恼。"(《日录·里言》)

对于少年儿童的不良行为习惯,魏禧特别强调做父母的要及时加以引导和纠正。"禧尝读《张汤传》,见其名在酷吏,未尝不深恨丞之不善教以陷其子。盖汤有过人之才,使丞知教术,见其子磔鼠堂下,传爰书时,不使书狱而就儒者学,柔以诗书,渐摩以仁义,消其残刻之心,而变化其狱吏之气,则汤岂必以酷吏死哉?"(《与临川王伟士书》)张汤是西汉时期一位很有才华和政绩的掌管刑法的官员,也因其用刑严厉残酷而招致祸害,最终自杀身死。司马迁编《史记》时亦把张汤放在《酷吏列传》中作为著名的酷吏记载,魏禧深表遗憾。魏禧认为,张汤的悲剧跟他父亲的教育有很大关系。张汤小时候,父亲曾任长安丞。有一次,父亲回家后发现家中的肉被偷吃了,大

怒，并用鞭子竹板打张汤。张汤感到很委屈，发誓查清楚原因，他想方设法诱使老鼠出洞，最终确定是老鼠偷吃了肉。于是，张汤掘开老鼠洞，抓住了偷肉吃的老鼠，并且找到了吃剩下的肉，然后立案拷掠审讯这只老鼠，传布文书再审，彻底追查，并把老鼠吃剩下的肉都取出来，确定罪名，将老鼠在堂下处以磔刑（肢解头颅和四肢）。他的父亲在一旁观看，把他审问老鼠的文辞取来，一一看过，非常惊奇，于是让他书写治狱的文书，并要他将来继承文职。从张汤的身上，魏禧看出父母兄弟师友对少年养成教育的重要影响，他引用晏子的话说："兰本三年，湛之以鹿醢，既成，易以匹马。"为什么呢？"非兰本美也，其所湛者贵也。是以古奇童子克成大器者，莫不有父兄师友教道之力，辟犹治三钟之金而使干将、莫邪为之锻，剪羁千里之马而王良、造父御之也。"（《与临川王伟士书》）兰草的根，三年才长成，是古君子喜欢佩戴的饰物。但是，如果把它浸泡在苦酒里，人们就不佩戴它了；如果把它浸泡在麋鹿制作的肉酱里，它的价值就抵得上一匹马了。并不是兰草的根变好了，而是拿来浸泡的东西使它发生了本质的改变。只有像干将、莫邪一样的善锻者，才能铸造出举世无双的宝剑；只有像王良、造父一样的善驭者，才能训练出日行千里的骏马。少年儿童有了好的素质，还要为其创造优良的外部教育环境，才能恢宏其心志，日后成为大器者。

为了系统全面地激发和培养门人弟子的远大理想和志向，魏禧精心自编了教材《童鉴》一书。"禧往年教授水庄，尝摭古奇童子为《童鉴》二编，以示子弟，大约不下五六百人，其德业光明俊伟至于蕃祉老寿不可胜数；而初终易辙，不克大成立于时，声施后世者，亦往往而有。则岂非聪明之气易销铄而不足恃，器识远大者非学问积累难于成功，而当时父兄之所以教化长养之者，或非其道与？"（《与临川王伟士书》）二本自编的《童鉴》教材，收集了五六百位典型事例，既有正面，又有反面，其中包括唐玄宗识李泌，宋太祖识张齐贤，明太祖识方孝孺，北宋宰相韩琦培养苏轼等，均是古今圣贤爱惜人才，用心培养儿童或青少年一代的正面范例。《童鉴》编成后，首先在易堂三馆使用，然后又传到程山、髻山等学馆，江西三山学派和所有学馆，都把《童鉴》作为教育学子立志行远的生动教材。髻山学馆的主持人宋之盛在《童鉴序》中说："魏凝叔之作《童鉴》也，可谓以学虑救良知能之穷者也，孟子明仁义，本之良知能；验良知能，本之孩提亲爱。及其长，敬兄，他日又不失赤子之心，为大人。然则良知能何穷？穷于其亲与兄也。穷于其亲与兄者，穷于其亲兄之以俗学俗虑教也。"（《髻山文钞·童鉴序》）宋之盛的这一认识观点基于孟子，"人之所不学而能者，其良能也；所不虑而知者，其良知也"（《孟子·尽心》）。良知良能源于人的本性，人的本性是仁慈至善的，充满光明与智慧的，但是，这种本性需要从小通过正确的教育方法把它开发出来。"古者韶龄就传，教以入孝出弟谨信亲爱之节，暨夫洒扫、应对、进退之文，而又与之歌诗，以发舒其志意；与之习礼，以固束其筋骸；与之读书，以开广其识

趣。务使欢欣鼓舞，知有名教之乐，而良知能日引月长，如春草之润雨泽而滋荣也。"（《髻山文钞·童鉴序》）这种循序渐进，寓教于乐，春风化雨，润物无声的发展和开拓式教育思想，已经具有许多现代教育理念的因素了，这也正是魏禧自编《童鉴》所期望达到的学习目的和要求。之后，魏禧又引进了宋代盱江黄继善先生的《史学提要》作为自选教材，并加以补充内容，让儿童少年从小熟知中华民族绵延流长的古老历史文化，纠正重习帖括，轻史学的偏差。用现代的话来说，就是要求门人弟子知道自己是从哪里来的，增强家国的自豪感和责任感，从中亦可看出魏禧着力培养少年儿童的深邃教育眼光。

在教学方法上，魏禧进行了许多有益的尝试，同时，他很注重学生学习习惯和学习方法的养成教育，这些方法大致可以概括为深耕厚积、质疑攻治、琢磨删削、体认躬行等学习四法。

深耕厚积法。一天，侄儿世俶请求伯父为自己位于吾庐西庑的书房取一个名，魏禧欣然答应，并为之命名"耕庑"，后来"耕庑"也成为魏世俶的名号。为什么取名"耕庑"？魏禧这样解释："士之学，犹农夫之耕也。汝亦知乎耕乎？夫耕者必强耒利耜反覆其土。故孟子曰'深耕而易耨'。耕不深则草荄不尽，土膏不发，虽有土化之法，燎山之沃，而不入，则苗不秀，秀不实。是以诗曰：'载芟载柞，其耕泽泽。'又曰：'畟畟良耜，俶载南亩。'"（《耕庑说》）魏禧告诫世俶，要以现实世界中的人、情、物之理为田，以私欲陋习为草荄，理义为种子，《六经》

史书为米，良友苦口之言已之强力以为耜，昼夜三反不懈不有以为耕。功夫下得越细致越深刻，回报也越大；倘若鲁莽粗糙对待，得到的回报也必然鲁莽粗糙。魏禧于学习所指，已经不局限于单纯的书本知识，而是上升为对整个人生历练的范围。他在《学说（赠叶徂徕）》文中进一步阐述了这一主张："《传》曰：'人之有学，如玉之必琢而成器。'玉不琢，其璞不毁；人不学，则失其质。故质美者譬诸苗，不深其耕，择种而播之，土化而耘薅，则庶草蕃而苗以萎死。"魏禧夸奖叶徂徕有志于学，好君子交，从中学习高尚品德和丰富的知识，浣濯于俗，不断增益自己，如孔子所提倡的"友直友谅"，《礼记》所说的"审问之，慎思之"，《易经》所说的"积小以高大"，都是要求学习者通过各种学习的方法和途径，不断提高和完善自己的知识和人格，这样才能达到最终的学习目的。

深耕必然带来厚积，以魏禧为代表的易堂先生们都是这方面的身体力行者。魏禧花了十年时间阅读《左传》，一边读一边随笔评注，发微阐幽，之后又花了十年时间写了《左传经世》十卷。然后由《左传》扩及诸史，又由苏洵文扩及唐宋八大家文及诸子百家等。彭士望手评了司马光《资治通鉴》自周秦迄五代二百九十四卷，《春秋五传》四十一卷。他们提倡"遍历诸家，博采诸篇，刻意体认"，也自谓"贯穿经史，驰骋诸子百家，书无所不读"。魏礼则说："不宽而蓄，则不博厚。宽者所以游其气也。不博厚，则发之也无力，而易殚。"（《孔惟叙文集序》）先生们认为，一个人的学力、才性、气质及作文的功底，都是

在广博的观览积蓄中培养并形成的,过早的成名往往不是好事:"木之速成者材弗坚,锋铦利者易缺,士名夙惠者,多跅弛而无当。故古人成就人才,必使探本索源,厚其积以巨其发。"(魏礼《温慕李诗序》)先生们还认为,即使是专攻一门,也必须有博览做基础,曾灿在谈到学诗的问题时说道:"古人攻一经者,必通他经之理;擅一艺者,必明众艺之精。是故善诗者必多读书,其取材也博,其类物也精。经、史、百家之蕴,贯穿淹润于胸中,而后诗可得而成焉。"(曾灿《龚琅霞诗序》)

厚积,还需薄发。这本是苏轼提出的一个治学原则,魏禧非常认同。他指出:"物之取精多而用之少者,其发必醇;取精少而用之多,其发必薄。"(《初蓉阁诗叙》)既要内博而返约,由多而致精。积之既厚发又不多,"元气充溢喷薄,一篇一句,皆载生平学问之大力以出"。其作品才能"独工于后世"。而《诗经》正是这样的范例:"《三百篇》,人不尽作,作不过一二,皆自言其胸中之所有,胸中所无有者,弗强道也。"(《初蓉阁诗叙》)正因为如此,就学习写作而言,魏禧提出"不轻易作文",如若"临文无际,穷思力索,以求其必得",那是写不出什么好东西的。世上文章已经够多了,又何必再"多其篇目,以劳苦后世耳目"呢?只有当作者进到"心思学力有其至,切而不淳,婉而有者,道以之明,俗以之正,其精神意气所结,如金石不可销铄"之时,才能功到自然成,写出传世之作来。

质疑攻治法。善于质疑,是魏禧从小养成的学习方法，其后也得益于追随恩师杨一水先生的过程。先生名文彩，字治文，因居住于梅水之畔，学者称一水先生。一水先生出身贫寒，但很勤奋，十六岁补县学生，三十一岁中副榜，四十五岁选为恩贡，学富才高。试北雍时，司业方公、祭酒吴公推崇其为"天下文章第一"，同乡名儒陈大士对朋友说："读罢一水先生的文章，我陈大士不值一钱啊！"一水先生著作颇丰，若有《尚书绎》十二卷，《四书艺》二百余篇，《尚书艺》二百篇，古杂文数十篇，大都有精当独到的见地。先生性格和易，虚心乐善，不管是老妪童子，谁说的话都能认真听得进。如果有人指出他的过错，他会马上责备自己，感到十分羞愧。一水先生不到二十岁便开始教授弟子，前后多达数百人，其中不乏后来成为名公贵卿的，也有不少是普通百姓，1637年，魏禧十四岁，受学于杨一水先生，这时先生已五十三岁，魏禧是一水先生最后收受的弟子。"吾年十四，游吾师一水先生之门。先生有盛德，禧事先生犹父。禧尝语人曰：'吾生平人伦之乐，人罕有及者。盖内以父为师，以兄弟为朋友；外以师为父，以朋友为兄弟。'然先生虚己执谦，其后雅不欲以弟子蓄我，其言至今思之，皇恐汗下。"（《门人杨晟三十叙》）"而先生诸弟子中，禧最晚进，父事先生，以诤子自任。十四岁常面诤先生，先生大悦，奇之。自是无大小事必尽言。"（《杨一水先生同元配严孺人合葬墓表》）

魏禧面诤先生给人印象最深刻的一次，就是当先生的面指出先生与客人谈话中错误并加以纠正。"是时禧年

十四，先生与客语去，禧进曰：'先生失对，对宜云云。'先生欣然听禧，禧自是益无所阿。先生乃曰：'予老无闻，晚乃得凝叔。此为明镜利剑在吾侧，吾固其门人也。'"（《邱邦士文集·杨先生墓志铭》）一位五十三岁执教三十余年颇负盛名的先生，谦虚地称赞刚入门的十四岁弟子为先生，为明镜利剑，其师德是何等高尚，胸怀是何等宽阔。此后，杨一水先生破例允许魏禧自由进出内室，把自己的重要著作交由魏禧校对订正。一水先生中年失子，六十岁后又连连喜得二子。先生将两个儿子杨晟、杨晋都托付给魏禧门下教育，魏禧对杨晟、杨晋要求严格，先生老来得子，有时不免溺爱，魏禧为此还写信批评老师："夜课，童子骄顽甚，因念宽严莫善相济，莫不善相解。故相济者严不怨，宽不狎；相解则宽不怀恩，严不畏威。夫子六十始举子，人情无不极爱，恐他日九严不足济一宽也。"（《上杨一水师》）

　　为弟子时的魏禧以诤子自任，敢于面诤先生，敢于质疑书本，敢于质疑古人；做先生时的魏禧，也要求门人弟子大胆质疑。在其亲自制定的馆教条例中，单独对此做了要求："其四曰广益。诸生毋畜疑而不问于师，毋耻不能不问同辈，勤学虚心，自然事事有得。即仆谬长一日，自知阙失多端，其过言过行及讲论差谬处，诸生见及，有能直指其非者，仆谨虚己听受，敬而爱之，亲于子弟矣。"（《日录·里言》）为了培养门人大胆质疑的学习习惯，魏禧专门从史书中罗列了很多颇具争议的问题，并把它们归纳成各种类型的题目，供门人弟子质疑讨论，最后又将这些题目编成一卷共二十一则内容的教材使用，名其为《杂问》。魏禧说："《语》曰：'信而好古。'读古人书不疑，不足以信也。予不敢废己所疑以信古人，尤不敢自信其疑，于是拟为题目，与同学者考难焉。或一事为一篇，或数事为一篇；又或考以时事所宜兴革，非有义例可归，年代先后可次，曰《杂问》。"（《杂问引》）每一则问题不是简单的提问，有的还会对门人弟子提供思路和回答的方式，诸如末尾有"其悉思以对"、"可其条议以对"等提示性的语言。同代学者闵本贞看到魏禧的这卷《杂问》后很感兴趣，要求出资为魏禧出版传播："魏叔子先生教授生徒，以史鉴之可疑难处之事课业诸生，积为《杂问》一卷。余读而喜之，以为造士之法，此其一端也。代为之刻，以公诸学者。盖事不师古，不足用，今然不能于古人之可疑者推究而发挥之，则其是非与所以成败之故，隐约而不明，游移而不确，他日措之事业，必不能尽其用。"（古歙后学闵本贞撰《杂问序》）

讲论攻治，是在质疑基础上的群体才智发挥。朝夕讲论，相互攻谪，共同切磋学问，本身就是易堂九子治学做人的风气，魏禧把它沿用到教学之中。尤其是读书写作当中。魏禧认为，"离群索居，目不见睫"，"独处寡辅，缘习成障"，是难有进益的，诸葛亮隐居隆中时，之所以能为刘备定鼎足三分之计，就因为他和司马德操、庞德公、徐庶等人"日相讲论，习知天下之敌"。所以易堂的先生们也经常相聚讨论，既论时事，也论学术诗文。相互攻治，规益品德，李腾蛟《书魏裕斋诗后》中叙道：易堂的

师生"相值论诗文,彼此欢呼,有至鸡鸣漏尽,惊动客寝犹未已者"。1668年隆冬时节,曾灿自外归山,寄宿魏禧家中。当夜大雪纷飞,魏禧从曾灿的竹箱里翻到姜宸英的《真意堂稿》,读之狂喜,随即又叫醒魏礼,共赏击节。魏礼又马上命儿子起床抄诵之。他们常常这样夜以继日地热烈讲论,共同赏析,乐在其中。

  师生每有著论,总是主动遍示诸人,广泛征求意见,展开讨论争辩,攻治其阙失。为什么要这样做?魏禧认为:"为学须同己者相资,然补偏救弊,全在异己。益其所长,辅其所短,乃成大器。"(《与蒋公郁何吉士》)魏禧的治学态度十分严谨,李腾蛟叙述道:魏禧"评阅吾党作,不少宽假,吾党又无不屈服"(《书魏裕斋诗后》)。攻者"不少宽假",听者"又无不屈服",自然,争辩是难免的了,有时"疾声大言,闻者惊为诟厉",也就是极为正常的学习现象和状态。魏礼《先叔兄纪略》中追述道:"其于文章亦然,率委之群议,一字未安,不惮十反。既登木者,或即行铲易。"魏禧在《又与汪户部书》中自叙:"往仆在山中,成一文,必遍视兄弟朋友,攻刺既毕,屡易其稿。逾年然后缮录入集。……仆生平无他长,惟能虚心以受师友之教。即文章小技,偶经指摘,往往就板划削。今刻集中行墨多空,此其征也。"虚心接受意见,认真改正错误缺点,魏禧的治学态度,也为弟子门人作出了表率。

  琢磨删削法。易堂三馆先生们的才性、气质和思想敏捷各人不一,但是对自己以及门人弟子的学习要求非常严格,这方面都是一致的。以写作为例,魏禧自述:"余作文颇敏，顷刻数纸。特搜剔删削，每旬日不休。大较用工作之十三，琢之磨之十七也。"(《与门人王愈融》)邱维屏又不同，"邦士为文，深思穷力，一字不轻下，尝数月数日不成篇"(魏禧《邱维屏传》)。写作速度虽然不同，重视琢磨删削是共同的，不过前者把功夫用在对文稿的认真反复修改上，后者是把功夫下在长时间的打腹稿上。关于删改的学习方法，魏际瑞有句名言："善取者不如善舍，善改者不如善删。"(《删诗序》)先生们认为，只有将那些繁博之处删剔之后，其精杰之处才得以溢出。魏禧对此打了个比方："文章如用兵，贵精不贵多。韩淮阴多多益善，王翦六十万，古兵家亦少有是人。"(《复罗珂雪》)为此，先生们提出，不仅要"句中删字，篇中删句"，而且要"集中删篇"，甚至说："善作文者，能于将作时删意，未作时删题，便省却多少笔墨，能删题，乃真简矣。"(魏禧《日录·杂说》)魏禧如何删题已无可考，而"集中删篇"则于先生们比比皆是。魏际瑞在《删诗序》中自序道："予既删诸古文，辞赋，递及于符。凡五删之，由八十卷而至于二十者，有如此。"魏禧《与门人王愈融》中也曾说道："吾少时见事风生，动辄成篇。和公尝笑曰：兄可谓题见怕。然余十年内所斥抹废毁者，不知几许帙。"

除了自己删外，先生们还常常请别人为自己定稿。邱维屏说，魏禧文成后，"无不使余论较之"。彭士望说："予文为叔子定者十七八，邦士定者十一二；诗为林确斋、和公定十一二"(《耻躬堂文钞自叙》)。魏禧说到魏礼的诗文是"伯定者十一，他友十二，余多予所校"(《魏季子文

集序》)。曾灿多浪游在外,仍然如此:"生平为诗文,单辞只字,虽千里外,必就正叔子。"(曾灿《魏叔子文集序》)先生如是,门人弟子仿效,从不错过这些学习的好经验。

体认躬行法。魏禧认为,读书是学习,体验观察,付诸实践是更重要的学习。他说:"读书听言当自省者四:不虚心,便如以水沃石,一毫进入不得;不开悟,便如胶柱鼓瑟,一毫转动不得;不体认,便如电光照物,一毫把捉不得;不躬行,便如水行得车,陆行得舟,一毫受用不得。"(《日录·里言》)这方面魏禧有深刻的学习体会。彭士望说:"易堂为古文辞,邱邦士最先成;易堂为诗,魏叔子最后。"(《耻躬堂文钞·魏叔子诗集叙》)其实,魏禧十四岁便开始学写诗,感觉写不好,便放弃了。易堂先生们初聚时,魏禧经常喜欢评论同堂友人的诗作,但每次只要一开口,同堂的几个善于写诗的先生便会笑着对他说:"汝第谈古文,不得更与此事。"(欧阳士杰《魏叔子诗集叙》)当时叔子也喜欢写点诗歌,彭士望看了之后,斜着眼睛笑着对魏禧说:"君独不可舍此乎?"但是魏禧并没有停止学习写诗的脚步,而是更加发奋努力,深入生活,认真学习了一年,终于写出了许多好诗,得到了大家认可。又过了些年,魏禧写的诗编成集子了,彭士望欣然为其诗集作序,并说:"叔子诗成帙,予且为之序,谓予与确斋独不忍谓'诗人魏冰叔',盖其时之诗已无不可传矣。"(《耻躬堂文钞·魏叔子诗集叙》)从善意的嘲笑到发自内心的推崇,足见魏禧学习诗歌写作的成功,而这个成功,正是体认躬行的果实。彭士望同时指出,魏禧诗歌越写越好，是"自庚子适江南北，交游益广"之后。魏禧的学生欧阳士杰对老师的诗作则有更深刻的认识："更请先生诗集读之，如入大海宝藏，心疑目眩，不知其所取舍。于是累日月卒业，则见其于父母兄弟笃挚而缠绵也；于闺房婉而义也；于朋友侃直而厚也；于君国之际痛而沉深，慨然以远也；于人情事理博而中，刻而平也；于尚论古人，卓乎其高以精也；细至山水花木游燕之作，天真灿然，绰然其自得也。士杰不知诗，然孔子所谓兴、观、群、怨、事父、事君，若皆可，于是乎取之。"（欧阳士杰《魏叔子诗集叙》）所述这些见识也罢，情感也罢，都是魏禧走出大山，逾江涉淮，亲历或见识大千世界得到的学习收获。

学习的主要目的，就是要躬行，要不失自我，形成自己的独特风格，才能立于世，用于世。易堂三馆的先生们以其各具特色的才学教育和影响门人弟子，互相取长补短，使门人能够博采众长。以读书为例，"叔子每谓堂中读书，其伯子善取巧，姊婿邱邦士入微，予见大。予弗辞，而叔子近益专锐"（彭士望《耻躬堂文钞自叙》）。魏际瑞"取巧"，即善于汲取其艺术技巧，邱维屏"入微"，即达到精细的境界，善作微观的研究。这些且不论，且看彭士望的"见大"，他曾自述道："少尝读书，至生死、盛衰、磊轲不平事，辄抵几痛哭，愈疾读，声泪溢溢，即欲剖割无良人，虽死不悔，独不喜章句，碎细比栉，甚或讹字画、音韵时有之。惟一览见大意，可实用，辄欣然忘寝食，恨不及吾身施行之。于诗文，绝不喜流连光景，雕

绘仿逐，见古今盛名人有此，皆以为贱语"（《耻躬堂文钞·与方素北书》）。善于"览见大意"，着眼于整体，把握感情与精神实质，注重实用价值，也是一种颇具特色的读书法。魏禧的"专锐"又自不同，他亦曾自述道："吾少好《左传》苏老泉，中年稍涉他氏，然文无专嗜，惟择吾所雅爱赏者。至于作文，则切不喜学何人、人何篇目，故文成都无专似。"（《与诸子世杰论文书》）看来他是先攻《左传》和苏洵著作，打下坚实的基础，然后渐次扩开，摄取各家之长，融会贯通而自成一家。这又是一种特色。

在深入学习研读时，魏禧要求门人特别注意扬长避短。对其长处要善于汲取，"不论何人何文，只将他好处沉酣"。还要知其短处，加以避免，"否则，我自有病，又益以古人之病，便成一幅百丑图矣"。魏禧对唐宋八大家有一段相当精彩的评论："退之如崇山大海，孕育灵怪。子厚如幽岩怪壑，鸟叫猿啼。永叔如秋山平远，春谷倩丽，园亭林沼，悉可图画；其奏札朴健刻切，终带本色之妙。明允如尊官酷吏，南面发令，虽无理事，谁敢不承？东坡如长江大河，时或疏为清渠，潴为池沼。子由如晴丝袅空，其雄伟者如天半风雨，袅娜而下。介甫如断岸千尺，又如高士溪刻，不近人情。子固如陂泽春涨，虽潓漫而深厚有气力。"（《日录·杂说》）上述学的是八大家的长处，同时他又指出："或问：学八大家而不善，其病如何如？曰：学子厚易失之小，学永叔易失之平，学东坡易失之衍，学子固易失之滞，学介甫易失之枯，学子由易失之蔓，惟学昌黎、老泉少病，然昌黎易失之生撰，老泉易失之粗豪，病终愈于他家也。"（《日录·杂说》）如果为师者没有平日的钻研、比较、鉴别，哪能总结出如此深刻的学习体会并用以指导门人弟子？

第八章　崇真尚实的学术观

空谈误国，实干兴邦。以魏禧为代表的易堂九子，是明末清初站在时代高峰的敏锐思想家，他们与同时代的思想家顾炎武、黄宗羲、王夫之等一起，共同高举着经世致用的大旗，倡导着清初进步的学术思想和健康的新学风。

魏禧旗帜鲜明地提出，"虚""伪"的宋明理学，是致使明朝衰亡的重要原因。

魏禧认真观察、反思，反复探索、追求，总结数千年来的历史，再观照社会现实，发现明朝衰亡的要害在"学术"上。他在《明右副都御史忠襄蔡公传》中指出："国家之败亡，风俗之偷，政事之乖，法度纪纲之坏乱，皆由道学不明。中于人心而发于事业，始若山下之蒙泉，终于江河之溃下而不反。然世儒之谈道学，其伪者不足道；正人君子，往往迂疏狭隘弛缓，试于事百无一用。即或立风节，轻生死，皎然为世名臣；一当变事，则束手垂头不能稍有所济，于是天下才智之士率以道学为笑。道学不明而人心邪；人心邪而风俗政事乖，法度乱，纪纲失，而国家亡矣。"彭士望也尖锐地指出："世未必尽无才，无学术耳。无学术则器识卑暗，不足以立天地之大常，定古今之大变……慨自秦、汉、新莽,以迄桓、灵、建安、晋怀、愍、唐昭、哀、宋徽、钦、德祐之际,人才各有短长,而学术为之屡变,经义、气节旷达之徒,文章之士,其清言创行,皆足以惊骇耳目,爽心悦志,顾反不如刑名、富强、智谋、才武之有济于世。盖天下为虚美所误,从来旧矣!"(《耻躬堂文钞·送熊养及叙》)

在《与陈昌允书》中,彭士望对明朝从隆(庆)、万(历)至(天)启、(崇)祯的学术(即理学)"秽杂虚假",进行了无情的揭露与尖锐的批判:"挽近百余年士大夫秽杂虚假,不可描画。隆、万之际,张太岳力惩之,以综核名实,而才高识寡,峻狭自是,怨浮于恩,功不救过,以及于败,且蒙恶声焉。阳明先生旷代完人,在濂溪、明道伯仲之列,不幸以心斋、龙溪为之门人,不务格致,空谈良知,究非良知,徒弄精魄,毫更披猖,无复顾忌。罗文恭救之以收敛主静,以挽其知解流转之病,终不能得一,再传而为罗近溪、周海门、赵大洲、邹南皋之倡,率邓定宇、管东溟、陶石篑、袁伯修中郎之附和,又歧而为颜山农、何心隐、邓豁渠、李卓吾之灭裂放肆,遂令天下不惟无真儒,并无真禅,丑博通达,坚行雄辩,适以助其横流之人,欲深其倾危之习气。少年才敏之士,骇其奇爽,乐其放诞,内不去纷华之实,而外坐收道学之名,呼引相归,一鸣千和,牢不可解。"并指出,物极必反,终于"天怒鬼尤,乃至有甲申之事",不仅明朝毁灭了,这些空谈理学的士大夫们也自食其果,惨遭祸殃,还"系累父兄、戮辱妻子"。这是上天为之忿恨,"思有以大

发而一空其类"。他慨然叹曰："呜呼！世之以学术杀天下万世，并杀其身以及其子孙，可惧也！"彭士望青年时代本来是奉行姚江派理学的，痛定思痛，反戈一击，何其有力！

　　魏禧素来不遵奉理学，他说："若夫性理之学，禧生平疏于治经，儒先之书，间一浏览，未尝专意讨索。而嗜欲深重，所谓耳目之于声色，口于味，四肢于安逸者，皆不能自克治其气质。又性疾伪儒，每耻言行背驰，是以粗有撰述，皆不敢依附程、朱，谬为精微之论。"（《答施愚山侍读书》）这里他既否定了理学家们"存理去欲""存养克治"等观点，又揭露了他们"言行背驰"的虚伪性。他常常痛斥那些"伪儒""假道学"，并声称自己"恶假道学甚于恶乱臣贼子"，因为假道学"言清行浊，窃取高名，欺天罔人，坏乱天下心术"。魏禧等人对唯心主义的宋明理学在理论上的荒谬性，实际行动上的虚伪性，施之于经邦治国及教化上的危害性，多有揭露与抨击，并从中在学术思想上反思、追寻出明朝衰亡的根因。魏禧等人在政治上无疑是忠于明室的，但他们能如此深入分析明亡的沉痛教训，矛头直指统治思想，并且毫不留情面，的确显示出唯物主义的进步思想与精神。同时，我们也看到，清朝统治者虽然武力夺取天下，却无能在文的方面建立起一套新的统治思想，而只能因袭宋明理学（主要是程朱派），所以进京不久，就极力表彰程朱，宣布程朱理学为官方的正统思想，很快，便形成了"非朱子之传义弗敢道也；以言《礼》，非朱子之家礼弗敢行也"（朱彝尊《曝书亭集·道传录序》）的局面，若有人非议程朱，便要遭到卫道士们的"鸣鼓而攻之"。在这种情势下，魏禧及易堂诸子对理学的揭批，也是对清朝统治思想的挑战。

由于明代理学的影响之深广和清朝统治者的大力提倡，当时具有爱国思想和民族气节的隐士遗民中，仍有许多理学的遵奉者。与易堂诸子来往密切、结谊深厚的程山谢文洊、甘京，髻峰宋之盛，天峰杨益介等便是如此，彭士望、魏禧等易堂诸友往往对之予以规谏。彭士望在与程山甘京等人的书信中，直言指出："前日王门，今日程门；此日鹅湖，往年致知；中年主敬，近年畏天，俱是名目"，这都不过是"借径为古人争闲气，立途辙，起争端"而已，毫无实际意义。他又对甘京热衷于"书过""救过"，却不重视以实学救世予以规劝："凡人入道学门，便已走尽头路……终日书过，终年救过，亦终终身而无成"，"内无成于身，外无救于世，虚掷此数十年有用之岁月，真可惜也"。（《复甘健斋书》）在与髻山宋之盛的书信中也如此言辞激烈，不留情面，彭士望终于"为程山、星渚、天峰诸子所诟詈"，甚至"绝笔往来"，而士望却"益坚不自反悔"。

彭任一般足不出山，但却与程山诸子交往过从甚密。他在《答谢约斋书》中，亦痛陈今人为学之弊："盖今之人各执己私，以妄是其所学。天资高者，自是太过，不能虚心以求真是，凭其臆见驱使古人，以就己意，而见人之短，不见人之长，往往轻议先辈而薄之，以为不足为尧舜自处，乃反为自好者之所不屑为，饰于其外而自溺其中，

高其所言而污其所行，挟持浮说，居之不疑，便自忘其真伪而只足以成其妄自尊大而已。其稍朴鲁者，免于浮伪之习，亦未见虚心委己而信从于师友长者，亦惟自用自专自画，拘于见闻而不敢矢死以承当古人之学，反顾将来，岂持晨星之不可多得耶？"彭任认为，"今人"学风的毛病，就在于臆见古人而自是太过，从而导致学者妄自尊大而浮言盛行。

明末士风学风之"伪"，是魏禧和易堂诸子批判的另一个重点。魏禧在《徐祯起诗序》中说道："诗以真性情为贵，然今天下言诗者，虽三尺童子、市夫、伶人，稍能执笔成章句，则莫不曰性情，吾又何以论人之诗哉？吾伯子之言曰：'学陶诗者，不学其人而学其诗。夫陶诗，岂学其诗者所能学？'予是以论诗，必先求其人以实之。"追求表面形式上的真，往往以伪充真，甚至以伪乱真，失其本性。文中魏禧举了一个路人哭丧的例子，来摹画伪学者们的丑态："喜而笑，悲而哭者，人之性情也。人知哭死而哀之为情，而不知不哀之不足以害吾情。于是遭路人之丧，闲行墟墓之侧，则号咷擗踊如丧亲戚，方自以为临丧而哀，吾之真性情有然，而不知其与含辛致泪者同讥而并笑也。"后而魏禧沉痛地说道："夫山有朽壤则崩，木心朽则必折，无真气以贯之，物未有不败者。天下之害，由于人无真气，柱朽栋桡，而大厦倾焉，其端见于父子、兄弟、朋友之间，而祸发于君国。呜呼！是岂独诗也哉！"真是入木三分的刺骨之论。

魏礼也抨击道："吾观世之君子，或疾人以伪遇我，吾亦姑毁吾真,而以伪应之,伪与伪相持,蔑有穷期,岁月为渐摩,则君子亦流而入于伪。"(魏礼《答文信予书》)世之君子以伪为真的后果,就是愚诈相生,欺人欺己。魏礼同时指出:"夫天地之所以不息者,情;情之所以胶固者,真。天下之道成于真而败于伪,大抵然也。是故情之真者,德业生焉,忠孝出焉,天地鬼神格焉,金石感通焉。"(魏礼《答文信予书》)彭士望呼吁:"夫是故吾人读书不在丑博,交友不在名誉,立身行己不在纂述技能,高言遐慕,将反伪而救之实,则其对治也。"(彭士望《耻躬堂文钞·与方素北书》)应该说,在反对空疏虚伪的理学的立场上,易堂诸子是鲜明的、坚定一致的。

崇真尚实,以经世致用的实学反"伪"救"虚"。

既然理学是种"伪学""虚症",那就必须"反伪而救之实",用"实学""实药"来"对治"之,于是魏禧与易堂诸子极力倡导"经世致用"之实学。魏禧在与弟子门人、友人的书信中,每表示:"文章经世之务,吾皆愿与砥砺,归于实用。"(《告李作谋墓文》)"……宜令留意一切有用之学。《易》曰:'藏器于身,待时而动。'"(《复沈甸华》)他把掌握能经世济民有实用价值的学问,比作"藏器于身",只等一旦时机到来,便可施用,一显身手。彭士望也常与友人们表白并共勉道:"欲与同志以实药医虚症,洗万古之奇辱,白一代之酷冤,拔举世人膏肓之痼疾。"(《与谢约斋书》)怎么医?怎么治?他在《与宋未有书》中说得更为具体:要救"民生之酷烈饥寒,气运之倾危陷溺",就必须"核名实,黜浮伪,专事功,省议论,

毕力与有用之实学。胆识以充，器量以宏，精神以敛，博杂以去，强力以优，以生为寄，以死为归，以沟壑为家，以忠信才敏之友为命，操练精熟，宠辱不惊，庶足以任宇宙之大常大变而无所于挠"（《与宋未有书》）。

易堂诸子，不仅是魏禧、彭士望主张经世致用的思想，其他先生，也是力挺这一主张的，曾灿在《果斋说》中以打比方的形式论道："盖果之为言，实也。天下之物，不实则不可用，是故虚言千，不若实言之一也；虚行千，不若实行之一也。为臣而不忠，为子而不孝，为弟朋友而不友且信，此皆物之不实者也。物之不实者，为朽木，为腐草，不特不可以用也，久之而并其所谓木与草者，消亡泯灭而不复有其形，《中庸》所谓'不诚无物'也。……圣人之道，在于明理而去欲，理不明，欲不去，则虽日求乎道，而道不可得。吾观学者，日未始不有以明乎理，而卒不能行；欲未始不能去，去之而不能绝，此无他，不果故也。吾于是而叹，果之义大矣哉！或谓天下之欲志圣人之道者，无不当用其果。"他又说："今夫树之有花也，非不甚美，而烨然其可观也；然树之能花不能果者，良场师弃之，恶乎其不适于用也。"果树纵然能开出艳丽的花朵，可是最终结不出丰硕的果实，这种华而不实的果树，最后必然遭到淘汰，与朽木、腐草一并消亡泯灭。真正的圣人之道，就是明理而适用。

魏禧与易堂诸子认为，提倡经世致用的实学，不能仅仅停留在对学术思想的讨论上，还必须心体躬行，付诸实践，要读有用之书，著有用之文，行有用之事，做有用之人。

读有用之书。魏禧指出："读书所以明理也，明理所以适用也。故读书不足经世，则虽外极博综，内析秋毫，与未尝读书同。"（《左传经世叙》）他特别酷爱《左传》，反复研读，而首先留意的则是其中"当国家之任，执大事，决大疑，定大变"的经世适用的道理和策略。魏禧举了个学习《左传》的事例，说唐朝有个崔日用，亦精通《左传》，并以此自矜，后与武甄论辨，武甄问他：《左传》中"三桓七穆"是何人？崔氏不能对，深以为渐。魏禧针对此事明白指出："学左氏者，就令三桓七穆口诵如流，原非所贵；其不能对，亦无足惭。此盖博士弟子所务，非古人读书之意。善读书者，在发古人所不言，而补其未备，持循而变通之，坐可言，起可行而有效，故足贵也。"（《左传经世叙》）彭士望则强调："读有用之书，考乱危之史，求安民驭众，救时御变之极，则不徒托之空言，必可起而见诸行事。治而任国家之重，则有以参错人才，令相维于内外，或一旦处事变之穷，亦必有倜傥画策，定非常，解纷难，互相持于不败。"（《耻躬堂文钞·送王若先南游叙》）魏禧等人认为，读书不必去记诵那些死知识，而应注重经世致用，由此可见一斑。

著有用之文。魏禧指出："君子之言，必取其关于世道民生，虽伏处岩穴，犹将任天下之责。"（《郑礼部集序》）对于那些片面追求"以诗文名天下，而忧乐不出户庭之内，语不及于民生"的士大夫们，魏禧等人常常予以批评。魏禧他们认为，于世于民无所补益的文章，则

不如不写，若有所补益，则不妨"极虑经营"："吾非好疲精力竭心思浪作文者，题无关系，吾且拥被而寝耳；有关系之题，吾业极虑经营以求其工，一不工而再，再不工而三，而千百，以无负平日读书之意。"（魏礼《答陈元孝》）魏禧还提出，要写出有用于世的好文章，须将"志""学""识""事"四者统一起来，缺一不可，这是颇有见地的。

行有用之事。魏禧从挽救空虚不学的士风与学风出发，坚持行以事功，学以"涉世"，"涉世处即是自己做学问处……若能体认，涉世便是学问"。（《日录·里言》）他在《与谢约斋·又》的书信中说："贵堂会讲，弟意欲增二条：今之君子，不患无明体者，而最少适用；然在学道人，尤当练于物务，使圣贤之言见诸施行，历历有效，则豪杰之士争走向之。愚谓会讲日当分三事：一讲学，今所已行是也；一论古，将史鉴中大事或可疑者，举相质问，设身古人之地，辨其得失之故；一议今，或己身有难处事，举以质人，求其是而行之，或见闻他人难处事，为之代求其是。于三者外，更交相规过，过有宜于公言，以要其必改者则公言之；有宜于独言者，则解班后私言之。当日所论，有确切足训者，令退书一则，编于公堂，永作观习。如是，讲学则是非之理明，论古则得失之故辨，议今则当事不眩，规过则后事可惩，庶内外兼致，体用互通。否恐本质虽美，试之以事，则手足错乱，询之以古，则耳目茫昧，忠信谨守之益多，而狭隘拘牵之病作，非所以广圣学也。"这封书信应该是对当年著名的程山会讲的建议书，魏禧提出，会讲只有增加"论古""议今"的内容，才能使讲学之事达到有实效的目的，最终实现"体用互通"，否则，因循守旧，毫无创新之意。当年易堂参与程山会讲的还有彭任，彭任对重事功、尚实践也有精辟之论："但愚觉今日学者之病不在于辨之不晰，而在于行之不笃，宗朱子者言主敬格物，而未见有探讨究竟力行之功；宗陆氏者言主静反躬，而未见有浚源涵养本源之力，大抵比方议论者为多，皆未有真切践履之实也。"（彭任《答毛圣若书》）

做有用之人。1671年冬天，魏禧在朱彝尊家中请著名画家戴苍为自己作了一幅《魏叔子看竹图》画像，画成之后又请易堂诸友题赞，彭士望意味深长地题写了十六个字："儒中俗吏，不识时务。识时务者，在乎俊杰。"司马德操的这句话，彭士望、魏禧都很喜欢，彭士望在《莳刍别同学诸子》文中称："生平最喜司马德操云：儒生俗吏，不识时务。识时务者，在乎俊杰。落落数言，已指破千古庸钝病根，为真俊杰写生吐气。夫所云时务，谓昨日之事不可施之今日，今日之事不可待之明日；彼人之事不可责之此人，此人之事不可待之他人；要在随宜变通，当机恰合，义精智老乃为得之。大之则官天府地，握电追风，无不曲尽其能；小之则虽展履之间亦得其任。此之谓'识时务'，此之谓'俊杰'。"彭士望认为，所谓识时务者，就是要能洞察古今兴衰成败及时事变幻的根本原因，相时而动，只有识时务，才能有益于世，而不致于成为无用之人。易堂诸子青少年时期多是明朝诸生，学习过八股文，

做过科举入仕的美梦。在批判理学无益于经世的过程中，他们对以八股取士的选人用人制度也进行了激烈的批判，直接指出八股取士制度是抵制和摧残人才，是导致明朝灭亡的根本原因之一，于是他们疾呼，要"救制度之败"，要"废八股"（"人才观"中另有论述）。为了经世致用，魏禧及诸子除文学外，对政治、哲学、教育、历史、地理等多方面知识均有研究，有些还达到了相当的深度，邱维屏晚年"尤精泰西算、易数、历法，皆不假师授，冥思力索而得之"，这"泰西算"即西欧的数学，含代数、几何等，说明他自学了当时新的数学知识。彭士望、魏禧对军事知识的学习也很重视，彭士望与福建宁化李世熊曾师事明末著名学者黄道周，后来他在与李世熊的信中就曾说到要吸取黄道周不懂军事的教训："漳浦（道周）尝读天下书，一览不遗，独未学军旅，竟以此败，望与足下同为其弟子，当勉思未逮。"（《耻躬堂文钞·与李元仲书》）彭士望多次参加抗清斗争，在数十年的出游中，也重视观察山川城镇地形，学习各种"守御攻战"的知识。魏禧研究《左传》后，还著有《兵法》《兵谋》，所论谋、法，在军事学上很有价值。

总之，魏禧等人认为，明朝虽已败亡，但还应痛定思痛，总结其沉痛教训，痛斥性理之学，自己虽"以布衣久隐"，却不能"以独善自画"，而是要"任天下于一身"，积极倡导经世致用的实学。所以对有关"世救、人才、民生、国恤"等多方面真实有用的知识，都"磨砺讲求，归于实用"。

在崇真尚实的风气引领下，以魏禧为代表的易堂诸子努力求真学问，写真文章，交真朋友，育真人才，树真气节，做真君子，使易堂真气誉满天下。

第九章　开风气之先的文学观

魏禧生性好文，不为倦厌。他在丁巳年（1677）写给兄弟的信中说："曹子桓言：'年寿有时尽，荣乐止乎其身，二者必至之常期，未若文章之无穷。'禧性好文，又伤年纪摧颓，功名不立于天下，后顾孑然，终不有子孙行，践东阿所叹'坟土未干，而身名并灭'者，转思自效，不为倦厌。吾兄弟并以文章知名，弟家牵外事，即席不暖；兄好闲，多翻群碎书。禧谓宜以时进业也。人一日不学问，则誊写胸间宿意，文不新鲜，此非必捃拾事故，剪辞缀调，用所日新得。但多读古人书，便自沉浸变换，发生不穷，如春春花叶，本着故树，入人眼目，辄增鲜妍。然禧亦自矢，假我六年，及七十四甲子，便当绝笔，不复作文，优游歌啸翠微之上，以待尽耳。"（《寄兄弟书》）写此信时，魏禧住在庐陵深山的僧屋里已数月，门外左右山翼环抱，翠屏横立，杉松苍郁，云蒸雾绕。万山之中，五里先后无人家，鸡鸣狗吠之声不至。"禧尝夜独坐至四五十刻，一灯晃晃，万籁寂寥，高诵秦汉人文字，邃谷流泉，若相响答，时亦有虎叫鹿啼。"魏禧酷爱文章，尤其是古文，视文章为生命，为子嗣，为人生的最大追求，此封信中传递的情景，也可略见一斑。

魏禧作为清初文坛的大家，出名很早。据中国社会科学院古代文学研究室著名学者蒋寅先生考证，清初词学家邹祗谟和陈玉璂合编一部《古今文统》，康熙六年（1667）春夏间，邹祗谟来到江西，偶然看到魏氏兄弟的文章，惊叹："今天居然有这样的文章啊！"于是将他们的文集带回去，收到《古今文统》中，还和他的朋友们讲到此行遇见了很了不起的文人，对此事魏礼在《先叔兄纪略》里也有记载。这意味着，在康熙初魏禧兄弟的文章已经在江南流传了，有了很大的影响。蒋寅先生指出，康熙文学的兴盛差不多在康熙十几年以后，像王士禛这样的名诗人，也要到康熙十年（1671）前后才在京城有较大影响，很多康熙朝著名的文人成名都在之后。所以在康熙初文坛上最有名的还是老辈作家，像吴伟业、钱谦益、龚鼎孳这"江左三大家"。新一代属于清朝的文人，基本上要到康熙十年（1671）前后才有定评。而魏氏兄弟的文章在康熙六年（1667）就被传到扬州，传到江南，应该讲他们在文坛上的影响是比较早的。（蒋寅《漫谈易堂九子的文学史意义》）

彭士望说："魏叔子庚戌间再游吴越，人传诵其文章，谓南宋来所未见，求之者无虚日，削版待之，朝成夕登，即日流布，海内所推一二。耆旧大耋之老争识面，引为忘年交，士无识不识皆知宁都有魏叔子。"（《耻躬堂文钞·魏叔子五十一序》）又在《魏兴士文序》中称："是月初，子叔父归自淮阳，文名大震，一时巨公尊宿或云数百年所未见，人得其篇牍，咸珍异藏弆以为荣。"庚戌年，

正是康熙九年（1670），此时魏禧以文名天下，其清新亮丽的文风，一扫明季浮靡空疏的文坛浊气，被士人赞为南宋以来数百年所未见。此后，宋荦选清初三家文钞，魏禧为其中之一，并称其为"开风气之先"的大家，也就理所当然，实至名归了。

清初古文，风气与前代迥异，开一代之先声。《四库全书总目·尧峰文钞》称："古文一脉，自明代肤滥于七子，纤佻于三袁，至启、祯而极敝。国初风气还淳，一时学者始复讲唐宋以来之矩矱。"康熙三十三年（1694），宋荦与许汝霖选辑魏禧、侯方域、汪琬三家文刊布，名为《国朝三家文钞》，三家之名鹊起。宋荦说："大较奋迅驰骤，如雷电雨雹之至，飒然交下，可怖可愕，霎然而止，千里空碧者，侯氏之文也；文必有为而作，踔厉森峭，而指事精切，凿凿乎如药石可以伐病者，魏氏之文也；温粹雅驯，无钩唇棘吻之态，而不尽之意含吐言表，譬之澄湖不波，风日开丽而帆樯之容与者，汪氏之文也。"许汝霖也在其序中说："侯之文如天潢屈注沧海，浮槎飘梗，灭没涛澜；汪之文如名将誓师，行阵之余，营垒井灶，动合古兵法；魏则奇力变化，而矩矱森严，鸿洞踔厉，笼盖诸家。"（《国朝三家文钞序》）徐世昌则说，魏禧为文雄拔刚健，闳肆奇伟，一扫明季以来文坛的孱弱无力之文风，"提倡古文实学，一时从风，挽明末陈、艾帖括旧习，进之于古，为西江一代文苑开山"（《晚晴簃诗汇·诗话》）。

上述内容，大体介绍了魏禧为文及得名的过程。从中亦可看到，宋荦等人的评论，应该是数百年来诸家评论魏禧文学观的源头。以下分别从魏禧的文论思想、散文创作及其历史影响三个方面扼要作一归纳介绍。

魏禧重视借鉴先秦以来有益的文学理论，同时又有新的拓展。在他的许多书简和诗文序跋中，对历代尤其是明清时代的创作思想、文学风格进行了论析，对许多作家作品进行了品评，同时也总结了自己的创作体会和经验，从而阐明了自己的文学主张，形成了自成一家的文学理论。施闰章《寄魏凝叔》中说道："窃闻当世之论文者，多举汪户部钝庵、魏叔子凝叔为二家。"（《施愚山集》）亦可见魏禧文论在当时的地位。

彭士望在谈到与魏禧等易堂先生切磋文学理论时说："文者虚器，诗者感兴之端倪，中无以实之，则必不适于用。仆所居易堂二三友朋，朝夕切劘，恒以此为彀率，而尤必先本之人品心术，以徐考其言论，要必归之于理与识，以求合于古人之法度，乃可以传法于天下后世，而人得之为有用。"（《耻躬堂文钞·与胡致果书》）这段话可以作为认识魏禧文论思想的一个基本纲要。

魏禧文论思想的主要观点有：

本丰末茂。魏禧指出："'文章之道，必先立本，本丰则末茂。'……文章之本，必先正性情，治行谊，使吾之身不背于忠孝信义，则发之言者必笃实而可传。昌黎所谓'仁义之人，其言蔼如也'。"（《答蔡生书》）可见其"立本"，即是解决上述"人品心术"的问题。魏禧、彭士望都反复强调，为人不能为"文人"，而应为"志士"。彭士望在《与魏冰叔书》中说道，"文人之文与志士之文本未

殊异，文人志在希世取名"，即使是"谈世务，植名教，文焉已耳"，而志士之文则不同，"如乐出虚，如蒸成菌，有大气以鼓之，一听其天倪自动"，"其嬉笑怒骂，以至痛哭流涕，无不有百折不挫之愚诚贯彻中际"，"故言必发于心，而文亦必以其实重。心与实之所出，斯历千百世而不磨，而天下人得之为有用，此望与叔子日孳孳焉求之，而未或至焉者也"。（《耻躬堂文钞·与魏冰叔书》）

魏禧明确指出："天下奇才志士，磅礴郁积于胸中，必有所发，不发于事业，则发于文章。名理之言，经物济世之说，在世人皆可以袭取，独其所不能名言之，故斟酌古人之是非，低徊叹息，百折而不忍下，其苦心精思，则亦惟天下非常之士可以想见，其余何足知之，而况于袭取而伪托之乎？今古文遍天下，莫不自命不朽，然志识卑陋，不出米盐杵臼之间，及夫临文，拘牵万状，首尾衡决，是其终身所经营，意皆在于速朽，而顾求为不朽之文。噫！可叹也。"（《王竹亭文集序》）魏禧认为，文学家为文，首先必须解决好自身志识卑陋、目光短浅的问题，提高写作境界和自身修养，这样才能写出真实有用，同时亦可传世之文。

积理练识。魏禧很强调文章的"理"与"识"，因为"明理则有益于身心，识时则有益于世务"，"理得其要，则言不烦，而躬行可践；识时宜，则不为高论，见诸行事而有功"。魏禧指出"理"要靠积聚，"识"要靠提炼，这就叫"积理练识"。他说："吾则以为养气之功在于集义，文章之能事在于积理。今夫文章，六经四书而下，周秦诸子，两汉百家之书，于体无所不备。后之作者，不之此则之彼。而唐、宋大家，则又取其书之精者，参和杂糅，熔铸古人以自成，其势必不可以更加。故自诸大家后，数百年间未有一人独创格调，出古人之外者，然文章格调有尽，天下事理日出而不穷，识不高于庸众，事理不足关系天下国家之故，则虽有奇文与《左》《史》、韩、欧阳并立无二，亦可无作。"由于"天下事理日出而不穷"，也由于"人生平耳目所见闻，身所经历，莫不有其所以然之理"，所以积理的工作必须随时进行，"虽市侩优倡大猾逆贼之情状，灶婢丐夫米盐凌杂鄙亵之故，必皆深思而谨识之，酝酿蓄积，沉浸而不轻发"。对这种积理的方式，他打了个形象的比方："辟之富人积财，金玉布帛竹头木屑粪土之属，无不豫贮，初不必有所用之，而当其必需，则粪土之用，有时与金玉同功。"(《宗子发文集序》)他认为，积理是文学家的重要功底，这个功底打好了，临文之际，则大小深成，各以类能。

　　练识问题，魏禧在《答施愚山侍读书》中有精辟的阐述："为文之道，欲卓然自立于天下，在于积理而练识。积理之说，见禧叙宗子发文。所谓练识者，博学于文，而知理之要；练于物务，识时之所宜。理得其要，则言不烦，而躬行可践；识时宜，则不为高论，见诸行事而有功。是故好奇异以为文，非真奇也。至平至实之中，狂生小儒皆有所不能道，是则天下之至奇已。故练识如练金，金百练则杂气尽而精光发。善为文者，有所不必命之题，有不屑言之理。譬犹治水者，沮洳去则波流大；爇火者，

秽杂除而光明盛也。是故至醇而不流于弱,至清而不流于薄也。"他用形象的比喻来说明练识的作用,由积理到练识,是提高、升华的过程,也是由认识到运用的过程。"天下文章,汗牛充栋,如金、锡、木、石,投之洪炉,消烁灰火烬,存者固少。此无他,其中本无所有,而其有者,杂之浮脆冗肿之中,亦复不足自存故也。"(《与徐伯调》)要使文章自存于世,只有经过积理练识这一过程,使之达到"至醇而不流于弱,至清而不流于薄"的境界。

法古创新。魏禧认为,要写好文章,"必法古人",借鉴其艺术成就;但又不能仅仅停留于此,因为取法古人只是手段,目的是"独创格调,出古人之外","卓然自立于天下"。他既重视"守法",更强调"变法"。"古之立法者,因天下之不定而生其一定;后之用法者,因古人之一定而生其不定。"(《答曾君有书》)在《陆悬圃文叙》中说得很具体:"予尝与论文章之法。法,譬诸规矩,规之形圆,矩之形方。……故曰规矩者,方圆之至也。……今夫山屹然崱屴,终古而不变,此山之法也。泻水于盂,盂方则方,盂圆则圆者,水之法也。山以不变为法,水以善变为法。今夫山,禽兽孕育飞走,草木生落,造云雨,色四时,一时之间而数变。今夫水,泻于平地,必注于龟,流其所不平,泻之万变而不失。今夫文,何独不然?故曰:变者,法之至者也。此文之法也。"在取法古人的问题上,他批评了两种倾向:一是"天资卓荦者师心自用",不重视学习古人之法,其弊为"野战无纪之师,动辄取败";一是"好古者株守古人之法,而中一无所有",只知模仿古人，形似古人毫无创造，其弊为"优孟之衣冠"。他认为，要学好古人，就必须比古人站得更高些，这就叫"智过其师，乃能如师"。他把取法古人，博采各家之长，再进行创新，自成一家这样一个过程，形象地比之为"蜂采百花为蜜，娄生聚五侯之馔为鲭"。

真情无饰。魏禧强调，无论吟诗著文，都应以真气贯之，写出自己的真情、真意，而极力反对矫饰，无病呻吟。他说："宁使其辞之或有不工，必不使稍有矫饰，以自害其性情。"（《徐祯起诗序》）魏禧尖锐地批评当世文章的弊病："天下文章，最苦无真气；有真气者，或无特识；有特识者，或不合古人法度；合古法者，又或形迹拘牵，不能变化。故天下能者甚多，求其超逸绝群，足与古作者驰骋，便为少有。"（《复沈甸华》）他将那些"不喜而笑，不悲而啼"的仅在表现技巧上求工的作品，比作"附涂而粉泽之，施以彩绘"，这种作品是不能长久于世的。在谈到为他人诗文作序时，他强调要品评确当，不能颂谀失实，并批评当时的不良风气道："今人作叙，颂谀满纸，极天下古今之美萃于一人，犹若未足。作者厚颜，受者喜色，然贻笑大方，应时磨灭。正如土偶负木偶以涉川流，身先溃散耳。"（《答石潮道人·又》）即使是写祭文、墓志铭之类文章，也主张写真事、抒真情，不要称誉过当，甚至"尊亲如祖、父，亦不可奉以虚美，使吾亲为声闻过情之人"，否则便是"求荣而反辱也"，又说："虚誉其亲，与自谤其亲等。"他说，明清之际败坏的文风，正是伪谀矫饰的文风造成的："世俗好谀，人己同声，以至生死谬

误，忠佞倒置。家有谀文，国有秽史，袭伪乱真，取罪千古，皆自一念之不诚始。"(《答孔正叔·又》)

各有其我。魏禧文论有一个重要观点：诗文应当"各有其我"，即要形成自己的风格、特色和个性。魏禧的好友杨敏芳曾评价说："魏叔子天资高迈，好学不倦，经子百家之书，无不贯穿，而尤长于论史。"(《魏叔子文集·续论跋》)魏禧生平好史，为文也善于论史，曾言："吾好穷古今治乱得失，长议论。"(《与诸子世杰论文书》)魏禧对历史的评议从不盲从古代史家之论，为文主识议，发古人之所未发，他说："作史者多务博而征信，务博则不讳不经之言，征信则尽当时之实事。故凡人君之奢淫残暴，必详书于册，为后世鉴，而不知夫不肖者之见而适中其欲也，则且或仿而行之。……吾则以为，史凡宫室、田猎、声色、奇技、淫巧、非刑、酷杀之事，记载详悉者，尽删除其文而括其大略，足知致乱之故而已。至于生民愁苦怨诅、天灾人祸、盗贼危亡之状，则极书之，以显示于册，使后之人主荒淫可喜之形、惨毒快意之具，无所接于其目，而愀然生其危惧。"(《正统论下》)魏禧很强调为文者的特色，自己也努力形成自成一家的本色。魏禧的文章从苏洵入，上追秦汉，行文之妙，得益于《史记》、老苏者居多。然而，其文风凌厉雄健，毫无孱弱之气，如邱维屏所评："议论笔力十分强健，直开直下，不用一些波澜顿挫，最是冰叔本色绝佳处。"(《正统论上》后评)温伯芳也在魏禧《宋论上》之后评："笔势若饥鹰之搏兔，论似奇险，究竟不出人心口间，然谁敢形之于笔，而又能如此猛鸷迅悍耶！"王源更称其老师的"文字直下刺入处，有寸铁杀人之能"(《苏云卿论》)。

魏禧出游之后，文风有所拓展转变："冰叔执其文教授山中，则又其情日深，其气日和，以出而游江达淮，经吴越以反，其示予文，烟波呜咽，一唱而三叹。"(邱维屏《魏冰叔集序》)曾灿也说："及壬、癸以来，则多和平呜咽，往复而不尽，又几几于欧阳文忠所为。"(曾灿《魏叔子文集序》)生活的历练使得魏禧见识更广了，眼界更宽了，思考和认识更深刻了，但其"精悍之气逼出眉宇，不可得而驯伏"的凌厉文风，却依然是其行文独特的基调。

实用为归。魏禧论文，反复强调实用为归。他说："明理而适于用者，古今文章所由作之本。"(《答曾君有书》)"予生平论文，主有用于世。"(《俞右吉文集序》)他认为，写文章的根本，就是要有益于天下生民，起救世觉民之用，要用文章来"正人心之惑溺，而救国家之败"。他在《上郭天门老师书》中说："古人有言：'有文为不朽。'今海内狼藉烂熳，人有文章，卑者夸博矜靡，如潘、陆、谢、沈，浮藻无质，不足言矣。高人志士，寄情于彭泽之篇，发愤于汨罗之赋，固可以兴顽儒，垂金石，禧窃以为非其至也。文之至者，当如稻粱可以食天下之饥，布帛可以衣天下之寒，下为来学所禀承，上为兴王所取法，则一立言之间，而德与功已具。"这也是魏禧文学观的纲领所在，这与同时代顾炎武"文须有益于天下"的观点是相通的。

浩然之气。浩然之气本自《孟子·公孙丑上》："我善

养吾浩然之气……其为气也，至大至刚，以直养而无害，则塞于天地之间。其为气也，配义与道；无是，馁也。是集义所生者，非义袭而取之也。"孟子所言的浩然之气，大体上是说充满于天地之间的，一种十分浩大、刚强之气。这种气是用正义和道德日积月累形成的，这种气凝聚了正义和道德的强大精神力量。魏禧认为，文章的浩然之气是与积理密切相关的，他说："气之静也，必资于理，理不实则气馁，其动也，挟才以行，才不大则气狭隘。然而才与理者，气之所冯，而不可以言气。才于气为尤近，能知乎才与气者之为异者，则知文矣。吹毛而驻于空，吹不息，则毛不下。土石至实，气绝而朽壤，则山崩。夫得其气则泯大小，易强弱，禽兽木石可以相为制，而况载道之文乎？视之以形而不见，诵之以声而不闻，求之规矩而不得其法，然后可以举天下之物而无所挠败。"（《论世堂文集叙》）魏禧认为，自然之气可以使万事万物生生不息，文章之气托之以理，挟之以才，可以使文章世代相传。

在对"养气"的认识上，魏际瑞经常与叔子唱和。他指出文章是否能以浩然之大气托举，不仅决定可否传世，也是区别大家、小家的标准。他打了个比方："近听而震耳者，钟不如锣，冯夷大炮不如行营小铳。然钟炮闻数十里，锣与小铳不及半而寂然矣。浮急之声，躁滑而无力，凡叩而即鸣，鸣而即传者，皆力量气魄不足以自恃也。文章大家、小家之辨如此。"（魏际瑞《与子弟论文》）侄儿世俲也呼应说："是故因今以通古，而凭古以立今，如气足而后血脉不枯不疽，营卫相灌输，而气与血脉乃俱归于有用。今徒以多涉猎，供吾诗古文之用，往往病于壅滞，以生痞积，或少腹绞急，或成滞下食过，而元气不足以运之，则全体至于疲惫而生疾，此多读书不知养气之弊也。"（《魏昭士文集·答赖晋公书》）魏世傚指出，人之无气，血脉枯疽，营卫不通，元气所在，攸关性命，血气是人生命之源，而文气则是文章之本，所以为文者必养气，"多学以养气者，家大人所以训其子弟也"。由此可见"养气"乃魏氏家法，亦是所谓易堂家法。

魏禧又把"养气"和"集义"联系起来，其中之"气"，除了文章之气，又赋予"气节"之气的内涵。他在《宗子发文集序》中说："吾则以为养气之功在于集义。"他教诲弟子任安世说："'义气'二字，须分得等级明白。如聂政受严遂之知，身为之死而不泄，亦算得义士，然杀身为人报私怨，以视荆轲，则非义矣；荆轲呈匹夫之勇，卒以杀太子而亡燕，视张子房博浪之椎，则非义矣；子房纵败，不过杀身耳，然子房以王佐之才，不思求真主，救生民，冒死以逞其一击，视子房他日辅沛公，灭秦彝项，则犹非义矣。"（《日录·里言》）魏禧在这里指出，"养气""积理""集义"乃至"练识"的目的，皆在乎"求真主，救生民"，这个"气"，既是文之大气，也是为文者的志气，更是做人的真气。所谓"易堂真气"，乃由此生发，充分体现了明清易代之际魏禧等易堂诸子经世致用的文学观和人生观。

魏禧论文，涉及面很广，自成完整的体系。除上述之外，诸如立意等方面，均有不少有益的见地，这里不能

一一论列。

魏禧本来宏才远志，然而国变后未能"幸有遭逢"，不肯出仕，其"经纶才略未得稍展"，只能将磅礴郁积于胸中，发于文章。故其散文多是"发愤之所作"。

魏禧作文，形式多样，体裁各异，除无疏、表之外，其余各体大都具备，从文集中可以看出，他对于使用什么体裁作文，很有讲究，并多有精当独到的辨识。比如他认为"论"要"博辨肆志"，不仅要"辞达"，而且要"精微而朗畅"，"明古人之义"；"策"要"坐而言，起而可见诸行事。不袭古，不冒今，不守己"；"简与书"的用途在于"喻理事，别是非"，不同之处在于"有繁简大小之别"，"简"的尺幅比"书"要小些，更为灵活些；而"传""记""墓志""叙"多为记人善恶之文，要"体貌本原，取其事实"，切忌"过情过实"，他痛斥："家有谀文，国有秽史，袭伪乱真，取罪千古，皆自一念之不诚始……欲相期为传人传文，不独在一事一篇也。"君子为文章，务使显可示于天下后世。"（《答孔正叔·又》）与之同时，魏禧也主张，传志文体的写作，要有生动变化，譬如手掬花片，迎风撒之，落地自成文章，虽撒一百遍，终不同复。谈到文体与语体的运用问题，魏禧有一段很精彩的评说："为儒者之文，当先去其七弊：可深朴而不可晦重，可详复而不可烦碎，可宽博而不可泛衍，可正大而不可方堵，可和柔而不可靡弱，语可以不惊人，而不可袭古圣贤之常言，其旨可原本先圣先儒，而不可摇笔伸纸，辄以圣人大儒为发语之端。"（《甘健斋轴园稿叙》）其兄魏际瑞亦有段妙文可与上述魏禧之言互为解读:"疏花小石之文,宜雅而有章;长江大河之篇,宜劲而有力;断制议论之作,宜严而有据;圆转滑稽之笔,宜明净而老成。"(魏际瑞《与从弟》)

魏禧散文的思想内容,除反映其生活道路、学术思想、治学经验、文学主张等方面外,直面明清易代之际的严酷现实,抒发自己的忧国忧民之情怀,是一个极其重要的内容。主要有如下方面:

鞭挞明朝寡廉鲜耻的昏官腐吏,赞颂坚贞爱国的忠臣义士。魏禧对明季腐吏每每予以痛斥:"士宦率多寡廉鲜耻","侈谈经学,朋党比周","内外交讧,降叛相继","卒使九庙陆沉"。对于坚贞爱国、富有民族气节的忠臣义士,则常为之作叙立传,赞叹不已。他的笔下,有出使朝鲜时拒却朝鲜王的馈金,使朝鲜王感动得为之修建"却金亭",而为清朝"当事欲迫见之"时,却"三死以就义"的维护国格、人格的官员(《静俭堂文集序》);有被辽东散骑执拒不投降,而大骂敌骑终遭残杀的并未上任的学官(《训导汝公家传》);有虽已归里,闻清兵前来便"阖户自经",因"友人持之不得死",而后又"登大床,解袜系授二仆缢之"的年仅二十九岁的小官;有为抵制清廷"剃发令",不顾劝说而"整衣冠赴河水而死"的秀才(《许秀才传》);有清兵来时能出避却不肯出避,带着儿女媳妇赴井而死的"临难决绝,情无反顾"的烈妇(《宋烈母传书后》);有明末后中举,入清后姻亲"出千金"欲其"试礼部",却拒不受金赴试的贫寒高士(《高士汪泓传》);

有人清后"穷不得食，以书法自食"的"抱道怀贞，老且死牖下"的隐士（《朱参军家传》）……对于高举义旗抗清救亡而终于殉难的将士吏民，魏禧更是讴歌不已，缅怀之至。其中有南京被破时毅然佐明朝官员金声举兵抗清、兵败后又慷慨与金声一同就义的儒生江天一（《江天一传》）；有清兵攻入江西时虽已辞官执教，却慨然借兵抗清，兵败后宁死不降的明故吏胡海定；有在赣州率兵守城，城陷后投水殉国的南明官员杨廷麟、万元吉等数以万计的吏民。这类诗文，充分表现了魏禧的爱国赤诚和无畏精神。

揭露清初的暴虐统治，深切同情饥寒交迫、流离死转中的苦难百姓。魏禧对清初因战乱、天灾、人祸给百姓带来的深重灾难，在诗文中多有描述，其中以"出郭九行"最具代表。"出郭九行"是魏禧和兄长魏际瑞创作的九首诗歌，其中包括魏禧六首：《出郊行》《入郭行》《从征行》《卖薪行》《孤女行》《孤儿行》。魏际瑞三首：《猛虎行》《将军行》《恩官行》。魏际瑞把这九首诗命名为"出郭九行"，称写作的缘由如"古人谓：惟以告哀。如人有疴痛，不觉其呼之于口也"，"《书》云：诗言志。有为而作，因非有所择而为之也"。（魏际瑞《跋出郭九行》）

"出郭九行"创作于清初顺治末年（1661），此时清朝政权仍未完全巩固，各地反清活动频发，清兵对此予以残酷镇压，所过之处，烧杀掳掠，百姓父母夫妻子女分离析散，人无完衣，体无完肤，家无全口，抢天哭地，莫可控诉。有的地方，被杀死、拷烙死的人堆满道路，周围数百里杳无人烟。（《清史编年·顺治朝》）战乱也波及江南，地处边鄙的赣南宁都也遭受祸乱,当时曾灿有诗歌描述:"滇黔发难初,流祸及闽粤。吾乡亦传烽,盗贼恣驰突。川谷起黄埃,郊原多白骨。田园日就荒,庐舍渐芜没。"(《赠顾舆山太守》)魏禧目睹百姓的惨痛生活,"不觉呼之于口","有为而作",记录下了当年的真实情景。试看《出郭行》:

  郭门日萧条,盗贼纷纷起。十家村务中,乃有五家是。

  大者肆屠杀,小者驱牛豕。纵火烧谷屋,系人要货贿。

  薄夜携妻儿,往伏荒榛杞。侵晨望四山,乃复归墟里。

  哭声满中野,不敢直言指。嗟汝盗贼心,何太灭天理!

  盗子闻斯声,欷歔复长跪。君心肯和平,为君说终始。

  终年苦力作,不得养妻子。食缺衣不完,谁能饥寒死?

  地方日索钱,豪民恣驱使。大户啖缙绅,小户饱士子。

  一人身富贵,婚友争搏噬。舆皂仗官威,吸唼尽脑髓。

  一或逆人意,夤缘入犴狴。见官我所愁,见我官所喜。

无钱死饥寒，有钱死系累。要之均一死，不如作贼是。

侵晨鸡载鸣，鼓声何田田！舆皂喧公府，长官坐高厅。

有客仗剑来，谓汝太不贤。四境大苦贼，贼亦可哀矜。

汝号民父母，何以特无情！堂七双抚手，大笑老书生。

汝但晓贼意，独不晓官情。初我得官时，早夜苦经营。

胥吏前致词，到任礼先行。恒愁令节至，辄复闻生辰。

民奸财不易，敲扑何由停。无钱败我官，子贷谁为应？

甚或丧性命，岂得爱他人！愚民敢作贼，剿杀有官兵。

贪吏诚当为，盗贼良可矜。两皆不得已，慎勿为良民。

  诗中既有贫苦百姓对丧尽天良的盗贼的血泪控拆，也有盗贼遭受多重盘剥欺凌、面临死路一条，不得不铤而走险，由良民变为"贼"的无奈申诉，还有官官相通，层层索贿，上下腐败的官场丑态描述，是当时社会现实的真实写照。其余各行诗句，都以深沉的笔触，对当时统治者的残暴以及老百姓的苦难进行了淋漓尽致的描绘。魏际瑞把"出郭九行"自比为杜甫的《新婚》《垂老》《无家》诸别,"每读辄怅惘累日,以谓人生到此,当者惨毒,固已安知若命;旁发岌岌哀慎,翻若不能终日"(《跋出郭九行》)。

广州大学马将伟博士高度认同魏际瑞对"出郭九行"的自比,认为"出郭九行"具有"诗史"的意义:"'出郭九行'以生动写实的笔触再现了顺治末年百姓的不幸,他们深受着战乱、官府、军队、贼盗等的残酷蹂躏与任意践踏,过着非人的生活,处在'求死不得死'的尴尬境地中。同时表现了魏氏兄弟等易堂诸子深切于民瘼,对处在水深火热中的民生之极度同情,以及对这些罪恶制造者的嘲讽和痛恨。这九首诗都体现了'以诗存史''以诗补史'的诗学理念,也是杜甫'诗史'精神和践履。"(马将伟《易堂九子研究》)

抒发自己亡国之痛,壮志难酬之愤以及伺机一展才志的希冀之情,也是魏禧诗文中的一个重要内容。魏禧少年时期,便怀慨然当世之志,甲申国变,蒙受了亡国之痛,入清后又目击时事,慷慨扼腕,于是每每托赋以见志,借文以泄忿,抒写其"不胜邦国殄瘁之感"。岁月流逝,那种复国无望、雪耻未成、壮志难酬、愧对生死的愤懑之情愈加深沉。他在《许秀才传》中写到许氏兄弟殉难时,不禁感喟道:"禧亦故诸生,方偷活浮沉于时,视二许能不愧死入地哉?"但是,其"悲歌慷慨之志"并未消亡,时亦希图一展。这类诗文,以《大铁椎传》最具代表。魏禧笔下的大铁椎是一个浪迹江湖、行踪奇谲的侠义之士:无

名无姓，不冠不袜，蓝手巾裹头，足缠白布，很能吃，相貌丑陋，不喜欢交谈。右胁夹一柄大铁椎，重四五十斤，时刻不离身手。大铁椎柄可折叠扣搭，拉长之后有一丈多长。鸡鸣月落，星光照野之夜，于旷野上奇侠面对数十位骑马的骁勇之贼，从容挥椎，杀三十余人。忽然听到侠客大呼一声："吾去矣！"瞬间地面上扬起一阵尘土，侠客纵马消失在滚滚东去的黑烟之中。文后魏禧慨叹："子房得力士椎秦皇帝博浪沙中，大铁椎其人与？天生异人，必有所用之。予读陈同甫《中兴遗传》，豪俊侠烈魁奇之士，泯泯然不见功名于世者，又何多也！岂天之生才不必为人用与？抑用之自有时与？"（《大铁椎传》）想必魏禧希望大铁椎能在"用之自有时"的同时，自己也能有所一用，以报效国家。

必须强调的是，魏禧文锋犀利，凌厉雄健，纵横恣肆，识力超乎常人。清代中期江西于都宋昌恒有一段评论其文章风格特色的话，耐人寻味："古人作文虽极意敷陈，未尝不留有余不尽于言外，又往往瑕瑜并出，未尝相掩而真气洋溢，令人寻绎而不尽，此化机也。汉唐宋人之文，皆如是。魏叔子之文，每一篇出，若尽罄其平生之全力以为之，精神周到，无义不搜，然读至终篇，其意味亦略尽于文字中矣。其思深，其法密，能束缚后人之心思，使之更无可着笔，而其佳处似欲凌驾古人而直上之，网罗百代，囊括千古。嗟夫！其所以过出于古人者，或即其所以不及古人耶？天地元音发露太尽，鬼神犹将忌之，是故叔子无儿。"（《豫章丛书·畅谷文存·读魏集》）当然，后句有些诡异色彩，姑且视为反衬吧。

魏禧及以其为代表的易堂诸子，在文学史上有极其重要的地位和影响。为了解这一问题，可以从以下几个方面来认识。

开清初文坛新风的代表人物之一。

《四库全书总目·尧峰文钞》称："古文一脉，自明代肤滥于七子，纤佻于三袁，至启、祯而极敝。国初风气还淳，一时学者始复讲唐宋以来之矩矱。"《清史列传·文苑传一》称："论者谓西江自欧阳、邹、魏宗阳明，讲性学；陈、艾依复社，工帖括；其声力气焰，皆足动一时。易堂独以古人实学为归。"

张宗祥在《清代文学》中论及明末清初之际文风转变时说："入清之后，故国之念不绝于心，既不愿食周粟，遂乃潜心殚虑，治学殁世。故其人则明代之遗民，其实则清代文学开国之元勋也。当是时，湖广则有王船山，江浙则有顾亭林、黄梨洲，皆高尚其志，不事王侯；而应之者若关中李二曲，太原傅青主、阎百诗，浙东万氏兄弟，江西魏氏兄弟；其不安于西山薇蕨者，复有若钱牧斋、吴梅村、侯朝宗；以视明代开国之际仅有刘诚意、宋学士、高青丘寥寥数人，盖大有间矣。"（《中国大文学史·清代文学》）

蒋方增评："自秦汉以下，古文之学盛于唐宋而衰于元明，至国朝初年，英才辈出，其故旧遗老，多以气节为文章，盖不朽之言而又兼功德以俱立也。时则宋之雪苑、闽之泉上、粤之北田、浙西之河渚、虞山之宛溪，皆大名

震海内，而江右则以宁都易堂为首称，程山、髻山亦附见。"（蒋方增《耻躬堂文钞叙》）

徐世昌在《诗话》中称赞易堂诸子："提倡古文实学，一时从风，挽明末陈、艾帖括旧习，进之于古，为西江一代文苑开山。"（《晚晴簃诗汇·诗话》）

梁启超也充分肯定了魏禧及易堂诸子在清初文坛的重要地位："江西在北宋，为欧阳永叔、曾子固、王介甫产地；在南宋，为陆子静产地。其士之秀者，咸以'蓄道德能文章'相厉，故学风亦循此方向发展。清初则宁都魏善伯（祥）、冰叔（禧）、和公（礼）号宁都三魏，与同县邱邦士（维屏）、南昌彭躬庵（士望）等九人，同隐于翠微山之易堂，号易堂九子，而冰叔为之魁。易堂学风，以砥砺廉节、讲求世务为标帜，豪侠任事，而最喜为文，与王昆绳、刘继庄一派颇相类。其后辈有南丰梁质人（份）学于李恕谷，自此与颜李学携手矣。"（《饮冰室合集·近代学风之地理的分布》）

刘师培的评价也很高："明代末年，复社、几社之英以才华相煽，敷以藻丽之文（如陈卧子、夏考功、吴骏公之流是）。顺、康之交，易堂诸子竞治古文，而藻丽之作，易为纵横。若商丘侯氏、大兴王氏（昆绳）、刘氏（继庄）所为之文，悉属此派。大抵驰骋其词，以空辩相矜，而言不轨则，其体出于明允、子瞻。或以为得之苏、张、史迁，非其实也。"（《论近世文学之变迁》，《国粹学报》1907年第1号）

清初散文三大家之首推第一。

康熙三十三年（1694），宋荦与许汝霖编选《国朝三家文钞》，选侯方域、魏禧、汪琬三家文章共三十二卷，其中侯方域八卷，录文107篇；魏禧十二卷，录文229篇；汪琬十二卷，录文230篇。宋荦在其序中说："三君际其时，尤为杰出，后先相望，四五十年间，卓然各以古文名其家。"侯、魏、汪三人因此被称为"清初古文三大家"，成为中国文学史上一个不可或缺的标志，也因之而蜚声海内。

同代著名文学家邵长蘅评论三家："惟三家之文，侯氏以气胜，魏氏以力胜，汪氏以法胜，不必屑屑傅会其出于唐宋某氏，并元明某氏。要之可谓作者，后世称本朝之文，吾知其无能遗三家也。三家足以传矣。"（邵长蘅《三家文钞序》）

宋荦、邵长蘅是三家并论，单独标举魏禧的不乏其人。

陆心源在其《仪顾堂集》中称："求其可与八家抗衡者，勺庭氏而止尔。"（《续修四库全书·仪顾堂集》）把魏禧与唐宋八大散文家相提并论。

董士锡说："本朝为古文者以十数，其尤者宁都魏禧，才博而识赡，有物之言也。"（王运熙《清代文论选》）

日本江户时代汉学家斋藤谦评清初古文："清初之文，如雪苑、湛园、钝翁、竹垞诸子，各成一家，而余尤推魏叔子为第一。叔子之文，雄奇变幻，时出高论，凌厉古人，其精悍不减老苏；而往复呜咽，兼有庐陵风度，虽求之前明三百年间，亦不多见其比。"（[日]斋藤谦《拙堂

续文话》）

《国朝二十四家文钞》数魏禧选文最多，徐斐然说："叙事之文，叔子变化迷离，引人入胜，字里行间，低回宕往，神似欧阳，可云翘楚也已。……至议论之文，穷形尽相，直凑单微，纯乎三苏胜处，而仍饶昌黎气概，庐陵南丰风味，当推叔子为第一。"又说："勺庭之学，亦圣贤，亦豪杰，亦经济，亦词章，可谓邃矣。……勺庭之文，亦史汉，亦庄苏，亦六一，亦老泉，足以豪矣。"（徐斐然《国朝二十四家文钞》）

赣南师范大学武海军教授曾对清代散文选本做过一个考证，得出的结论是：在清代十六种散文选本中，虽然编选者的宗旨各不相同，但在大多数的选本中，魏禧的选文篇数都多于汪琬和侯方域。究其原因，武海军教授认为，明朝灭亡后，魏禧不事清朝，表现出崇高的民族气节，清人对这种民族气节颇为赞赏。方以智发出"易堂真气，天下罕二"的赞叹；朱鹤龄《宁都魏凝叔惠贻易堂诸子文集》诗云："文章气节古一之，立言岂是修曼辞。……易堂风节吾所畏，文笔贾勇相切劘。……两目眵昏足尚健，欲向勺庭捧盘匜。"（朱鹤龄《愚庵小集》）表现出对魏禧文章气节的敬畏、赞颂和向往。程晋芳《书魏叔子文钞后》曰："国初古文大家推朝宗、钝翁、叔子。宋商丘选《三家文钞》行世，余独心折叔子文。"（程晋芳《勉行堂文集》）晚清李慈铭说："国朝古文推方望溪、魏叔子为最。"又说："古文自韩、柳、欧三家外，应推本朝魏叔子为云门嫡嗣。"（李慈铭《越缦堂读书记》）看来，魏禧崇高的民族气节，是其在清人散文选本中篇目胜出侯、汪二人的一个主要原因。

在 2014 年年底举行的纪念魏禧诞生 390 周年暨学术研讨会的主旨发言里，笔者曾就这一问题谈过个人认识。史家和学界都习惯把魏禧与侯方域、汪琬并称为"清初散文三大家"，汪琬和侯方域的文章在当时享有很高的声誉，而魏禧作为一位从赣南边鄙的山里走出去的读书人，一介布衣，其文章能与身处当时全国文化学术中心的江淮一带顶尖文人媲美，非常不容易。侯方域于顺治八年（1651）便参加了河南乡试，并选为副贡生。汪琬则是顺治十二年（1655）的进士，曾任清朝的户部主事、刑部郎中，康熙十七年（1678），与魏禧同时诏举为博学鸿儒，最终他去应了诏试，并被清廷授以翰林院编修，魏禧则托病坚辞，守住了人生最后的底线。在气节方面，是侯、汪二位所不及的。文人的文品固然重要，但人品更为重要，只有当高尚的文品与高尚的人品叠加在一起，其文其人才会显得真正的高尚，才更具有历史穿透力。

论及魏禧文章，梁启超和陈寅恪均有所保留。现代国学大师陈寅恪曾说："不甚喜其文，唯深羡其事。"（陈寅恪《赠蒋秉南序》）梁启超说易堂的学风"以砥砺廉节、讲求世务为主，人格都很高洁"，但"专以文辞为重"，属于颜元所说"考纂经济总不出纸墨见解"者，而"文章也带有许多帖括气"。（《梁启超论清学史二种·中国近三百年学术史》）对此，中国社会科学院文学研究所著名学者赵园先生谈了自己的看法："'帖括气'即时文习气，其时

废科举不久，知识人对八股气难免厌憎。但易堂的时代，除几位文章大家，士人文字绝无'帖括气'者，想必不多。虽则有保留，梁启超仍然承认易堂人物人格高洁；陈寅恪也说即使'不甚喜其文，唯深羡其事'——或许更可证魏、彭等人人格、行事的感人之力。九子之文或也可证明，虽帖括那一种训练，也无妨于表现性情。我自己当初写《易堂寻踪》，多少也因诸子文字的浅白生动。关于刘半农，鲁迅说：'不错，半农确是浅。但他的浅，却如一条清溪，澄澈见底，纵有多少沉渣和腐草，也不掩其大体的清。'易堂彭、魏，也适用这种说法吧。"（赵园《关于易堂九子》）赵园先生对魏禧等易堂诸子进行了长时间的研究，其间，还独自到赣南宁都寻踪易堂，亲自感受和体验翠微峰纯净的山泉和清新的谷风，触摸易堂诸子的精神脉搏。赵园先生的感受是真挚的，是可以得到广泛认同的。

清代著名散文流派桐城派的先声和根本。

魏禧及易堂诸子的古文对清代文学尤其是著名的古文流派桐城派产生了重要的影响，这是包括桐城派诸子在内的许多学人的共识。

桐城派后学马其昶说："始明代王、李盛言复古，绘章绘句，识者讥其为伪体。虽以归有光之雅正，各位莫能与抗。钟、谭论文，益务纤佻，至魏禧、侯朝宗、汪琬，始革其余习。方苞继起，经术深，尤严义法，故曾国藩推苞文为国朝二百余年之冠。"（马其昶《清史文苑传序》）

林传甲在《中国文学史》一书中也有称："国朝学术

昌明，其专力于故者，国初则有侯壮悔先生朝宗，宁都魏氏三兄弟，而叔子魏禧为尤耆。厥后方望溪先生苞，崛起桐城。"

郭绍虞先生也认为："侯氏才气卓荦，故以才为法；魏氏学问坚实，故以理为法；汪氏才学均逊，故又只能以古人之法度为法。要之，都是后来桐城文论之所本。"（郭绍虞《中国文学批评史》）

北京大学中文系教授柳春蕊对以魏禧为首的易堂古文与桐城派的渊源关系做了一番推究，他认为郭绍虞先生讲清初三家文论是"桐城派之前驱"是有道理的。"不过细加考察，易堂的影响则为更大。从地缘上说，有很多应然性的结论。清中期江西古文以新城（今黎川）为盛，新城的文人才多收敛，重理学涵养，以乡贤曾巩为主要师法对象。新城，在魏禧同时代有涂氏家族，其中又以涂宜振古文为知名，乾隆时期鲁氏和陈氏家族的古文，又以鲁九皋和陈用光为知名。鲁九皋师从建宁朱仕琇，陈用光为鲁氏外甥，从姚鼐学古文。姚鼐南归之后在江西新城发现了古文群体，颇为兴奋。宁都距离新城三天的水程，程山诸子在这里讲理学，魏禧在这里授徒四年，讲古文，易堂与新城（程山）之间的往复辩论，也于此展开。谢文洊、魏禧和后来的鲁九皋相差四五十年，自然有影响。曾灿、彭士望与桐城派钱澄之交好二三十年，魏禧弟子王源在禧去世后从方苞学经义文章，方以智和易堂关系等等。这些虽难说有直接影响，但桐城和易堂的交好，就情谊关系而言，当是事实。"（柳春蕊《易堂九子文论思想研究》）

也正因有了这样一种渊源关系，刘声木在《桐城文学渊源考》卷十一"专记私淑桐城文学诸人"中，首列易堂九子中的邱维屏与魏禧，说明易堂文章与桐城派文章的关系。

需要指出的是，有学者认为，"桐城派从它确立之初就不断受到清代汉学家、史学家以及不立宗派作家的质疑和批评"。"魏禧与桐城派的关系亦可质疑。"（武海军《清代散文选本视野下的清初古文三大家》）曹虹在《阳湖文派研究》中说，魏禧的文论重"法度"、重"兴会"，主张"博观史传"，尤其警惕"儒者之文"所易犯的"七弊"（见魏禧《甘健斋轴园稿叙》），因而与纯粹问津于唐宋的古文家区别开来。徐斐然在选编《国朝二十四家文钞》时所选入魏禧的文章最多，达45篇，名列第一。沈粹芬、黄人、王文濡选编《国朝文汇》时遵循"不名一家，不拘一格"的原则，其中魏禧单独列为一卷，选文34篇。而"桐城三祖"方苞仅入选15篇，刘大魁11篇，姚鼐11篇，且分别与他人合卷。从上述议论和选文的角度看，对魏禧的文学评价要高于"桐城三祖"了。

第十章　谋略深远的军事观

　　魏禧的军事思想，主要得益于《左传》，他把《左传》视为经世致用的必读之书，至于军事思想，是其中的一个部分："禧尝以为，《尚书》史之大祖，《左传》史之大宗，古今治天下之理，尽于《书》；而古今御天下之变，备于《左传》。""尝观后世贤者，当国家之任，执大事，决大疑，定大变，学术勋业灿然天壤。然寻其端绪、求其要领，则《左传》已先具之。""至于兵法奇正之节，自司马穰苴、孙、吴以下不能易也。"（《左传经世叙》）"禧生平好读《左氏》，于其兵事，稍有窥得失，曾著《春秋战论》十篇，为天下士所赏识。"（《答曾君有书》）在《春秋战论序》中又说："《春秋左传》载兵战几数百事，余取其大且著者，撮其成败之迹而论次之。夫古人之兵，务以奇胜。然非必有感忽悠暗，不可令后人之知，而后之人往往辞其所以成而就其败。然则非知兵之难，知而不用之过也。语曰：'不见未然，当观已往。'此事后成败之论。后之人可以观览而慎其故焉。"除了著有《春秋战论》，魏禧的军事思想主要体现在《兵谋》《兵法》等著作中，在其他的一些文章中，也可以常常见到魏禧站在军事谋略家的角度谈

兵论道，指陈人事，畅述经世致用之言，《晁错论》便是一个范例。

西汉景帝时，各诸侯藩王势力强大，御史大夫晁错奏请景帝削藩，说："削之反，不削亦反。削之反速，祸小；不削反迟，祸大。"以吴王濞为首的藩王，借假"清君侧"的名义，联络七国藩王举兵反叛，汉景帝听从奸臣袁盎之计，腰斩晁错于市，一代忠臣惨遭杀戮，令人扼腕。魏禧认为："夫错削七国是矣，其所以削之术则非也。"晁错担心藩王势力坐大之后将给国家带来危害，具有战略眼光，但是其采取的削藩策略不对。魏禧站在兵家的角度指出晁错失误亡身的两个方面。"昔者禹治水，以为天下之水莫悍于河，自洛、汭、华阴而上，有高山巨堑为之防，故虽凿龙门以通之，而不忧其溃决。伾陆以下，地愈平而水愈盛，则不得不播为九河以杀其势。何者？力合则难御，势分则易制也。是故离其交而乘其敝，缓其谋而分其力。秦之并六国，汉之蹙楚，莫不由此。未闻有欲谋其人，顾先声以动之，而激之以合其党者也。"（《晁错论》）离其交，乘其敝，缓其谋，分其力，宜早宜快疏之导之，各个击破，速战速决，避免打草惊蛇。此其一。"吾谓当汉景之初，惟吴逆形颇著，其余诸王初未尝有叛志，为错计者，当使帝宽以全诸王，而密以谋吴。胶西、楚、赵之奸，悉置不问，重礼以尊显其贤者，而厚赏赐以抚其余，玺书劳问不绝于途，使天下晓然见天子亲亲之仁。其边吴要害之地，择将练兵，阴为之备，以扼其变。而时以吴王过失为家人言，布于列国。如是吴终不悛，则诵言其罪，明天子所以曲赦吴者，宣示兵威，以告诸王，使天下尽知汉直吴曲，则吴必孤立而无与。然后以大军临其地，赦其国内臣民将士之胁从者，夫必有缚濞而至矣。"(《晁错论》)审时度势，于初始对诸王实施怀柔政策，彰显天子亲亲之仁，而对主谋吴王濞加强防范，扼守要害之处，以备其变。同时广造舆论，使天下人知吴王濞的叛国之心，从军事上、道德仁义上将其孤立起来，择机以重兵压其境，在阴谋未逞之时将其擒获。这招可称软硬兼施，明暗配合，明修栈道，暗度陈仓，擒贼先擒王。此其二。倘若以魏禧所言，步步是巧计，招招为良谋，"错不知出此，而乱国亡身，为天下笑，遂使后世忠臣义士欲挺身为国家犯大难者，皆以错为戒，岂不悲乎！"(《晁错论》)魏禧在众多的论人叙事文章中展示其敏锐的军事洞察力，大概如是。

魏禧的《兵谋》《兵法》两篇著作，是在整理研究《左传》中的诸多战例上形成的。魏际瑞说："《兵谋》三十二段，使事七百三十五条，章法幻忽，反若尺寸关锁。《兵法》二十二段，直猎前篇，不别立格。"(《兵法》附记)也就是说，魏禧的《兵谋》，引用了多达七百三十五个战例进行说明，《兵法》亦引用了四百二十多个事例说明。《左传》的军事思想具有非常重要的意义，然而，《左传》首先是一部编年体的史学巨著，它的军事思想，尤其体现在对当时战争的大量精彩记述中，反映了众多政治家、思想家和军事家的军事思想认识。这样一来，又造成了分散零乱，缺乏完整性、系统性的缺憾。清代李之春曾说："孙、吴所言，空言也；左氏所言，验之

于事也。"（《左氏兵法》）魏禧正是看到了《左传》中论兵的这一不足，才在精心研读的同时，对其认真加以梳理、概括，找出其中基本规律，取其典型精要战例，形成了有自己独特认识的军事观点，以《兵谋》《兵法》两篇的形式，呈现给后人。

有关《兵谋》《兵法》的内容，魏禧是这样区别的："凡兵有可见有不可见，可见曰法，不可见曰谋。法而弗谋，犹搏虎以挺刃而不设阱也；谋而弗法，犹察脉观色而亡方剂也。"（《兵谋》）由此得知，兵谋侧重于战略运筹，兵法侧重于战术指导，二者相辅相成，不可或缺。

《兵谋》的基本内容，魏禧将其总结为三十二条，每条用一个字高度概括，分别是和、息、量、忍、弱、强、致、畏、防、需、疾、久、激、断、听、诡、信、谍、间、内、衅、逼、与、胁、假、名、辞、备、法、同、本、保。先来依次扼要了解一下这些基本内容。

其一，强调人的因素在战争中的决定作用。例如，和、久、听。

和：和就是"上下礼让同心"，即人和。此条用了二十八个战例加以说明，包括军民、君臣、将帅、官兵、部队与部队、部队与友军等方面的团结和谐，同心同德，强调"帅克在和，不在众""民和而诸侯遂睦""乘和，师必有大功""上让下竞不可敌""少长有礼、卑让有礼"等胜道，"卿相相恶""同役不同心"等败道。指出"不和不可以远征"，把"人和"列为战争胜利的第一要素，足见其重要性。

久："持久以要之是也。"楚伐宋，围宋九个月而宋不降，楚庄王打算撤军，申犀代其父建议，用"筑室反耕"的办法准备长期屯兵，围困宋国，迫使宋国投降。彭城之役，晋、楚两军战于靡角之谷，相持不下，晋军准备退兵。谋士雍子发不同意，命令军队："归老幼，反孤疾，二人役，归一人，简兵搜乘，秣马蓐食，师陈焚次，明日将战。"留下精兵强将，与楚军决战，迫使楚军连夜败逃。诸侯伐郑，也是采用"归老幼，居疾于虎牢"的战法迫使郑国投降。所谓"敌无外援，敌无降志，必度我之力，足以制敌，可为之。不然，鲜有不败者"。此条引用五个战例。

听：集思广益。或听于众，或听于贤，或听于能，或听于尊。听于众则受谏，听于贤则谋决，听于能则谋胜，听于尊则令行。听于私则大败，听于逸则军离。不听则败，韩原之役，秦国与晋国交战，晋惠公不听庆郑建议，改换战车，结果战场失利，因而贻误战机，晋惠公成了秦军的俘虏。晋国大将偏听司马韩厥之言，大败，此为听私者；城濮之役晋文公听大将先轸、子犯之言，大胜，此为听能者。听人之言，最重要是尚贤，贤则尊，贤则能，贤则众，听贤为最善听者。此条引用二十七个战例。

其二，指出民心的得失与战争胜负息息相关。例如，信、辞、同、本。

信："兵虽诡道，不厌信礼。"兵不厌诈，但亦信守诚道。晋文公攻打原国，携带了十天的粮食，约定十天内收兵。到达原地十天，原国不下，文公鸣金收兵，离开原国。知内情的来人说："原国还有三天就能攻下了。"群臣

们也进谏:"原国城内粮已食尽,兵力亦耗尽,请君主暂且等一等。"文公说:"我和大家约定十天,如果不撤兵,就失去了信用,得到原国而失去信用,我不能这样做。"于是撤兵。晋文公此举感动了原国人,原国人说:"有像这样守信用的君主,为什么不归顺他呢?"于是投降了晋国。卫国人听说后,也归顺了晋国。孔子以礼却莱人,迫使齐景公退鲁地于定公,礼也;鲁文公的孙子声伯为了争取晋国军队的支援,四天没有进食以待晋国使者,直到晋国使者吃了饭后自己才吃,信也。此条引用二十个战例。

辞:即辞令。用兵之先,昭告天下,以取天下之信,此为有辞,有辞者胜。亦有反辞、强辞、专辞、易辞者,遭败。故有以辞全,亦有以辞败。宋使失对,鲁不出兵;夔子饰辞,楚人灭之;虢子反辞,大败于邲;子驷强辞,诸侯复伐;荀偃专辞,棫林无功;子朱易辞,三军暴骨。反之,烛之武有辞而秦伯成,郏人有辞而宣子从,摄叔有辞而鲍癸不逐,郑伯有辞而楚庄许平,随有辞而吴人退,宋左师辞顺而民从。此条引用二十四个战例。

同:同甘共苦也。一曰与士卒同甘苦,二曰与苍生同忧患。吴国阖庐善待百姓,吃饭上两道菜,坐席不用两层,房子不建在高坛上,器具不用红漆和雕刻,宫室中不造亭台楼阁,车辆不用装饰,衣服用具只图实用,从不靡费。在国内,天降灾疫,亲自巡视,安抚孤贫;在军队中,熟了的食物要等士兵都有了,自己才吃,与民共甘苦,所以百姓不怕疲累,甘愿为国效力。当初,赵宣子在首阳山打猎,在翳桑住了一晚,救了因饥饿昏倒在地的灵辄，并且送了许多食物给他奄奄一息的母亲。不久，灵辄做了晋灵公的甲士，在一次战斗中救了赵宣子，赵宣子不明原因，询问甲士姓名，甲士只说了一句话："我就是当年你在翳桑救的饿汉。"此谓"士养于未，德行于非所望"。此条引用七个战例。

本：修德息民谓之本。师直为壮，曲为老。故遇敌则攻之，遇民则生之。治乱世者，以杀为辅，以不杀为本，譬如树，土厚根畅而柯叶茂，虽风雨不摇，所以可以战，可以无战。长勺之战，分衣食，信玉帛，察大小之狱以博取民心；晋文公欲用其民而战，子犯要求文公施义、礼、信于民；卫文公穿粗布衣服，戴普通帽子，务材训农，敬教劝学，任用贤能，而后兴兵伐邢；楚子重己责，逮鳏，救乏，赦罪，与晋人战，晋人畏；晋悼公任贤、授能、施舍输贷、修民事、田以时、三驾而楚不敢争；君明臣忠，上让下竞，晋不可敌；楚平王简兵而抚其民，振穷养老，救灾赦罪，任良物官；季康子欲伐邾，子服景伯说："民保于城，城保于德，失二德者，危将焉保？"此皆所谓知本者也。兵谋中凡和、忍、量、息、畏、信、同，皆属本；而恃、衅皆失本，不知本也。此条引用九十九个战例。

其三，主张"义战"，反对穷兵黩武。例如，息、忍、名。

息："息民而用之"，即休养生息，类似于"慎战"。此条用了十二个战例说明，其中宋殇公穷兵黩武，十年十一战而国亡；楚"内弃其民"，民心背驰；魏"民狎其

野"，国力衰败；而晋"修德息师"，"终必获"郑；楚"息民五年而后用师"；"吴夫差视民如仇而用之日新，是以灭于越"。强调民心向背是战争胜负的决定因素，得民心者得天下。

忍："晋伯宗曰'国君含垢'是也。"一国之君，为了顾全大局，能够含垢忍辱，如孔子所言："小不忍则乱大谋。"用兵之前，国君作为决策者，应从国家的长远利益考虑，否则将给国家带来严重的危害。此条用了十六个战例说明。楚庄王攻打郑国，郑襄公"肉袒牵羊"以迎，楚庄王说："其君能下人，必能信用其民。"能胜人者必能下人，能下人者一定会得到老百姓的信任和支持，所以楚庄王选择了退兵。"见可而行，知难而退，军之善政也。"晋楚之战，晋国将领内部不和，士会认为应知难而退，先縠却反之，是以大败。所以，战争中将帅要具备相机行事，遇到不利情况及时作出退避的决断，所谓"能忍者，师有所不战，城有所不攻"。华元杀申舟而宋国亡，知伯贪而愎，故韩、魏反而丧之，是为不忍者的惨痛教训。

名：即师出有名。"是故名必执义循礼而后名立。"所谓执义循礼，指继统者借正位之名，放伐者借声罪之名，草泽者借安民之名。名不正，未有能成者；成之，未有可久者。换言之，正义之师胜，反之败。宋公未尽诸侯对天子的义务，郑伯以王命伐宋，楚国每年都向周天子进贡，齐桓公以此为借口，纠集诸侯军队以楚"苞茅不贡"之罪而攻楚，楚知背离纲常大义而认罪。城濮之战，退避三舍，欲进而以退为名也，晋、秦汪之役，晋欲避秦而先伐之,此欲退而以进为名也。此条引用二十二个战例。

其四,修德保民,以德量取胜。例如,量、畏、保。

量:"量己之谓量,量诸人之谓量。"这个量是指德量、度德量力,以德量取胜。此条用了三十个战例说明。能度德量力者如晋侯略狄土,而使魏颗败秦于辅氏。晋惠公时,强大的戎狄部落成为晋国东进中原的心腹大患,晋景公充分利用诸狄之间的矛盾,亲自深入狄人部落地区,采取谦卑姿态赢得诸狄认同,共同结盟讨伐最为顽固凶悍的赤狄,最终平定东部。又以同样的方式,不费一兵一卒使北部戎狄称臣,皆以德量取胜。凡是不量必败。如息侯伐郑,息国国君仅仅与郑国国君一言不合,便带兵攻打郑国,结果自取其辱。强调战争的决策者要审时度势,有自知之明,能够度德量力,明辨是非,亲近邻邦,如此方能进、能战,否则就要知难而退,知弱而返。所谓知己知彼,百战不殆。

畏:"我大而畏,我众而畏,我强而畏,我胜而畏,我谋成而畏。故曰:'弗畏人畏。'"说的是居安思危、心存敬畏两重意思,表现为安不忘危、存不忘亡、治不忘乱的思危忧患意识。此条用九个战例说明。鲁庄公与齐师交战,齐师败绩,公将驰之。曹刿说不可,下视其辙,登轼望之,见其辙乱,望其旗靡,而后逐之。鲁庄公问其原因,曹刿说,齐为大国,虽败,难以料测它的战略意图,担心它设有埋伏。此系"我胜而畏"的著名战例。汋陵之战,初战告捷的宋军恃强而败于首战失利的郑军,王孙满说:"秦师轻而无礼,必败。"又齐侯克敌而骄,必败。即使失败了也

要时刻保持警惕，心存敬畏之心，随时设防，否则会进一步招致失败。楚共王在鄢陵大战中败于晋厉公，司马子反临阵贪杯而醉，不能战，犯兵家大忌，最终被楚共王处死于阵前。这是所谓败而不畏遭杀身之祸的结果。

保：保其胜。未战修其本，既战保其胜。仅以武略定天下，不修文德以柔之，未易保。故攻胜易，保胜难；取国易，保国难；知难图易方为圣贤。鄢陵胜而范文子戒修德，说的是晋人楚军，范文子警告自己的幼君切勿因为胜利的幸运而懈怠，外宁必有内患，人的命运是无常的，道善得之，不善失之，要修德立善。"子产入陈而为之致民、致节、致地"，说的是郑国卿子产、子展率战车七百乘以伐陈，攻入陈国都城。陈哀公着丧服，抱社主，率百官将佐自缚为囚，听候郑人处置。子产、子展以礼见陈君，清点俘虏人数后，不掳其民众、兵马、土地，班师而归。皆为修本保胜之策。此条引用十九个战例。

其五，知己知彼，打有准备之战。例如，防、需、备。

防："非兵而如兵之谓防。"水军防火，陆军防围，军行防覆，军追防伏，敌降防诈，退兵防追，远袭防截，远行防饥，久攻防援，战防劫寨，大败防乘，大胜防袭，军众防溃，军少防围。一地不防，为敌所陷；一刻不防，为敌所算。"是故乘其不意，人以诡我者，皆不可不防。"此条举十五个战例说明。

需："迟而待之之谓需。"德不足则增修，粮不足则积储，军人足则修补。郕国向齐军投降，鲁国仲庆父请求进攻齐国，鲁庄公认为不可，"姑务修德以待时"。自以为德行不够，必须等到德行具备时，别人自然会降服于己。泓上之役，太子友说："战而不克，国将亡，请待之。"莱门之役，景伯说："吴轻而远，不能久，请待之。"宋襄公不顾宋国国力尚弱，勉强与诸侯争霸，由此惨败。吴国因邾国出兵攻打鲁国，鲁国请求议和，大夫景伯反对，认为是吴国轻率远离本土作战，不能持久，鲁哀公季孙不从，与吴国签城下之盟，放弃了一次胜利的机会。这都是当需而不需者。也有不当需而需者，结果亦招致兵败。此条举十六个战例说明。

备：未战备战，未败备败，有备无患。楚国大司马屈瑕率大军侵伐弱小的罗国，趾高气扬，独断专行，丝毫不把罗国放在眼里，没有修筑任何设防工事。到达罗国后，罗国联合卢戎的军队两面夹击，大败楚军，屈瑕战败，在荒山野谷里自缢而死。亦属骄兵必败。弦子不事楚，又不设备，故亡；庸人胜楚，不设备，而楚灭之。莒国渠丘公恃晋无备，常遭齐、鲁侵入，三座城池常被楚国攻破。"故曰：恃陋而不备，罪之大者也。预备不虞，善之大者也。"雩娄之役，秦、楚侵吴，闻吴有备而还；坻箕之役，吴早设备，楚无功而返。此条引用三十九个战例。

其六，反对骄傲轻敌，强调骄兵必败。例如，弱、强、致、激。

弱：所谓弱，即"强而示之弱以骄之"，骄兵必败。此条用十一个战例说明。如"文公退三舍以骄子玉"，说晋文公运用此法胜楚而称霸。晋、楚两国交战，强大的楚军统帅成得臣异常骄傲，瞧不起曾经流亡楚国的晋文公。

晋文公为了回报楚国礼遇之恩，同时面对劲敌，避其锋芒，退军九十里（三舍），用示弱的战术麻痹敌军，果然激怒了骄横的楚军统帅成得臣，诱使其钻进了晋军的包围圈，落得惨败，成为晋军俘虏。此法以退为进，使敌军产生误判，放松警惕，而己军出其不意，实施攻击，斩获全胜。还有阳陵之役，知武子曰："我逃楚，楚必骄，骄则可与战矣。"又楚师于棠，吴人不出，而子囊以吴为不能，败。均为以弱诱敌之道。

强："弱而示之强以慑之是也。"本属弱旅，择机示强以震慑敌军，或使强敌暂缓取胜，以缓和形势，获得阶段性胜利。此条选用十个战例说明。楚子败津而鬻拳胁以伐黄，为弱臣激强君迎敌取胜之例，楚大饥，而苪贾请出师以罢百濮，为弱国示于强国，致强楚陷于困境之例。然而，弱而示强需要把握时机，否则适得其反，"不可以强而强者殆"，同样，"不可以弱而弱者衰"，掌握不好分寸，将招致危险。"陈文子谓齐将有寇，兵不戢，必取其族。"说的是本来处于弱势的齐庄公对晋国发动进攻后又感到害怕，于是举行大规模的阅兵仪式以壮其胆，陈文子警告齐庄公说，这样做齐国将要受到侵犯，不收敛武力，将会祸及自身。

致："我欲战，敌不欲战，而致其师是也。"致，引诱、招引，运用"卑而骄之""怒而挠之"的诱敌计，主动攻击敌人。此条用六个战例说明。城濮之战，楚大将子玉派使者要求晋人释放曹、卫国君，晋文公一边"分曹、卫之田以畀宋"，借此蒙蔽子玉，一边"拘宛春以怒楚"，子玉果然上当，大怒，并发兵攻晋，中了晋文公的诱敌深入之计，惨败于城濮。棘泽之役，晋使张骼、辅跞致楚师；邲之役，楚使许伯、乐伯、摄叔致晋师，皆使用诱敌之计取胜。

激："自抑以作其怒是也。"楚庄王灭庸之战，开始将主力留驻原地待命，只以一小部兵力攻打庸都，坚持示弱骄敌的战略，达到"彼骄我怒，而后可克"的目的。故而楚军先后七次与庸军遭遇，均佯败而退，使庸军产生判断错误，掉以轻心，放松戒备，同时也激发楚军将士的斗志。楚军乘其不备，一举灭庸。故曰：激将，必称敌之勇；激士，必辱己之名。此条举五个战例。

其七，审时度势，牢牢掌控战争态势，捕捉有利战机。例如，断、诡、疾、衅、逼。

断："不疑也。人虽疑之，我终不疑。故曰：'决者，事之断也。'"吴楚柏举之战，夫概王请示吴王攻楚，不许。夫概王担心错失战机，以其属五千兵马先击楚军，并且说："臣义而行，不待命。"楚军大乱，吴师大败之。所谓"将在外，君命有所不受"。当断不断必败，如城濮之役，楚成王告诫大将子玉要知难而退，子玉不听，口出狂言，决意攻晋，惨败后羞愤自刎。不当断而断必败，亦属此例。所以说，好谋无断，每战必败，得策辄行，每战必胜。决断，需权衡利害，判定长短。计已决，则不为小败沮，不为君命止，不为言论惑。此条引用十七个战例。

诡："知人之诡，我以诡人，皆是也。"诡者，诡道。声东击西，声西击东，班师伪进，急战伪退。敌畏吾强示

之强，敌欺吾弱示之弱，是诡道；敌畏吾强示之弱，敌欺吾弱示之强，亦是诡道。知己之所以诡人，而不知敌之所以诡我，胜负各半；知己之所以诡人，而知敌之所以破我诡者，而我别行其诡，每战必胜；不知己之诡人，人之诡我，每战必败。秦穆公派大夫泠至到晋国聘请吕甥、郤称、冀芮三人，并送去贵重的聘礼，而这三人之前都是坚决反对割让土地给秦国的大夫。郤芮识破秦计，说："币重言甘，诱我也。"此为知人之诡战例，还有晋假道以灭虞等范例。此条引用三十个战例。

疾："急而乘之谓之疾。"敌援未至，我急攻之，险阻之地，我先据之。轻车疾马，日驰二百；潜师利兵，一军而袭国都。皆谓之疾。此条举九个战例说明。楚、随两国交战前，随侯宠信奸臣少师，斗伯比对楚王进言：随侯宠信奸臣，上下必然离心离德，要赶紧攻打随国，以免错失这一天赐良机。结果大败随军。晋、狄采桑之战，吴楚离城之战，胜者皆得于疾。但是，疾与需是互相制约的，"是故当需者不可以疾，当疾者不可以需。需不害疾，疾不害久。"战争因素诸多，瞬息万变，决策者要择机选用正确的战略战术。

衅："我慎其衅，因人之衅是也。"衅者为何？或以内乱，或以饥，或以丧。有祸患，有裂隙，有过失，便有可乘之机。然而，要慎用其衅，晋国灵公担心秦国任用足智多谋的士会，故意派人率领魏地的人叛乱，以引诱士会回国，表面上却要士会拒绝回到晋国，最终使士会返回魏地，得到魏地百姓的欢迎，清除了一心腹之患。八年春，曲沃伯灭了翼邑，随国少师受到宠信，楚国的斗伯比说："可以攻打了，敌人内部有了裂痕，不可错失机会。"动乱致敌有可乘之机。卫国乱，邶人侵卫；狄国乱，卫人侵狄；晋有范氏之乱，齐、鲁、卫、鲜于伐晋。楚大饥，戎、庸、麇、百濮皆伐楚；吴稻蟹不遗种，大旱，越人灭吴，鲁惠公薨，宋师侵；吴子因楚丧而伐楚；宋人因滕丧而围滕。此条引用二十一个战例。

逼："何谓逼？以势逼之。所谓不战而屈人之兵也。"孟献子为晋国出计，在险要之地虎牢关修筑城防，迫使郑国畏战而俯首称臣。曹国君伯阳背弃晋国犯宋，宋国人攻打曹国，晋人不去救援，公孙强在曹国国都外建造了五个城邑，用来围困曹国，逼迫其投降，后因郑国感到唇亡齿寒的威胁，出兵救援曹国。郕人戍虚丘以逼鲁，鲁僖公置桓公、子雍于谷以逼齐，皆是。此条引用十三个战例。

其八，内外结合，虚实相济，充分利用各种矛盾，分化瓦解敌军。例如，谍、间、内。

谍："间谍也，间之曰间，谍其事曰谍。"谍为军之耳目，言秘密刺探军情，供谋事者决策。秦谋袭郑而晋知之，是谍战，最著名的战例莫过于弦高以乘韦牛十二犒秦师一事。秦穆公率领大将三员、兵车四百辆偷袭郑国，主力到达滑国，巧遇郑国商人弦高，弦高准备赶十二头牛去卖，遇见远袭郑国的秦军，编造一套代郑国送牛犒赏秦军的谎话，将十二头牛献给秦军，秦军主帅听后，认为郑国已做准备，打消了偷袭郑国的念头。这边郑国也获知消息，积极备战，弦高以其高超的谍情智慧，挽救了郑国的

危亡，此条引用十四个战例。

间："何谓间？间而挠之，间而离之是也。"间为军之心腹。楚国攻宋，晋文公为了救宋国，先出兵伐曹、卫两国，又私下答应曹、卫复国，以挑拔楚国与曹、卫之间的关系，为后来分化楚国的阵营和战胜楚军奠定了基础，这是离之。吴伐楚，楚大败吴师，并俘获吴的战舰余皇。吴公子光设计，派三名身强力壮的勇士潜伏到船的一侧，互相大喊呼应，引诱楚军上当，楚军内大乱，吴国趁机夺回战舰凯旋。这是挠之。此外，尚有遗敌以间者、以敌为间者等法，诸侯相邀攻齐，齐灵公据守，范宣子以鲁、莒两国准备千辆战车并力攻齐的消息震慑齐国，同时又虚张声势，布置假阵迷惑齐军，齐灵公十分恐惧，连夜逃走。"所谓扰乱其军心。行军之道，心腹有所未知，临战有所不漏，此间神也。"此条引用了十五个战例。

内：所谓内，"在外曰奸，在内曰宄，肉烂于外，人得而知也；鱼溃于内，人不得而知。敌侵于外，奸伏于内，不可支矣"。楚王围困宋国的萧邑，指日可下，楚国大夫申叔展和被困城中的宋国大夫还无社是莫逆之交，为了这位朋友的安全，设法通过暗语喊话还无社，最后还无社终于听明白申叔展所说"河鱼腹疾"暗含的意思，并且将自己次日躲藏的地点暗示给申叔展。第二天萧邑被楚军攻下，申叔展从一口枯井中救出了还无社，还无社免受被俘和冻死的后果，得益于申叔展的战前通风报信。此为内奸。除此，尚有内之内者，即双重身份，更为隐蔽，更难识别，危害更大。此条引用二十三个战例。

其九,"亲仁善邻",重视运用外交手段达到军事目的。例如,与、胁。

与:"与国是也。"交好友邻国家,以利于己国。或远交近攻,或左交右攻,或翦之使其微弱,或闲之使其孤觉,或取恶而攻易成,或因所亲而交益固。与国虽众,我能操纵之;借敌之兵,强我有余,则为噬矣。君子必须慎其所与。郑伯向陈国请和,陈侯不答应。五父劝谏说:"亲仁善邻,国之宝也。"陈侯仍不同意,结果郑国大举侵陈,大获胜利。鄢陵之战,申叔时对子反说:"楚内弃其民而外绝其好,吾不复见子矣。"韩厥说:"欲求得人,必先勤之。"于是出兵台谷以救宋。此条引用六十六个战例,足见其在战略中的重要性。

胁:胁迫,"不得不从是也"。故《兵法》曰:"攻其所必救。"有攻其本国,亦有攻其友邻,以达胁之目的。卫伐齐,邢、狄伐卫以救齐;齐伐鲁,卫伐齐以救鲁;楚围江,晋伐楚以救江;郑侵晋,卫侵郑以救晋;晋伐郑,秦伐晋以救郑;宋围曹,郑侵宋以救曹。此攻其国者。齐伐郑,楚围许以救郑;晋伐齐,楚伐郑以救齐;晋伐郑,楚侵陈、侵宋以救郑。此攻其与者。此条引用十二个战例。

其十,礼法并用,赏罚分明,严格治军。例如,法。

法:法莫大乎赏罚,法莫大乎赏举能而罚蔽能,法莫大乎任将。楚国大将子玉坚持攻打晋国,楚成王不同意,要子玉"适可而止","知难而退","不要进攻有德之人"。晋军退避三舍,子玉仍率楚军冒进,并口出狂言,一定要灭掉晋国,结果惨遭失败,损失了许多将士。子玉自知难

咎其罪，自杀于连谷。子反死于瑕。崇卒之役，魏舒斩荀吴之嬖人。此为罚法。箕之役，郤缺为卿；晋襄公赏桓子、狄臣千室；悼公赐魏绛金石之乐。此为赏法。介之推不言禄，禄亦弗及，是谓失赏。铁之战，赵简子设众赏而自设罚，此赏罚之善者也。此条引用三十七个战例。

其十一，重视精神因素对军心士气的影响。例如，假。

假："假于意，假于鬼神，假于物象是也。"子犯释蛊脑之梦，说的是城濮之战前，楚军强大，晋文公担心寡不敌众，日有所思，夜有所梦。晋文公夜梦楚成王把他打倒，趴在他身上吸食他的脑汁，心中更是恐惧不安。谋臣狐偃审时度势，从另外角度破解，说晋文公可得天助，楚王必败战俯首认罪。他更进一步分析晋国的天时地利条件，及时化解了晋文公心头的阴霾，晋文公因此放手一搏，取得胜利。是谓意。枢有声而卜偃拜，是谓神。胥臣蒙马以虎皮而陈、蔡奔，是谓物。借用诸法，以收天下人心。此条引用二十七个战例。

《兵法》一篇，包括二十二种灵活机动的战术思想，分别是：先、潜、覆、诱、乘、衷、误、瑕、援、分、尝、险、整、暇、众、简、一、劝、死、物、变、将。魏禧说："兵不法不立。"二十二条兵法，也是从《左传》的四百二十多个战例中概括和提炼出来的，同时，又以高度凝练的军事术语，对这些战术进行了阐释。以下扼要举例，以示说明。

何谓先？兵有先声以夺人者，有先发而制人者。

何谓衷？折而取其衷是也。今有敌师于此，我冲其师为二，是我以衷断敌也；我攻其前后而夹之，是我使敌衷也。

何谓分？兵必分道，以攻则奇，以守则固，以罢人则逸，以息民则不劳，以备不虞则不败。

何谓险？凡战必知地之险阻而为之制。故有自迫于险者，所谓置之死地然后生是也。有凭险以自固者，有厄人于险者，有陷人于险者，有自奋以出于险者。

何谓众？兵有以少胜，有以多胜。少者，奇兵也，精兵也；多者，正兵也。兵众，合之则众，分之则奇，故众不可忽也。

何谓一？号令进退不二，令行禁止也。

何谓劝？激而厉之，自抑以作其怒者，皆是也。劝道有四：曰恩，曰威，曰忿，曰身。

何谓死？凡遇强敌必有致死之人，攻城必有先登之士。是故相厉以死，致之死地而后生，致亡而后存者，皆死也。

何谓物？兵之变，无所不有，故物无所不备。

何谓变？非常之谓变。故曰：济变有术，处变事知其权是也。

何谓将？将将是也。谋与法，待将而行；不得其将，辟之前舻、中樯、后舳，百丈修，五两悬，万斛之舟具，而使童子操焉，可必覆也。魏子曰：将将多术矣。将以智，以勇，以能，以功，以习，以名，以

位，以齿，以世，以卜，以怒。

除了《兵谋》《兵法》两篇专门讨论战略战术思想，在《春秋战论序》一文中，魏禧也有一些对战争用兵的精辟论述。

如对险与难的认识，"古人善制胜者，必履天下之险，攻天下之难攻，而胜其所不可胜。盖不犯其至险，则不足享天下之至安。不出其至难，则不足收天下之至易，其势然也。且夫事有先难而后易者，亦有先易而后难者。吾力足举其难，则易者必靡……力不足以举其难，则姑肆意于其易，以丰吾之力而徐为之图。……难易之间，要无定势。顾非吾力之所必不能及，则必为其难者，以从事于一劳而长逸之势。"（《春秋战论序·城濮》）对此，魏禧还联系后世实例佐证其论："宋真宗时，契丹大入。寇準建亲征之策，固请渡河。于是契丹怖骇不战而请盟，其后数十年间卒无边患，此盖所谓出险犯难以成大功者。后之人观其饮博歌呼，克御大敌，疑若有鬼神天幸之助。然当其渡河，準言于帝曰：'王超领劲兵屯中山以扼其吭，李继隆、石保吉分大阵以扼其左右肘，四方征镇赴援者日至，此取威决胜之时也。'彼岂无百全之计而以天子为孤注哉？若寇準者，盖自唐、宋以来一人而已矣。"（《春秋战论序·城濮》）

对于用间之道，魏禧说："用间有四：有事于其国蹠衅而图之者；有饵其臣仆漏言于我者；有离其君臣将相之交者；有使人入其境谍其事以告者……夫用间而仅谍事以告，争胜负于一时，此亦策之最下者。世之为将者，则并

举其下策而弃之也。"(《春秋战论序·殽二》)

对于立威之道，魏禧认为："立威之道不在于多战胜，在于善养其威，以时动而不诎。不善养其威，则最胜之后可以败衄而不能振。千金之弩，一发而彻三属之甲，贯石而裂犀，及其罢也，则不能达鲁缟。虎豹莝于深山，樵苏为之不履；日出而攫人，人则阱而搏之。是故恃爪牙之利以噬人无厌者败也。猛虎暴然向逼，控拳而亢其怒，亦败也。"(《春秋战论序·鞌》)

对于如何掌握战争的主动权，魏禧这样说："善用兵者，能使战之权在我而不在敌。是故我欲战，敌不欲战而能使之战者，城濮之役是也；我不欲战，敌欲战而能使之不战者，平阴之役是也。""司马懿御蜀，孔明遗以巾帼，卒不得战，项羽戒曹咎坚壁成皋，汉军辱之，一战而败。兵无定势，而谋无必行，要顾其敌何如耳。"(《春秋战论序·平阴》)

对于战争的义利观，魏禧针对殽之战补充说："如此立威，竟负大不义矣，此便开战国狡毒之风。""王者之师，计义而后动；伯者之师，计利而后动。苟有以自利其国而卒免于后害，则违德拂义，顾有所不暇论，是则伯者之图也。"(《春秋战论序·殽一》)

魏禧论兵的著作，坊间还流传有《兵迹》一篇，计十二卷，洋洋洒洒近十万字，民国十五年（1926）胡思敬辑《豫章丛书》将其收入。查考《兵迹》内容，或失之简，或失之陋，或失之确，叙述多有荒诞不经，难与现实中魏禧的行迹勾连，为文风格亦大相径庭，擅长记事的魏禧亦

从来未言及该创作，胡守仁等先生校注《魏叔子文集》也未将其选入，想必有所考虑。综上所述，笔者难辨真伪，恐贸然应用，亵渎先贤，故存疑于此，留待大方之家释难。

魏禧的军事思想有其鲜明的特色。

首先，他是历史上系统研究《左传》军事思想的重要代表人物之一。魏禧酷爱《左传》，穷二十年精力阅读、评点、阐述、讲论乃至成一家之言，都因《左传》中包含异常丰富的"古今御天下之变"的经世致用理念。郭仲辉在魏禧《左传经世叙》》文末评曰："朱紫阳谓《左传》为衰世之文，亦其时势然也。然惟当衰世，故能尽后世之变。"这话很切合魏禧当年所处的时代背景。生逢乱世的魏禧，负有经世致用的宏愿，急需寻找一条实现理想的途径和方略，《左传》为之提供了这种历史的参考。"尝观后世贤者，当国家之任，执大事，决在疑，定大变，学术勋业灿然天壤。然寻其端绪、求其要领，则《左传》已先具之。""禧少好左氏，及遭变乱，放废山中者二十年，时时取而读之，若于古人经世大用，左氏隐而未发之旨，薄有所会，随笔评注，以示门人。"又："善读书者，在发古人所不言，而补其未备，持循而变通之，坐可言，起可行而有效，故足贵也。"（《左传经世叙》）致力于经世致用的目标，钟情于能御天下之变的《左传》，数十年孜孜以求，从这方面看，对魏禧的执着不难理解。

魏禧论兵，以《左传》为蓝本，既容易，也难。容易的是，如魏禧自叙《左传》："盖世之变也，弑夺、蒸报、倾危、侵伐之事，至春秋已极。身当其变者，莫不有精苦之志，深沉之略，应猝之才，发而不可御之勇，久而不回之力，以谨操其事之始终而成确然之效。至于兵法奇正之节，自司马穰苴、孙、吴以下不能易也。"(《左传经世叙》)丰富的历史内容，生动的战争描述，提供了众多论兵实例。难的是，《左传》是一部编年体的历史巨著，其军事思想主要是体现在对众多战争的叙述，众多人物的军事言论记载反映中，分散零乱，局促于经验罗列，缺乏完整的体系。要从大量的蔓芜分散的片言只语中进行提炼，需要大量的时间和精力。魏禧研究《左传》花费二十余年的时间，而撰写《兵谋》《兵法》，仅其中列举战例便达一千一百余例，足见用时之多，费力之艰。正因为如此，魏禧的《兵谋》《兵法》两卷著述更显示出其重要的价值和地位。在数千年的历史上，研究《左传》的人不计其数，成其著作者亦以千论计。而就军事论，真正有特色的并不多见，明清两代，也就三五个人而已，魏禧是其中的代表人物之一。《兵谋》《兵法》两篇，收入台湾学者编纂的《四库全书存目丛书集成续编》中，由台湾新文丰出版公司出版。

　　魏禧军事思想的特色，全面继承了《左传》中积极丰富的战争观点。认为战争有"义"与"不义"之区别，主张"义战"，强调"师直为壮，曲为老"的作战出兵原则，师出有名，师出有理，否则要"慎战"。重视战争对百姓造成的伤害，要求"息民而用"，修德息师，反对穷兵黩武，"内弃其民"，认为民心向背是战争胜负的决定因素。把"修德息民"看作战争取胜的根本，所以要求战争的决策者要充分考量"和、息、量、忍、畏、信、同"等谋略

基本因素，把握其本；而慎恃、慎衅，避免失其本。

　　同时，通过大量战例，说明战场是瞬息万变的，具体的战略战术也应随机而变。战略战术的运用，体现出指挥者的胆略和才智，把握处理好诸如"弱"与"强"，"需"与"疾"，"久"与"激"，"诡"与"信"、"险"与"难"等关系，对夺取战争胜利至关重要；强调审时度势，正确选择和把握战机，掌握战争的主动权；充分利用一切有利因素，不打无准备之战；强调将帅指挥的军事重要性，为军者不仅要善用其兵，特别要善用其将，以各种方式方法发挥好将帅的作用；重视礼法并重的治军原则，认为"法莫大乎赏罚"，法莫大乎赏举能而罚蔽能，法莫大乎任将。要求礼、法并举，赏刑并用，把道德与强制两种手段结合起来使用，等等。

　　魏禧的军事思想，带有浓厚的朴素的哲学思辨观点，既可作用兵之谋法，也可作经世之良方，也是一个鲜明的特点。他论兵的出发点与作《左传经世钞》二十三卷的出发点是一致的，即达到"持循而变通之，坐可言，起可行而有效"的目的，关键要落实其经世致用、治平天下的愿望。所以他不仅写了，而且要传授给弟子门人，不仅传授，同时还要落实于行动。由于他的身传言教，弟子门生中的几位高足，也对军事多有研究，梁份的《秦边纪略》，便是带有军事考察性质的边城地域风貌述著，而跟随魏禧学古文的门人、颜李学派的重要人物王源，后来则直接写作了《兵论》一书。

　　魏禧曾自嘲说："然尝自忖度：授禧以百夫之长，使攻藿苻之盗，则此百人者，终不能部署，而小盗亦终不得尽。天下事口言与手习相去有若径庭，有若南北万里之背而驰者，而况于兵乎？"(《答曾君有书》)又在《与涂宜振·又》书信中说："书生纸上经济，正如小儿画地作饼，亦自知其不可食，聊取快意。"其实不然，这些话与魏禧一贯的抱负是相悖的，只能视为自我调侃而已。屈大均《论张良》说："汉唐以来善兵者率多书生，若张良、赵充国、邓禹、马援、诸葛孔明、周瑜、鲁肃、杜预、李靖、虞允文之流，莫不沉酣六经，翩翩文雅，其出奇制胜，如风雨之飘忽，如鬼神之变怪。"如果魏禧生逢其时，适得其位，他可能不仅仅是文学和学术、思想等方面的成就，与政治，与军事，也许有令世人刮目相看的建树。

　　无须回避，因魏禧善言兵，好读智术、谋略、王霸，甚至对门人直言："《左传》是《孙子》注脚。"(《日录·杂说》)史上不少学人认为这是一种策士作风，而其《左传经世》，也是策士式的经世。对此，著名学者赵园中肯地评论说："禧长于议论，风发泉涌，少所顾忌，往往能道他人所不能、不敢道；分析史案每有发现，足证其人的机智，对世态人性的洞悉——确也像是出诸策士的那种智慧。春秋战国时代的游说之士、纵横之术，影响于后世士大夫的角色选择与人生理想之深刻，由易堂人物可得一证。"(赵园《制度·言论·心态——〈明清之际士大夫研究〉续编》)明清之际的思想家们本来就处在标新立异、开风气之先的潮头，与其说《左传经世》是策士式的经世，倒不如认为思想家们的经世方式各有异同，而其经世致用的大目标、大方向是一致的。

结　语

魏禧经史百家无所不通，道德高尚，才智超凡。作为文章，伸纸属笔，蛟龙屈蟠，江河竟注；用于经世，追修孔孟，以达王道。李保儒《论国朝古言绝句》比赞魏禧如当年身居隆中的诸葛亮："老死隆中诸葛才，屈蟠兵策运风雷。圣贤根性纵横舌，谁道不从经术来。"（《学海堂四集卷二十八》）魏禧的经世致用思想很丰富，涉及面很广，是一个璀璨夺目的宝库。笔者仅以一个游览者的身份不经意闯入了这个装满宝藏的殿堂，凭借自己笨拙的眼光去审视、去鉴赏，已经有许多睿智者，他们的审视和鉴赏水平肯定会更高，自然发现和收获也会更多。

赵园先生说："评价历史人物，文学史、哲学史（理学史）、思想史各有其尺度。人民文学出版社1999年出版的《清代文论选》，九子有三十一篇文论入选。再过百十年数百年，类似的选本是否还有易堂的文字选入，已难预知。但相信他们的故事仍会流传，令人依稀想见风采。文章不足以传之久远，事功也不足与当代参与政务者相比，不在上述任何一种'史'上占据显赫位置；但当其时其世，却以其光明的人格，照亮了周边世界。"又说："地域文化的复兴需要资源，包括对古代史、历史人物的征用。但仅此是不够的，如果那一脉文化不能如活水般流在今天，滋养今天的生活世界、人文世界，那就不过是标本、化石，与当代人无涉。"（赵园《关于易堂九子》）赵先生深刻而独到的见解，也正是笔者多年来致力于优秀易堂文化的传承以及写作本书的本意所在。毕竟，以魏禧为代表的易堂诸子留下的优秀文化和精神财富，作为极其宝贵的地域资源，首先应该鲜活且长久地服务于吾乡吾民，然后从这里再出发，普惠天下。

近十年来，弘扬中华民族优秀传统文化举国上下已经成为一种常态。在本书初稿即将完成之时，又欣喜地看到中共中央办公厅、国务院办公厅印发《关于推进新时代古籍工作的意见》。意见明确提出，做好古籍工作，把祖国宝贵的文化遗产保护好、传承好、发展好，对赓续中华文脉、弘扬民族精神、增强国家文化软实力、建设社会主义文化强国具有重要意义。古籍事业迎来新的发展机遇，我真诚地希望看到，作为蕴含着中华优秀传统文化核心思想理念、中华传统美德和中华人文精神的易堂九子文化，能够在新的历史发展机遇中得到更好的传承和弘扬，并且为新的时代治国理政、培根固本提供有益的借鉴。同时，也期待热心的读者在品读这本小书的过程中，能感受到一些与我们这个时代同步的气息和活力，并将其中具有中华优秀传统文化的精神标识和鲜活生命的文化精髓提炼出来，滋养自我，润泽社会，乃至参与资治，则善莫大焉。

· 附录 ·

先叔兄纪略

魏 礼

吾叔兄既卒之十年,季弟礼始得抑悲心,编次其行实,以告于海内君子,而为之纪。

曰:先生讳禧,字凝叔,号裕斋,欲自进于宽裕也。宗派曰际昌。丁丧乱,屏居翠微峰。门前有池,颜其庭曰"勺庭",学者称"勺庭先生"。叔子集行于世,世又称"魏叔子"云。先征君生五子,其二夭,故以伯、叔、季行。先生为人,形干修颀,目光奕奕射人。少屡善病,参术不去口。性秉仁厚,宽以接物,不记人之过,与人以诚,虽受绐,恬如也。诱进后学,惟恐弗及,然多奇气,论事每纵横雄杰,倒注不穷。事会盘错,指画灼有经纬,思患豫防,见几于蚤,悬策而后验者,十尝七八。义之所在,即撄祸患勿少恤。待小人不恶而严,往往直言无忌讳,而其神明之际,有耿耿不可忘者。呜呼!此非礼之所能道也!

先生儿时,不乐嬉戏,同学生或出外游间,先生独勤业不辍。尝嗜古论史，斩斩见识议。十一岁补邑弟子，冠其曹，妻祖谢公于教，称宿学，致政家居，年七十余矣。尝姻亚偕往，一揖后，各散去，惟先生十一岁童子，与七十余老人，终日语不倦。先征君训诸子，和极礼敬，不少宽假。尝侍先征君议事公所，列坐数百人，吾兄弟年少，坐堂下末坐。因相与私语，先生容偶怠，不自觉也。先征君堂上色不怿，伯兄目及之，曰："吾侪宁有失乎，何大人有是色？"归至庭，先征君默坐不语，三子跪请，乃诫曰："凡人贵读书，当知礼义。如在广坐中，人不识汝为吾子，而察其举止言语间，知其中必有严惮之人在。今某侍父而有慢容，何谓读书乎？"于是复霁颜，论古今，夜分乃罢，自是先生守征君训益确，罕有陨越。

先生与兄弟如一身，而植善规过，交相切劘，若严师友，恒宴笑至丙夜。先姒以先生体孱，迫之寝，各依依不能去。伯兄有诗曰："岂徒至性为兄弟，竟自神交托友生。"礼有诗曰："我生为体素，兄弟为我神。"当是时，吾兄弟三人谓科名当探囊得，期以古名臣自致，节烈风采，彪炳史策。

迨甲申流贼陷京师，天子死于社稷，先生闻辄号恸，日往公庭哭临，食不甘味，寝不安席，谋与曾公应遴起义兵勤王。先征君亦慷慨破产助之，而李自成旋殄灭，遂不果。先生故善病，谢弃诸生服，隐居山中。岁惟清明祭祀，一入城而已。因屏去时艺，专古学，教授弟子，著录者数百人。方流寇之初炽也，是时承平日久，人不知乱，且谓寇远难遽及。先生独忧之，寻山石结寨，以卫家室，

经营措注，皆有成法。邑人仿效之，得免寇攘之难，时年二十一也。而南昌彭躬庵士望，亦于是岁来。初予乡人有主躬庵家者，躬庵尝语："天下将大乱，吾欲得遗种处。"予乡人曰："则莫若吾宁都矣，山寨可居，田宅奴婢我能给也。"躬庵果至，主其家实吾邻并。躬庵日日从门外过，予兄弟尝目送之，相语曰："若人风度似不凡者，然何以主是？"翼日，躬庵复经过，予兄弟遂下阶揖躬庵曰："子何为者？"躬庵语以故，且曰："为若人所绐，吾已移室至建昌矣，将安适？"曰："能过吾馆舍谈乎？"曰："甚善。"遂相与纵谈达明。躬庵慨然曰："子兄弟真可以托家矣！"于是躬庵遂急行逆其家人，数步复返曰："将与一好友携俪俱来，何如？"曰："甚善。"至则林确斋时益也。躬庵舟至河干，先生方靧面，喜极，裸双袖，水濡濡滴髭髯，走逆之，延住于家。后相与入翠微，如一父之子，盖所谓"易堂"者也。是时易堂九人，李咸斋腾蛟，彭躬庵士望，邱邦士维屏，林确斋时益，魏善伯祥，魏冰叔禧，彭中叔任，曾青藜灿，魏和公礼。

宁都居赣上游，地遐僻，四方士罕至者，而先生独敦古朋友谊，如友人谢廷诏、谢大茂亡孤不能自存，先生则抚教安业之，为授室，得延其嗣。凡朋友有过，如芒刺在身，法言巽语，涵溶渐渍，蕲其改而后即安。己有阙失，则朋友兄弟交攻之，即厉色极言，无丝发忤。躬庵尝曰："吾侪所谓上殿相争如虎，下殿不失和气者也。"姊婿邱邦士维屏，以先生好雄辩，故折抑之与书，词旨过厉，先生乃附刻于《叔子集》中。其于文章亦然，率委之群议，一字未安，不惮十反。既登木者，或即行铲易。子弟无恒父师。往僧无可公至山中，叹曰："易堂真气，天下罕二矣。"初，有友人某，先生与最亲善数十年，其后有乖大义，先生遂捆然割席，勿少恤。而先生每自言：吾何多幸，父而师者父，师而父者师（谓受业师杨治文先生也，讳文彩，号一水），兄弟而朋友者兄弟，朋友而兄弟者朋友。尝出游，思广接天下人物，东南君子，无不遍交之。闻有隐逸道德士，则崎岖山水，造访请益，而四方闻风趋赴者，亦骈咽辐辏，诸君子咸谓先生有古宰相才度，惜乎，赍志以没也！然所著《左传经世》，亦足征其用矣。而确斋亦尝曰："房玄龄不以己长格物，魏叔子有之。"凡戚友有难进之言，或处人骨肉间，先生批郤导窾，令人心开。友党中方诸李邺侯焉，或问其故，先生曰："吾每遇难言事，必积诚累时，与其人神情相贯注，然后言之。"戊辰用严公沆、余公国柱、李公宗孔，荐举博学宏辞，累征以病辞，未就。

庚申十一月十七日，从无锡赴维扬故人约，舟至仪真，忽发心气病，一夕卒。时门人梁份从行，远近友人咸走哭于殡所，而常熟顾景范祖禹独先至。祖禹少先生七岁，先生与为兄弟交比易堂。其未能至者，则于先生昔经游处，设位而祭，海内士识与不识，莫不惋惜焉。生于明天启甲子正月十三日，享年五十有七。嫂谢氏闻丧，勺饮不入口，绝食十三日死。继礼之幼子世侃为嗣，娶赖氏，其父名韦，字子弦，先生于门人中最亲善者。是时，礼闻讣号恸，病几殆，乃遣长儿世俲、先生之门人赖韦，偕行

扶榇归，合葬于邑南郊下罗坪始祖墓旁。

所著有古文集二十二卷，《日录》三卷，诗八卷，二集若干篇，《左传经世》若干篇，梓其半，皆行于世。制艺若干卷及他杂著藏于家。先生为文，一主识议，取有发明于经史益于世务，不欲为纡徐窅冥，形神摹拟以相肖似，其于制艺亦然。初予兄弟学古文于山中，友人偶钞一策，置行箧中，武进邹程村衹谟见之嘖曰："今乃有如是文乎！"于是携去，注乡贯姓名，逢人辄称说。今吾兄弟文得以遍质海内君子者，盖自程村始也。兹握笔勉书，情绪荒落，述焉弗详，要不敢稍一浮饰，自欺以欺先兄。礼往答钱塘高士徐孝先介书曰："所谓先叔子年谱，尚未敢作。先兄生平不欺其志，略见于《地狱论》，故立传立志，足以无愧。若年谱者，非理学日精，功绩累著，无惭衾影，实济于生民，岁异而月不同，其孰能当之？盖纪其为学之渐，设施之能，将以作则来兹，非敢诬也。所谓诬君子者，不敢诬之以恶，亦不敢诬之以善。"书既竟，忽忆吾兄弟往坐谈至子夜。于时，残月在山，天地空寂，伯兄曰："异日吾兄弟下世，吾愿先诸。"想此际悲苦，谁复能任者，各怃然罢，而伯兄竟先逝矣。呜呼！痛哉！夫孰意任悲苦者之独在礼耶！季弟礼扠泪纪。

（选录于《魏季子文集》）

翠微峰记

魏　禧

　　翠微峰距阳都城西十里，金精十二峰之一也。四面削起百十余丈。西面金精者，苍翠衺延如列屏，东面城，大赤如赭，中径坼自山根至绝顶，若斧劈然。或曰长沙王吴芮之所凿也，张丽英飞升盖即其处。相传自上古来无或登而居者。

　　岁甲申国变，予采山而隐。闻邑人彭氏因坼凿磴架阁道，于山之中干辟平地作屋。其后诸子讲《易》，盖所谓"易堂"者也。予同伯兄、季弟大资其修凿费，丙戌春，奉父母居之。因渐致远近之贤者，先后附焉。山左干起西阁，平石建木，檐牙窗户阑楯出云木之半。右干作横屋，东面大江，城郭历历。东南隅阁之腋构草堂，阻石为池，莲华满其中，曰"勺庭"，予独居之。环屋树桃华，彭子躬庵诗曰："云中莲叶秋池艳，天半桃花春井香。"盖谓此也。山前后各有并石如桃实，皆曰"双桃石"。自易堂廊门经高柳，度方塘，北循左崖，乱藤幽荫数十步，有泉从石罅出，味清冽，秋冬大旱无绝流，潴以为井，而后之桃

石当其缺，故谓之曰"桃井"。加露板为汲道，行人望之如云中。

壬辰秋，土贼四起，彭氏属于贼。诸子去之，彭氏遂据诸财物，因以胁诸子。于是邑帅遣人谋诛之，诡而登，彭氏衷甲饮之，顾谓其人曰："吾尝笑荆轲提一匕首入不测之强秦，自寻诛灭，岂不甚愚哉！"其人笑不答。既与为观要害地，因左顾，遂发匕首揕其喉，据石礔首碎之，复还饮所，取二佩刀去，山遂墟。明年伯子归自广，卒复之，诸子之散处者咸集。以谓彭氏既当罪，功不可灭，乃祔而祀诸社。

凡登山左自金精、右山塘至者，皆经前双桃石。迤北至山门，缘坼上磴四十余步，穴如瓮口。登者默从瓮中出，侧身东向偻行十余步，又直上百十磴，曰"乌谷"。谷如陶穴，鞠躬进之。上穹隆如屋，架楼其中，瞩蹊径，眺城邑，为守望焉。又上数百步，梯磴相错。凡数绝，乃至于顶。盖此峰迤迤竟里，旁无援辅。自下仰之，如孤剑削空，从天而仆。上则岐而三之，中高、右缩、左展。结屋者必山翼。山中灌木郁勃阴森，见者疑有虎豹。然自猿狖飞鸟而外，则皆不能至焉。庚辛间，有西北善兵者至门而窥去。谓人曰："就使于瓮口彻其闸，使三尺童子折荆而守之，虽万夫谁敢进者？"先是丰城人数百里来觅躬庵。间关山下，遇樵者指之曰："从此登。"客笑而怒曰："此岂人所到耶！"遂竟去。

壬寅三月，伯子将北行，画图于扇，命予记其略。或曰："此山名石鼓峰也。"土人以其东面赤，群呼曰"赤面石"。躬庵旧有记，特详。

（选录于《魏叔子文集》）

翠微峰易堂记

彭士望

宁都郊西，奇石四十里，率拔地作峰，形互异，低昂错立，岩壑幽怪。北距邑所称"金精"半里，更西，峭壁赤矗，辟翕陡绝，望葱郁，曰"翠微峰"。

峰东首圻微径，仅可容一人。初入益暗，稍登丈余，抵内壁，一孔偻出暗桥下，孔可三尺许。出孔，径益狭，更扪壁侧行，旋折登数十步，渐宽，崩石攲互，如游釜底。再上及阁道，孔出如暗桥，忽开朗轩豁。石穹覆，东向纳朝日，曰"乌谷"，可容百十人庇风雨。乌谷上栈道，梯磴杂出。径视初入益隘，顶踵接，更千步，壁尽，旷朗，蹬道益宽。人翔步空际，历历可数。

巅矗起，西行渐平，脊圻三干，巅环周二里许，下视城郭、溪阜陵谷、村囷畎浍、人物草树屋宇，圜匝数百里，远近示掌上。外二干，南北长直，上锐，稍夷，治极阔。东西亦不逾四仞，左右并出，交于北。践右脊，为路垣，脊以北为长圃。路西下数尺，稍南达于堂。

山势高，屋宜隐伏，顾夹两石壁，横不得方。独中干束缩，后托圆顶，张肘平衍，可接百武，辟堂其中，曰"易堂"。堂广二丈，深二之一有半。北向，凭右干外，太阳、赤竹、南光诸远峰张旗鼓，中列屏几相望峙。左右从两庑，因地势并长。堂前门外隙地，旧有泉涌出，亦甘冽，潴为塘，积淤易塞。道左高柳出天半，垂条拂地，春时缥缈，濯濯可爱。更循圃下路过塘塍，可三十步，有堂负右干，绝隘，室绝小，可八九间。横小室南向，余俱西面壁，临汲道，不得方列，恒不得见日星，独逼侧。并左干壁行，向尽，小栅门藤萝交荫，磴道下可三丈，有泉澄碧，甘洌寒洁，生石峡中，脉南出，涌小泉，状如葫芦，汪注大井阑，巨石其外，下凿石底，深广二十尺，数百人可均给。久雨，渠水溢漫，从小窦出。当极涸，昼夜不逾十数斛。泉盛时，一日夜可复。泉口外，双石骈立遥拱。及山半，土埠下托，类盘庋，曰"双桃石"，泉曰"桃泉"。从堂后出，圃地丈余，艺杂树。登石级累百，践左脊，南望两崖间，有池一泓，堰种蔬，广榭阑干廊步，花木纷翳，池中种白莲百余本。楼屋三楹临其上，曰"勺庭"，地最胜，直距堂可一寻。

循勺庭土垣，更右登南岗，为左干，始析，腋最高，有阁翼然，石分东西向，粉白辉映，中植桂、梧桐、腊梅、梅、竹、荼䕷、月刺之属。桂尤盛，四时花不绝。中干更东行，益高，始析右干，绾口有堂一区，从小屋十余，亚视"易堂"。门临道，右干平抱，多桃花，如村落，东望郊原，旷甚。稍北，并庚廪舂臼，背深溪，为右渠滥觞地，可资溉濯。渠出中干，右腋独长，绕出易堂外，纡

左，经柳下西壁，迤北达于泉。左干高特达周，四望风迅，无人居。平其地百步，为箭道，土厚多杂木。行可半里许，自阁下包勺庭、易堂，为泉东障。蔬果出时，狙公窃据，相引下，盗食狼藉。沿山颠修木万本，花实瑰异，不可名状，松、桃花、梅、竹最盛。

乙酉冬，魏冰叔（魏禧）知天下未易见太平，与其友将为四方之役，谋所以托家者，时邑人彭宦得兹山，创辟，凝叔合知戚累千金，向宦买山，奉父母及兄善伯（魏际瑞）、弟和公（魏礼）居焉，旁及其知戚。始，远人林确斋（林时益）、予以义让，不甚较赀。余视赀多寡，最，凝叔兄弟及曾止山（曾灿）。次，谢、杨诸姓，又次，邱邦士（邱维屏）、李力负（李腾蛟），俱宁人。丙戌冬，闽及赣郡继陷，诸子毕聚，始决隐计。丁亥，合坐读史，为笔记论列，间面课古文辞，抽古人疑事相问难。为诗，诗一遵《正韵》。朔望，凝叔父魏圣期翁暨诸子衣冠述《乡约》《六谕》，徐及古今善行事，内外肃听。是冬，诸子言《易》，卜得"离"之"乾"，遂名"易堂"。戊子秋，吴竟鲁至，始谈学。同堂惟彭中叔（彭任）居三巚，每期必赴。设钟磬，歌诗，群习静坐，时凝叔始落勺庭，迟其孥，居来学者。未几，竟鲁行。

己丑，土乱，屏不得下。庚寅春，邑屠掠，幸不及山。壬辰秋，宦（按即彭宦）作难，山毁。宦旧为山主，狙猾阴贼，极专擅。诸子多其功，曲下之。凝叔尤笃昵，数破产佐资解纷，为纾其难。宦更偃蹇，益骄。是秋，与族讼，被笞，激为变，交通土贼，谋破城，杀笞己者，及所不快诸子中数人，众觉，先避去，宦事随败，竟死。甲午，善伯倡复，率二弟更居之，并招诸子。诸子既久隐穷约，被山难，贫益甚，散处谋衣食。公见外，仅时一过从，不得逾三宿，家室非乱迫，尤不得至。

自乙酉迄今庚子，十六年，多难，山城路数通塞，不时聚散，壬辰后，遂散不复聚。惟戊、己间聚最久。节序岁腊，会堂上饮食，春秋祀祖祢，相赞助合馂。平居书名称友兄弟，如家人，礼子弟亦如之。常易教，不率，与答。无恒父师。诸子中多好游动，经年岁，居行无二视，一人行，众视其家，左右匡植久要。期至死弗革。

方初聚时，俱少年朗锐，轻视世务，或抗论古今，规过失，往复达曙，少亦至夜分。不服，辄动色庭诟，声震厉，僮仆睡惊起。顷即欢然笑语，胸中无毫发芥蒂。每佳辰月夕，初雪雨晴，辄载酒哦诗，间歌古今人诗，辞旨清壮慷慨，泣浪浪下。或列坐泉栈，眺远山，新汲，吹籥煮茗，谷风回薄，井水微漪。遇飞英堕叶缤纷浮水际，时一叫绝，几不知石外今是何世。盖自有"易堂"，凡所为嬉笑怒骂，诵读讲贯，谋断吉凶，歌泣困厄，濒死丧，言行文章，上及爻象、兵、农、礼、乐、学道、经世之务，罔不遍及，其于学无常师，亦罕所卒业。易堂所至，大猾、武健、技术、任侠、博雅知名士，方外、石隐、词章、独行、理学，穷约显达之人，亦罔不遍，或一过，或信宿旬月，今益久。诸子少壮老衰互相迫，子弟中昔提弄孺稚，忽冠娶有家室且抱子，而诸子卒未尝有一人发抒建树。奄忽向尽，俯仰陈迹，感慨系之。

于兹山最力者，始事凝叔，中和公，终善伯。和公固不自言力。彭宦有心计，创始，鬻山致多资，卒以乱自贼，不足道，劳有足称者，善伯以社祀，衬焉。山远望驯伏，近巉削，浑成一石，隐不见屋，乍至，非望见扶阑，疑无居人。先年俱荆榛填合，罕人迹，山绝壁无路，不可登。二三樵者觇其上多薪木，乃艾道束缚跣，腰镰索，持数日粮、火种，从圻缝猿引扪登，恣樵伐，掷下，售获十数金。宦素健，多力，闻之，遂从登，议荒度。樵时一人堕，立死，肢体零落。山麓俱小阜周附，下堑极深广，不可逾越。麓北多岩穴，可居，苦远汲。南，绝壁下崩石磊磊，石眼立，状各殊异。

诸子矫捷者，间避潦着屐行石中，或自负物。冠石子弟为尤健。诸佣保杂仆，日运薪荷担自城至，蔬馔间提抱小儿女，运竹木诸器用，物极大，更缒上。岁时负米谷钟石，晚昏登降如疾猱。妇女童孺始极怖，或垂涕泣，稍扶掖攀附，亦能上下，久习，有独行者，健婢亦间能负戴。大都行圻中，逼窄，视天止一线。耳目专一，畏恐，缘横楷木，磴道颇有凭翼。圻中不及风雨，特苦行潦，非久晴不燥。垂及巅，六七十步，始得张盖。惟上下恃捷及，欲速，失足立死，罕一二全活。亦有醉坠，横挂圻壁中不得下，仅损头面者。前后殒毙凡数人。

山居屋有五，"易堂"为公堂，左右室并列，善伯兄弟左庑，邦士附后。邦士更为土室六七尺，依柳下。右，予、确斋，庑后稍高地，予、确斋更为半丈室三。过塘塍，西，面壁堂室为止山居。力负附，更为书室邻止山。

并西凿石为阁，公登眺，无专属。阁中阴沁，内壁出泉，不可居。两个属善伯，子兴士（魏世杰）读书其中，右绾口室，李少贱（李潜蛟）居右，左，谢子培、杨、曾分居并列。勺庭为凝叔别业，整静，山中独居惟凝叔。庾廪俱有分，公砻、臼。泉右凿石龛祀社，山下隘口亦龛石为社祀，山上下社祀二。关有四，隘口为首关，外栅甃石，嵌两壁间，长二仞，为暗桥，孔横厚木，门夜施楗，镇以巨石。乌谷为阁道，悬楼垂出石外，便远眺，阁道上下积刍茭米谷。石炮巨挺，萧斧悬金，为守具。底谷为室，宿守者，恒守者公饩之，以察视非常，严启闭，隐若敌国。

山重禁有五：居毋得杂，毋更室，毋别售，毋引他族逼处。畜木，毋折枝，秋冬许修木，有分地，毋逾，毋伤老干。关启闭有时，毋擅，毋疏忘。客至，公白出入，毋私，佣担负毋过五人，客从亦如之，佩刀者毋得入。旱有井政，钥栅启毋不时。井栏架木栈便汲，汲以序，毋搀，量口毋不均。水石斛必分众，毋擅轮，监汲，虽至亲毋偏纵强窃，既罚，是日无与水。泉侧别凿石溜泄渠水，垂千尺，下润硗亩。毋令浊水入泉，旱更畜之。滋泉脉，其浣濯灌涤，资勺庭池及他潴，毋过滥。极旱，为酿供宾、祀，或从山下汲。下汲，视他山为最苦。善伯常欲因右腋隘处为陂，外阑石，内实以土，储水数千斛。宦固旧为陂，特窍石横植木，实以垺。壬辰夏，淫雨，陂圮垺遏，渠水溢不得过，予室没二尺，堂壍波涌。妾方娠，自灶奔室，同内人挽行水中，几汩，漂物及鸡鹜无一存者。是秋有宦之难。诸室惟予壁后门临渠，故水入独甚。凡闻

乱，纂严，增守械，益丁，守者宿乌谷，轮督，毋委避，毋玩，毋宵归；非山居人毋听上，山居一人，或异色目一人偕，亦毋听上。夜呼，虽父子必待晓，辨察然后入。环巅各分汛守眺，毋少离。凡逾禁，有重罚，毋贳；尤重故者，不率，及三罚不变，公摈之。

山有最不利三，最利五，最急一。最不利死，不可棺殓，必绁下，始克成礼。泉最不利涸，朝涸夕鸟兽散，不得视他山，可下汲。最不利贫，无人力赍财馈运，难一日居。最利守，上击下，石卵大，转激腾跃，势莫可当。擂木石，具斧凿，山尽为炮。掷雉尾炬，塞径口，立焦灼，孔出，伏暗桥侧，挺斧交下；仰攻，桥石厚，径转侧不得动。鸣金众聚，静逸以待。闭重关垒塞，一弱女子可抗千劲卒。屋最利隐，不外见。他山既暴露，苦风日，更招摇瞻视。居最利不杂，侨寓惟二姓，诸不得引蔓，成久假。患难一心力，集思，性命可共。泉最利在山，不忧绝汲道，生内变。山虽石，土厚，最利畜木，拱把修数丈者千计，薪可支五年，掘根亦可二年。其最急积储，计口积粟，极少亦支一年。以乱猝至者，非聚三月粮，不许上。

城乡趋山下，径有三。城西行必经一线天，两山夹道，升陟最劳。乡必从三巚道金精，为西北径。西南极险僻，从箐筥谷、苍山，经黄竹寨。三径绾东阜为一，西行距山不半里。纡他径，辄迷道，芜塞不易达。

翠微邻三巚，路稍远。从峰头望甚近，如卧狮盘伏，居者数百人，可呼语。颇近黄竹，仰视如芙蓉冠，东峙，独高出，为犄角。金精为尤近，自山巅俯视，楼、阁、屋、洞俱在坑谷中，名载邑志，为汉女仙张丽英翀举，及长沙王吴芮强纳聘，凿石求见，事甚异。唐宋游人题咏碑碣甚多。近为卜道人重修。道人高洁，有至行，予为之记迹。金精道甚坦，车马可通，不烦斧凿。

予意翠微形势，当出神仙奇人。又，首圻千余尺，似经凿治，非王者力不能办，岁久壅蔽，疑为古金精。至今邑令长犹望祀，后人乐便易，但就近附会，讹失，且移祀双拳石，甚无谓。邱邦士然予说，为诗纪事。山中曾掘得古剑、铜簇、磁碗，碗质甚粗，青赤色，画云鸟，云是元时物。元时虔最苦兵，民尽寨居，多古迹。簇长三寸，丰重而突，非近代器。剑独久，形色类石，被锄断数截，有铜质未尽化，疑丽英修炼具，众分藏之。后山毁，家人仅身免，俱失去。山周身块石，惟一径，峻狭曲直，中岩洞，出没梯磴，行贯鱼，技勇无所施。人一步不尽险，皆死地。方宦作乱死，遗樵、佣仅十余，闭守抗攻者百千人，下石，有死者。昼夜班数十健卒，斗匝岁不能下，招降始罢去。顷，善伯交赣帅，多雄武士，驰览边徼，轻险阻，曾一至，饮不敢尽三爵，惴惴谓天下绝险云。

附

壬戌季春再记

魏和公游南海西秦归，丙午，于翠微左干之巅构屋五楹，从以东庑，莳花竹罗绕前后，俯探石阁之顶。右径赖子弦竹屋，左循凝叔所为雪门树梅花处，并达勺庭，如建

瓴水，颜曰"吾庐"。海内名人皆以诗赠贻，详凝叔《吾庐记》。自丁巳、庚申，伯、叔踵逝，石阁、勺庭俱虚无人，诸子各散处，久不复居易堂，惟和公独身率妻子居吾庐十七年，从未他徙，长儿子且抱二孙，所艺植日益蕃，居室益增，极翠微一时之盛。天道人事，后起者胜，岂不信然？因附书之，以志今昔聚散、存亡、兴废之感，距予作诗，盖二十有三年云。

（节录自《彭躬庵文钞》卷五）

《易堂九子年谱》序

周文英

易堂九子是我国明末清初一个颇负盛名的文学集团和教育集团。九子是魏禧、李腾蛟、彭士望、邱维屏、林时益、魏际瑞、彭任、曾灿、魏礼。易堂是当时建筑在江西宁都翠微峰上的几栋房子。那时候易堂九子和明末的许多名士一样，经历了明王朝的灭亡，面对这种"国仇家难"，他们不与清廷合作，消极抵抗，退隐易堂，砥砺气节，切磋学问，教育士子。明末清初一批退隐山林的士人的确有不少是国家、民族的精英，他们道德、文章并重，把做学问看作一种思想战斗。这种学风给明末清初的学术工作注入了相当大的活力，其结果也相当地辉煌灿烂，如王夫之的哲学、黄宗羲的(学术)史学、顾炎武的考据学、傅山的子学、方以智的哲学和科学方法论等等，皆为大观之学。易堂九子的思想和文章也是这辉煌灿烂文化中的明珠之一。

然而易堂九子的著作在清代大都属于禁书，其中《三魏全集》《邱邦士文集》是全毁书，这在很大程度上直接

影响了易堂九子著作的传播。数百年来虽经有识之士冒性命之虞竭力抢救，但遗失颇多，现存一些也仅属孤本，且残缺不全。清末民初，毁书之禁自行消解，然对易堂九子文稿的收集整理工作仍做得很少。光绪年间，陶福履编辑《豫章丛书》，未收录九子的任何文稿。民国年间，胡思敬再编《豫章丛书》，算是收录九子文稿最多的一次，然亦仅二十一卷，仍十分不全。对易堂九子的研究工作亟待赓续。

近年来，国家重视古籍整理研究工作，提倡弘扬民族文化。自1984年起，江西省高校也开展了有计划的古籍整理研究工作，本书作者邱国坤同志是宁都人，易堂九子的重要成员之一邱邦士（维屏）是他的族祖，邱国坤同志注意收揽九子遗著，考察九子遗迹，考证九子生平活动，潜心研究，先后发表有关论文多篇。因此，江西高校古籍整理研究领导小组委以邱国坤同志易堂九子的古籍研究任务。1986年春，全国高校古籍整理委员会还增拨了该项目的研究经费。邱国坤同志考据钻研，终于著成此《易堂九子年谱》。内容包括：1.谱主字号、里贯、生卒；2.谱主科名、仕历、经历；3.谱主主要功业；4.谱主的创作成就和学术造诣；5.当时大事；6.交游及有关重要人物的生卒、简况；7.谱主家事、恩宠和哀荣；8.九子著作版本考等。在叙述体例上，正文部分遵循述而不议的原则，先述当年时事，后述当年谱主本事，力求客观反映历史，所引文例，皆详备地进行了校订考证，力争做到准确翔实，年谱中的九子世系简表、遗像等资料均属第一手的资料，对九子著作历代的版本，作者也进行了悉心考证。

明末清初的学术界，由于注入了某种特殊的新的活力，所以这一时期的学术内容也有极深的蕴涵。近年以来，这个学术宝库陆续得到开发。《易堂九子年谱》的写成，又为这个宝库的进一步开发做了一项新的有意义的工作。宁都县有关部门非常重视易堂九子的研究工作，并集资支持《易堂九子年谱》的出版。各级领导对教育与文化的高度重视，令人欢欣鼓舞。

1990年3月于南昌

（作者系江西高校古籍整理研究领导小组原副组长，江西教育学院学术委员会主任、中文系教授）

《易堂九子年谱（修订本）》自序

邱国坤

　　《易堂九子年谱》自20世纪80年代末问世，即受到学界的关注，评介它是新时期全国谱牒研究的代表性成果，是研究易堂九子的重要文献。但我知道内容尚有缺漏，一直盼望有机会重新修订充实，这一问题在内心纠结了近三十年之久。近年来，本书的修订得到南昌大学人文学院的关注和重视，现在终于如愿。修订后的年谱内容更全面，由原来11万字扩充到36万字；形式更得体，更方便阅读；增加了有关附录，以作为年谱阅读的重要补充内容。并且，以南昌大学谷霁光人文高等研究院的科研成果呈现在读者面前，更是一件极有意义的事情。

　　我对易堂九子始终抱有极大的好奇心。中国社会科学院的著名学者蒋寅先生说："易堂九子是非常特殊的一个文人群体，在中国历史上，我都想不出哪个朝代有这样一个文人群体可以和他们相比。"的确如此。细论起来，九位先生所处的历史背景特殊，结社方式特殊，生存环境特殊，交友情结特殊，办学模式特殊，出游经历特殊，文学影响特殊，人格操守特殊，甚至互结的亲缘关系也很特殊，等等。众多的特殊，显现了他们不同一般的历史地位，同时也提示他们具有重要而又潜在的研究价值。

年谱主要是对谱主行迹的展示。易堂九子的人生犹如一出大戏，百年之间家国情仇爱恨交织，出处取予生死以搏，从幕启到幕落，充满着慷慨、激越、凄婉、悲壮的基调。要客观、全面、准确地反映出这种历史状态，不是一件容易的事。至于如何透过年谱揭示谱主的精神气质与风貌，使读者获得更深层的信息，这是修订者期望达到的更高的目标。早年对方以智盛赞"易堂真气，天下罕二"的内涵领悟有些虚，"真气"到底反映在哪些方面？如何更直观、更具体去进行表述？近年来，我将其归纳提炼为"求真学问，写真文章，交真朋友，育真人才，守真气节，做真君子"一说，眼前人物顿觉清晰、形象、生动起来。

易堂九子学识渊博，才情横溢，生前身后备受推崇。自清代嘉庆二十年（1815）开始，宁都知州黄永纶于梅江书院设立龛座，崇祀易堂九子。每年设春秋二祭，每祭安排鼓吹，供奉香猪、牲帛，由山长主祭，诸生童执事，州中大小官员及有名望的士绅都要参与祭祀。此举延续近百年之久。民国如何，没有查考。2015年春，此举再度以另一种方式提起，江西省社会科学规划办将建立"易堂九子纪念馆"一事列入重要课题项目，我亦有幸参与并负责了这一课题。在省、市、县各级组织具体指导下，经过一年的努力，终于初步完成了"易堂九子纪念馆陈展大纲"的研制。目前，宁都县有关部门正在着手考虑纪念馆的筹

建。时代发展了，传承的方式不同了，人们守不住的是生活的变化，需要坚守住的是精神的家园。一个人，一个民族应该知道自己从什么地方来，最终要到哪里去。

没有最好，只有更好。年谱的修订繁杂而又细致，需要筛选大量的资料信息，要有足够的精力投入。近几年来，本人身体每况愈下，严重的颈椎病疾导致无法长时间阅读和伏案，于是，邀请易堂九子研究会的廖平平老师共同参与。在我的具体指导下，廖老师于教学之余，勤勉努力，夜以继日，与我合作两年有余，数易其稿，终成此果。优秀的文化需要有人不断地接力传承，这就是所谓薪火相传吧。修订本将廖平平老师署名于作者之列，也是想表达这层意思。基于眼界与学识的局限，修订后的年谱肯定存在许多不足之处，请读者和专家不吝教正。

2017 年 11 月 21 日于南台

《易堂真气 天下罕二——2014年易堂九子学术研讨会论文集》序

邱国坤

2014年年底,在魏叔子先生诞辰390周年之际,中共宁都县委、县人民政府携手江西省社会科学院、南昌大学、赣南师范学院,共同在易堂九子的故里宁都主办了一次规格高、规模大、影响广、堪称空前的学术研讨会。莅临会议的近百位人员,既有蜚声海内外的著名专家学者,也有才华横溢、卓有成就的后起之秀。研讨会上,学术气氛热烈浓厚,但受时间限制,已发言者意犹未尽,未发言者则希望有机会一吐为快,主办者为了全面反映与会者的心声,筹资出版了这本论文集,这是一件很有意义的事情。

以魏禧为首的包括魏际瑞、魏礼、邱维屏、彭士望、林时益、李腾蛟、彭任、曾灿等在内的九位先生,先后生活在明末清初自公元1609年至1708年100年的时间里。明亡清继之后,痛怀黍离之悲,共抱亡国之恨,买山翠微,相邀避居,开始了长达60余年的坚守与抗争。九位

先生在峰顶读书讲学的公堂名叫"易堂",人们便称他们为"易堂九子"。

易堂九子的生前身后,不断有解读之人、解读之文,从名流大家到凡夫俗子,从史书典籍到稗言小传,应有尽有,但总体显得零散。直到近些年来,先有中国社会科学院著名学者赵园先生新颖独到的深度解读,继而又有中山大学文学博士马将伟先生条分缕析的系统探讨,将研究水平推上了一个高点。与此同时,在全国各地亦涌现出了许多学术功底深厚的研究者、探索者。大家选择了共同的话题,把焦点对准了这个三百多年前避居在翠微峰上的士人群体,随之而来的是大量新的发现和新的收获。更可喜的是,当下该领域的研究已经形成了一个包括有科研机构、高等院校、地方政府等各类人员共同参与的团队,此次宁都相聚,便是一次团队整体形象和力量的亮相。

易堂九子是一群了不起的人物,他们有很大的抱负。然而,明清易代所带来的社会巨变惊心动魄,直接将这几位毫无思想准备的士人推进了湍急的历史旋涡之中。生死存亡之际,他们面临着艰难痛苦但又是必须的抉择。叔子先生慨叹:一腔热血,不用于君,则用于文;磅礴之气,不发于事业,则发于朋友。躬庵先生则誓言:以生为寄,以死为归,以沟壑为家,以朋友为性命,要立定处乱世不惊、百折不挠的豪迈气概。这些夹带着悲壮激情的言语,是否也抒发了易堂先生们的共同心志?于是乎,在纷繁的乱世之中,他们找寻到了延续抱负和理想的一片纯真的天地,开始了做真学问、写真文章、交真朋友、育真人才、守真气节、做真君子的崭新人生旅程。在60余年艰苦卓绝的历练中，他们用极度虔诚的形式，近乎完美地为自己塑造了一个个光彩照人的真身。

易堂九子为人称道的方面很多，如他们的思想、学术、文章，都足以标榜那个时代。但是，最使人佩服的还是他们的志节和人格。魏禧辞官不举，林时益拒受诏赐，彭士望誓做"铁汉"，邱维屏贫贱不移，李腾蛟身残节贞，魏际瑞舍生取义，魏礼万里寻友，曾灿四海为家，更有彭任三巇峰守志62年……易堂九子是一群有高尚的人生价值观的士人，他们的价值观不仅展示了历代遗民的节操，也是中华民族源远流长的精神积淀。由此想到今天我们审视和研究易堂九子的视野和角度是否可以更宽阔些？表现形式是否可以更多样些？易堂九子给后人留下了很多的好故事，我们能否讲好这些故事，让它们成为激励人们努力创造美好生活、追求美丽梦想的精神动力？为着这个目的，我们既期待看到更多从庄重的学术殿堂、静谧的文化书斋研究总结出来的经典诠释，也渴望看到更多鲜活的、来自草根阶层紧贴地气的热情讴歌和传唱。只有将文化的和精神的优秀遗产融进时代前进的节拍中，成为时代进行曲中一个个有机的音符，才能焕发出其生命的青春和活力，才能实现真正意义上的传承。就在这本论文集的编辑工作行将结束之时，在江西省委宣传部和宁都县委宣传部的共同指导下，我们又努力做了两件有意义的事情：一是协助江西电视台拍摄了《易堂九子》纪录片，二是初步完成了"易堂九子纪念馆陈展大纲"的课题研究。我想，这

也是讲好易堂九子故事的好形式吧。

最后想说一句，论文集承载了许多著名专家学者的优秀研究成果，我是万万没有这个资格写序文的，只是作为一个信息沟通的传递员、牵线搭桥的联络员，姑且乐意而为之。

2015 年 10 月

关于易堂九子遗著、遗址、遗迹的再认识

邱国坤

易堂九位先生的遗著、遗址、遗迹，历来受到各个方面人士的关注，许多人总想弄个明明白白却又常常感到扑朔迷离。按常理说，易堂先生们逝去的时间距今相去也不过三百余年，岁月的尘封，时代的变迁，自然的剥蚀，均不足以这么快抹去那些浓重而又深刻的历史痕迹。但是，现实却严峻地告诉我们：如果再不及时发现、保护、抢救这些宝贵的精神和物质遗产，它们将渐行渐远，最终消失在人们的视野中。

本文着眼于"再认识"，如果有点新鲜的东西，亦仅供大家在了解和认识的过程中作一个参考。

一、对有关遗著的再认识

易堂九子大都是高产作家，如三魏兄弟、彭士望、邱维屏、曾灿在创作方面都有极其出色的表现。魏际瑞20岁不到，所著诗词古文，厚已三尺许。魏禧毕生积一腔热

血，蓄磅礴之气，发于文章，最终，成为开一代风气的文学大家。魏礼热爱生活，游历天下，博采众长，仅其西秦之旅，就创作了110多首诗歌。彭士望少负大志，著作颇丰，有手评《资治通鉴》294卷，《春秋五传》41卷，诗文集40卷。邱维屏既是时文高手、古文大家，也是《易》学专家，每类都有骇世之作。曾灿平生所著诗文集多种，也可谓名满天下。

易堂九子一生到底创作了多少诗文？笔者在做《易堂九子年谱》课题时曾做过一些版本考证，截至新中国成立前已出版计20种共276卷（部）。近年来，广州大学马将伟博士著《易堂九子》一书，列出含未出版的易堂九子著作计46种共543卷（部）。以上是目前可以查考的。实际上，易堂九子创作的诗文应该远大于这一统计数量。

易堂九子生平有如此大量的诗文创作，但是今天我们看到的留存著作却非常有限，是否可以从两个方面去探讨一下个中原因。

一个是已成集或已成文但未出版的原因。这方面概括起来大致有三种情况。

其一，缺乏出版资费。易堂先生们出版著作，基本上需要自己筹集资金，即使是后来文名已经大振的魏禧，也没有例外。魏禧后期的出游，其中一个动因就是筹款出书，以至于自责不能家居教育子女。最后也是为了《二集》的出版操劳过度，客死仪真（征），所以才有门人梁份手捧新刻的叔子文集于老师灵柩前祭奠和痛哭的感人场景。彭士望自述"诗文拙集四十卷，可二千页，以贫无资，刻仅十一"（彭士望《耻躬堂文钞·复高学使书》），也就是说，已出版的只占创作的十分之一。当然，彭士望如果想要得到达官贵族的赞助也是轻而易举的，但他宁愿40年安贫守拙、偷活草间，也不入公门一步。既贫穷，又不愿乞食官府，怎么有钱出书？所写书稿开始多半只能作为同堂励学、朝夕讲习、相与切磋之用。

其二，对创作的诗文稿不经意，不自惜。这方面以邱维屏最为典型。邱维屏性格静默，不求人知。鄙视浮名虚利，但其才华超众，出口成章，落笔成文。在韩城作客写作《易数》一书时，偶尔身边没有稿纸，随手取过牌票并在其背面书写。翰林出身的韩城知府翟世琪将这些随手抛弃的牌票草稿奉若珍宝，用锦轴装潢，珍藏于室。而邱维屏自己向来不珍惜所作文稿，每每写完后便"随手散漫，或为鼠啮去，或人传览相失，亦不自惜"（魏禧《魏叔子文集·邱邦士传》）。他41岁前的文稿都存放在魏禧家中，全部毁于火灾，之后20余年的许多散失诗文稿件，也都是魏禧和彭任设法收集，又由彭任重新誊抄保存下来。《邱邦士文集》刊刻出版面世，已经是康熙五十八年（1719）的事情了。

其三，无意刊出。这里有这么几种情况。林时益本来隐居宁都，隐姓埋名，不愿为世人所知。他所作的大量诗文，虽然格意高洁，但是留存极少，在其生年之时，大多散失无传。彭任平生所著诗文众多，已知的就有10多种。彭任的写作，很多都是以训示儿孙的家庭道德教育以及各种心得体会内容，他曾经说："予所著述抄订，原以自写

性情，辨析真伪，不敢问世妄盗声誉，自谓能文也。汝曹宜藏之。"（彭兆泰《草亭文集·彭中叔先生行略》）这重在家传，也反映出了彭任作为隐士的思想、心迹。李腾蛟的诗文很少问世，即使后来能看到一些，其中也有伪作，非其真笔。当然，也有创作之后自毁其书的。如曾灿生平诗文创作无数，但是晚年之作几乎无存，究其原因，就是自己不愿意留存。他曾经说过："年来以贫窭故，寄人庑下，往往代为属草，丈夫七尺躯，何至以臂指供人驱役，故尽弃其稿不复存。"（毛际可《六松堂集序》）

另一个是已出版未留存的原因。这一原因主要是清廷的禁毁所致。

清王朝虽然是满洲入主，但统治者对汉族文化并不排斥，而是有意利用。入关以后便注意从民间征访遗书，顺治、康熙都有征书之诏。乾隆即位后曾传谕各省督府，命留心采访儒学著作，随时进呈。随即又组织力量，开始编纂《四库全书》。《四库全书》收录书籍3400余种，计75000余卷。平心而论，这项浩大的文化工程，在整理和保存文化古籍方面，建树了不可抹杀的功绩。但是，伴随征书、修书过程的查剿禁书运动，则起了相反的作用，有许多学者认为，其罪恶之大，甚至不能与功绩相比。查剿禁书运动是在《四库全书》开馆第二年开始的，自乾隆三十九年（1774）开始，至乾隆五十八年（1793）为止，历时19年，几乎占了乾隆在位时间的三分之一。总数竟达3000多种，计15000多部。当时的读书人在恐怖的氛围下，为了活命，在私底下还烧了大量的书，有人认为清廷所销毁的书籍总数是《四库全书》收录总数的十倍以上。吴晗曾发出"清人纂修《四库全书》而古书亡矣"的疾呼。

在乾隆的毁书运动中，江西是个重灾区。当时江西巡抚海成是满洲正黄旗人，乾隆三十七年（1772）开始任江西巡抚。胸无点墨的海成对查禁禁书、逆书却非常热心。到乾隆四十年（1775）底，江西全省已查剿禁毁书8000余部，列全国之首，获得乾隆的嘉奖。在清廷的禁毁书单上，易堂九子的所有著作，都被列为全毁书。清廷列为全毁书的主要有三种类型：一是文字内容敌视或鄙视清王朝及其统治者；二是文字内容触发汉人的民族感情，特别是对明王朝的感情；三是文字内容与孔孟程朱之学相抵触。易堂九子的诗文大都已经触及了清廷所列禁书条件的底线。当年清廷对屈大均、钱谦益、黄道周等人的诗文查禁得特别严厉，凡是与明朝有关的诗文一律销毁。而易堂九子与上述人等交往过从甚密，更不用说易堂九子的诗文中处处都显露着亡国的楚痛，以及对匡复故国的期盼，对清廷的宣传统治存在极大的负面影响，作为清廷统治者，怎能听之任之？易堂九子的文集一而再、再而三地被列入剿毁书目之中，反复催剿销毁。比如江西巡抚海成在乾隆四十年（1775）4月14日上奏应剿毁的书目中，有《邱邦士文集》11部，5月11日，又有《邱邦士文集》两部，到9月12日，又销毁了该文集的板片210块。我们今天为什么很难见到康熙年间林时益编辑的《宁都三魏全集》，也是出于这个缘故。直至清道光二十五年（1845）才又出现了宁都谢庭绥绂园书塾重刊的《宁都三魏全集》。笔者至今不明白邱

邦士《黄池梦》失传的原因。看光绪重刻本《邱邦士文集》目录为18卷，第18卷目录为《黄池梦》，但有目无文。这是一卷戏剧作品，距离汤显祖创作"临川四梦"的时间并不久远，邱、汤二人的才学、性格、气节极其相似，如果有朝一日《黄池梦》能重现天日，也许能给世人一个惊喜。

时至今日，一般人能看到的易堂九子著作已经很少了。30多年前，江西省成立了高等院校古籍整理研究领导小组。易堂九子的著作被列入抢救的重点项目，先有《豫章丛书》（胡思敬辑）的影印本出版，内收林时益、曾灿、李腾蛟的诗文稿。接着，又有江西师范大学胡守仁、姚品文、王能宪三人主持点校《魏叔子文集》，并于2003年正式出版，这是一部难得的精品。笔者与戴存仁先生合作，于2001年也出版了《易堂九子散文选注》，属于江西省高等院校古籍整理研究的课题项目之一，算是做了一点小功德。与易堂九子的大量著作比较而言，目前已经整理的文献还是很少，亟待广大专家学者参与其中。在研讨会召开的前夕，欣喜地看到了赣南师范学院关于整理研究出版《易堂九子文集》的方案，心情为之一振，希望该方案能够早日得以实施。当然，在全面抢救这份不可多得的宝贵文化遗产的同时，也可以出一些适合广大青少年和普通读者阅读的选注本或故事类的小册子。

二、对有关遗址的再认识

易堂九子从1646年开始做出上山避居的选择，到1708年彭任最后病逝于三巚峰，历时总共62年。62年间，他们先后在翠微峰及其周边生活、交友、授徒、著作，留下了许多的历史印迹。我们要认识清楚的遗址，并不仅仅局限于那几块砖、几片瓦、几间房、几条路、几口水井。有人说，易堂九子上山隐居是"政治避难"，笔者不太同意这种说法。彭士望在《耻躬堂文集·自序》中说："丙戌侨居梅川山中，志慨慕田畴，意可得为马援、温峤、富弼。"马援、温峤、富弼分别是东汉、晋、宋的名将重臣，彭士望避居的意愿和志慨是非常鲜明的。另外，他在《与宋未有书》中说得也很明确：要以生为寄，以死为归，以沟壑为家，以朋友为性命，宠辱不惊，处乱世不变，不屈不挠。这些其实也代表了易堂九位先生当时的出、处、取、予的态度。应该说，九位先生虽然选择了隐居的方式，但是向世人展示的仍然是一种积极的人生态度，继续追求的是有用于世的人生价值观念，并且将这种执着坚守到最后。我们如果站在这样的角度，再来认识遗址、遗迹，思路可能会更清晰一些，眼界可能会更宽广一些，对易堂九子的评价会更公允一些。

易堂九子的遗址主要分布在翠微峰、冠石、三巘峰、水庄及县城周边，大家疑点较多的是翠微峰遗址，在这里着重做一个探讨。

据《翠微峰志》载："翠微峰是古金精十二峰的主峰，海拔426.8米，位于金精洞东北侧，南联双桃峰，西对三巘峰，北接合掌峰，孤峰突兀，雄居金精腹地。林木葱蔚，苍翠辉明，故名为翠微峰。又因东南峭壁平直，色如丹霞，故俗称赤面寨。山体是南北走向，长约800米，东

西宽约110米，山峰四周悬岩绝壁，自山根至绝顶，最高处达160多米。"

易堂九子看中翠微峰，有其重要原因。首先是其险要，可以据险扼守。其次是峰顶地势平阔，呈南高北低走势，越往北，山翼越向两边展开。山上灌木丛生，杂树参天，便于结屋而居。再次，翠微峰与金精诸峰互相勾连，如有必要，亦可以作为一块整体防守基地，虽地处崇山峻岭，人迹罕至，但又近靠县城，消息灵通，进退自如，自古以来，就是兵家必争之地。翠微峰的山权原属本地人彭宦所有，魏禧兄弟邀易堂诸子中的曾灿、李腾蛟、邱维屏集资，从彭宦手中将山买下。当然，还有一些亲戚朋友也出了一些资费，所以，翠微峰的山权在当时大部分是属于易堂九子的。

翠微峰顶是易堂九子遗址的主要留存地。其中最主要的有作为易堂九子公堂的"易堂"，魏禧的居所"勺庭"，魏礼的居所"吾庐"，还有易堂九子经常游玩的胜地"桃泉"，这里也是山上最重要的水源地。下面根据有关资料分别对这几个重要遗址做些描述和介绍。

易堂　始建于1645年冬。根据魏禧《翠微峰记》和彭士望《翠微峰易堂记》的记述，乙酉（1645）冬，魏禧预料南明王朝终将不保，县城沦陷是迟早的事情，为了应对复杂多变的形势，与诸子商量决定买山隐伏。买下山权后，马上组织人力修凿山圻的石磴，架设上山的阁道，在山的中干北端峰谷的隐伏处开辟出一块平地，并且在上面建筑起了峰顶最初的一栋房屋，这栋房屋是准备将来作为公堂使用的。为了解决上山人员的居住问题，在公堂的左右又加盖了房子，称为"东西两庑"，东庑供彭士望、林时益使用，他们虽没有出资，但居住了相对较好的房间，这是宁都诸位友兄对彭、林二位客人的敬重。西庑供魏氏兄弟及其父母住宿，十分拥挤。邱维屏则在紧挨西庑的墙体外另搭建了一间约六七尺见方的蜗居，就是所谓的"慢庑堂"，供一家人居住。其他上山的人主要分两个地方居住。一个住所建在易堂对面的山岩下。易堂的门口有一口方塘，依彭士望介绍，出易堂，路过塘塍大约再走三十步，便是曾灿、李腾蛟等人的房间，总共有八九间，其中只有一间朝南，其余均面壁而建。背靠右边的山道，终年阴暗潮湿，不见光线，有几间实在不能住人，只好作为书房使用。另一个住所修建在易堂右后侧中干与东干路口的交会处，共建有十多间小房间，彭士望称"右绾口室，李少贱居右。左，谢子培、杨、曾分居并列"（彭士望《翠微峰易堂记》）。也就是说，这一片房屋住着李少贱、谢子培及杨、曾诸多友人亲朋。

　　作为公堂的易堂到底有多大面积？朝向如何？结构怎样？我们可以从彭士望的文中找到比较准确的答案。彭士望称"堂广二丈，深二之一有半。北向"（彭士望《翠微峰易堂记》），这里直接点明了公堂宽为二丈，深一丈五尺，朝北（即坐南朝北）。易堂使用了怎样的建筑材料？彭士望记叙了山上一次涨水的事情经过，从中可以说明一些问题。1652年夏天，翠微峰上连降暴雨，一天，堂外右侧水渠之水突然溢漫出外，来势汹涌，瞬间淹没堂前台阶，涌入房

间，室内顿时水深三尺，彭士望刚刚生下孩子的妾吓得惊慌失措，家中所有杂物皆漂浮在水中。由此推断，易堂的墙体应该不是泥巴所筑，而是属于砖木结构之类，才能抗击和承受山洪的冲刷和浸泡。但是，它还是属于比较简陋的，除了各方面条件的限制，还有一个建筑时间上的仓促。1645年冬才买山着手建房，次年的春天魏禧兄弟便将父母送上翠微峰居住了，其他人的家眷想必也与此同时陆陆续续都送上山去了。仅仅三五个月的时间能建造起怎样的房屋？由此推断，最初建起的易堂应该是一栋砖木混搭的包括公堂及左右东西两庑在内的五间普通平房。

　　易堂是如何得名的？九子决定上山隐居是1646年冬天的事，这时闽赣各地已相继沦陷，南明气数已尽。真正全体聚于翠微应该是1647年的事了。年初，新朝的县令已经到任，誓死效忠于先皇故国的诸位先生，到了作出最后选择的时候。九位先生中，除了彭任已买山三巇，奉家另居外，其余八位先生均相邀上翠微峰聚隐。易堂的得名在1647年（丁亥）的冬天，"是冬，诸子言《易》，卜得'离'之'乾'，遂名'易堂'"（彭士望《翠微峰易堂记》）。也就是说，这年冬天，易堂九子在公堂研讨《易》，其间占了一卜，得到一个"离下乾上"的"同人卦"象，所以决定将公堂定名为"易堂"。至于还有其他的一些得名说法，都应该是后人附会的。

　　说到这里，很有必要了解一下易堂作为九位先生活动的公堂，当时都发挥了些什么作用。细数起来，主要有如下一些：1.讲《易》；2.读史；3.教习古文；4.辩论问题，许多所谓"殿上相争如虎"的"攻恶"故事，都是在这里发生的；5.诗歌唱酬；6.每逢初一、十五集会，行古礼、听古训；7.讲学授徒。后一个内容开始于1648年（戊子）的秋天，吴秉季偕同曾仲子因避乱造访易堂，吴秉季来自浙江杭州河渚，是位气节高尚、学识渊博的理学名士。吴秉季的到来，令易堂诸子欣喜万分，堂中诸子皆倒衣以迎。一连数月，吴秉季与易堂诸子讲学公堂，彭任自三巘峰每期必至。讲学时，设钟磬歌诗，群习静坐，一切按礼规而行。从这时起，影响海内的清初江西三山学派（宁都易堂、南丰程山、星子髻山）便应时而起。而作为"易堂三馆"（翠微峰、水庄、三巘峰）的办学堂课弟子形式，也几乎与此同时逐渐开始。

（一）勺庭

勺庭属魏禧的独居，它应该与易堂及周边居屋同时选址，但兴建时间是在易堂完工之后。即1646年夏天开始施工，建成于1648年夏天。新房住的第一人不是魏禧本人，而是当年初秋时分前来造访易堂的客人吴秉季。

勺庭位于易堂后面，距易堂的直线距离只有八九尺。彭士望介绍从易堂去勺庭的行走线路是：从堂后出，经过一小块菜园子地，再登上近百级弯弯曲曲的石阶，就踏上了峰左（西）边山脊上的道路。从这里向南望去，两崖之间有一泓池水，池水是人工用石块垒堵形成的，旁边种有蔬菜，可以看见被花木遮蔽的楼台、栏杆、走廊，池中种有白莲百余株，有三间楼房紧挨着它。魏禧在《翠微峰

记》中对自己的爱舍是这样描述的："山左干起西阁，平石建木，檐牙窗户阑楯出云木之半。右干作横屋，东面大江，城郭历历。东南隅阁之腋构草堂，阻石为池，莲华满其中，曰'勺庭'，予独居之。环屋树桃华。彭子躬庵诗曰：'云中莲叶秋池艳，天半桃花春井香。'盖谓此也。"这段文字对勺庭做了几个方面的具体介绍。一是勺庭的房屋建筑分为三个部分：西阁、横屋、草堂。二是点明了三个部分建筑地理位置：西阁建在靠山左干（即西边的路）旁，横屋建在靠右干（即东边的路）旁，草堂建在西阁东南角的下方。三是这三个部分的建筑物各有特色。西阁建在平整后的石块上面，有突出的飞檐、敞亮的窗户、可供观景扶手的木质栏杆。横屋朝东面向梅江，可以清楚地看到远处的县城。作为魏禧主要生活居住的场所——草堂位于中间，所谓草堂，其实是三间相对漂亮的楼房。彭士望对这些房屋的整体评价是："广榭阑杆廊步……地最胜。"（彭士望《翠微峰易堂记》）四是草堂侧面有泉水涌出，主人阻石为池，并于池中种上莲花，这就是所谓"莲池"，也是勺庭得名的来由。魏禧这样写道："余以荐瘥，侨于翠微。乃营昌丘，物土作屋。叠石阻池，命曰'勺庭'，志小也。"（魏禧《魏叔子文集·勺庭闲居叙》）勺庭不仅仅是魏禧奉亲养家、陶冶情操的地方，也是他治学著文、传经授业的地方。在这里特别需要提出的是，康熙七年（1668），魏禧专门在勺庭开办了视为"长男"的《左传经世》的重要教学讲座，并且自编《兵法》一册作为教材分发给门人，授课的地点正是西阁。每天门人弟子于西阁席地而坐，听老师上课。师生共进，其乐融融。

魏禧对勺庭一往情深，在许多场合表达了自己的钟爱之情。比如《答杨友石书》中告诉友人："弟则居翠微山中，桃李梧桐之花高于屋，高竹成长林，庭中有周轩曲槛，槛前方池二丈，池上有露台游眺之乐。"在《寄兄弟书》中则称赞："勺庭风日清佳，花竹池台，左右映带，读书游卧，兼妻妾奴婢之奉，真天上人乐。"魏禧自幼身体孱弱，参术不离口，养尊处优习惯了，吃不得多少苦。他不仅对饮食有些个人的要求，隔三岔五要有些肉食荤腥，也喜欢整理整理自己的小环境，莳弄些花草树木，先前特别喜爱桃花，后来又酷爱种竹。虽然，魏禧在山下水庄也有住处，建有学馆，后来又加盖了"拥曝轩"，但是，他还是不愿意在水庄长待，从上山隐居至突然病卒于吴的数十年时间里，大多数时间都是在勺庭度过的。这里留下了魏禧与家人、友人太多的感人故事。魏禧兄弟情深意笃，曾萌生过死后伯、叔、季三兄弟同葬于勺庭的想法，他们希望学苏子瞻、苏子由"与君今世为兄弟，再结来生未了因"。当然，这一愿望最终未能成竟，原因就是伯子突遭韩大任杀害，而叔子又客死他乡，二人都不能老死翠微之上，同葬勺庭也就成为一个难以实现的美丽梦想。

自1681年魏禧夫妇双双离世后，"勺庭"还有些后续的故事。魏禧在病卒仪真（征）的当年正月春日，过继魏礼的第三个儿子世侃为继子，以解决无后之憾。而同年冬天，魏禧不幸病故，此时世侃才13岁。孤独的世侃只好又回到生父家中居住，勺庭暂时空置在那里。又过了三

年，世伱已经16岁了，魏礼在勺庭草堂亲手为世伱举行了隆重的婚礼仪式，终于替兄长叔子完成了一桩未了的心愿。婚礼结束后，考虑到世伱尚无独立支撑家庭生活的能力，又将其带回吾庐居住，共同生活，同时安排子女较多的长子世俶率家住到勺庭。

（二）吾庐

吾庐的建筑时间在康熙五年（1666），这年魏礼正好38岁。此前五年，即从1660年仲夏开始到1665年旧历岁末为止，魏礼基本上都行走在岭南与西秦的游历道路上。其间，历经许多生死考验，也创作了大量诗文。回山后，即在翠微峰顶构筑居屋，并命名为"吾庐"。

吾庐建于峰顶何处？魏禧介绍称"作屋于勺庭之左肩"（魏禧《魏叔子文集·吾庐记》），彭士望说"魏和公游南海西秦归，丙午，于翠微左干之巅构屋五楹"（彭士望《翠微峰易堂记》），"俯探石阁之顶"（彭士望《翠微峰易堂记》）。这里明确了三点：一是位于左干，可以俯视勺庭、石阁；二是与易堂、勺庭同为朝北方向；三是建造了总共五间房屋。因为其选址高，所以周围起伏连绵的群山、纵横交错的四野尽收眼底。加之房屋周围特意种植的松、桃、李、梅各种植物交相辉映，为新居增色不少。等到1682年春天时隔二十三年彭士望再于文后补记"吾庐"时，称赞当年"所艺植日益蕃，居室益增，极翠微一时之盛"（彭士望《翠微峰易堂记》）。

为什么魏礼要将住所命名为"吾庐"？这里涉及建房

的动因。"吾庐"即"我的住宅"的意思。晋陶渊明《读山海经》诗中说："众鸟欣有托，吾亦爱吾庐。"表达了陶翁耕种之暇泛览图书的乐趣。魏礼以"吾庐"名其新宅，内含长隐之意。当时有的朋友对魏礼借债建造这样气派的房屋于险峰之上很不理解，是因其还未透视清楚季子生平豁达慷慨、落拓不羁的性格和志趣。我们现在可以很清楚地看到，自从魏际瑞、魏禧离世后，存世的易堂诸子也散居各处，唯独魏礼率妻子儿孙居住吾庐，直至1691年，已经63岁的魏礼再也无力攀爬山峰奇险之路，才勉强在城中觅得一小屋居住，标榜为"瓶斋"，意即并不是喜欢红尘闹市。自1666年至1691年计25年，魏礼坚守吾庐，矢志不渝，承前启后，难怪彭士望当年夸赞魏礼"天道人事，后起者胜"(彭士望《翠微峰易堂记》)。

魏礼的两个儿子世俲、世俨，也坚决继承伯父、仲父和父亲的志向，不参加科举考试，不入仕途，抱节守贞，先后在峰顶修建、改建、扩建房屋多处，以供家人居住和儿女读书修学之用。一处为"此君堂"，该堂是世俲于1686年年初在仲父魏禧所留下的张姓房屋基础上，将其扩建而成。室成之时，父亲魏礼高兴地赋诗赞曰："两丙两迁居，汝丙胜我丙。"(魏礼《魏季子文集·俲此君堂落成予游息其处赋此》)意指"吾庐"建于丙戌年，"此君堂"建于丙寅年。世俲生育了4个儿子，后面3个儿子都是在这里出生的。1700年，世俲又在峰上修建了"地山草堂"。世俨也先在峰上筑了"虚受斋"，后又在其旁边修建了"惴临轩"。前者是买下曾姓故居改建的，后者则建

在翠微峰的最高处，下临不测深谷，友人卬浦为其取名。当然，这些房屋的命名都蕴含修身警己的深刻内在意义。由于世俶、世俨兄弟的长期努力与经营，翠微峰的山权最后基本归属魏氏后人。

（三）桃泉

桃泉又叫桃井，位于易堂东北方向，磴道之下，周围藤萝交荫，泉水从石峡中涌出，状如葫芦，再注入大井阑中。泉井为石底，深广约20尺，可供数百人饮用。泉水澄碧，水味甘冽，秋冬极干旱时也不会干涸。水大之时，井水漫溢，取水之人平常在井边加盖露板作为汲道。水是山居者最重要的生存条件，山上修凿的泉井随处可见，而桃泉无疑是最重要的取水之地。

桃泉不仅仅是主要的水源地，它还给长年生活在狭小逼仄峰顶的山居者提供了一处不可多得的游玩和观景胜地。易堂诸子都是些性情中的读书人，初上山时，常常相邀列坐泉栈，眺望远山，吹龠煮茗。谷风拂来，井水微漪。偶尔看见山花伴随落叶，纷纷扬扬，漂浮水面，友兄们都会情不自禁拍手叫绝，恍如真处世外桃源之中。

桃泉的得名在于泉外的双桃石。翠微峰有前后两处双桃石，《山志》上前双桃石称为"双桃峰"，后双桃石称为"合掌峰"。泉口之外所见的是"后双桃石"，双石并立环绕，高达山峰的半腰，桃石下面的山基像一个巨大的托盘和架子，双石犹如两颗硕大无比的仙桃并列摆放在盘中，景象颇有情趣。这是从山上朝山下看风景，如果站在山下的路径上眺望桃泉所在位置，经常可以发现山上之人踏着露板取水，这些人时隐时现，飘忽云中，恍如仙境，着实迷人。

三、对有关遗迹的再认识

易堂九子的遗迹存留不多，真伪难辨，这里着重说一下《魏叔子看竹图》。

十多年前的一天，突然接到一个福州打来的陌生电话，来电人自称从马来西亚回国，手中有《魏叔子看竹图》，问要不要？我当时很惊讶，这可是件大事情，不管它的真伪，先问问价钱再说。那人开价超过一百万人民币，我没有当面拒绝他，只是心里估摸自己是沾不上边，地方政府相关部门当时也没有那种眼光，后来事情不了了之。前几年，我拾笔写作《易堂九子》一书，对此事又有所关注。有位朋友告诉我，说宁都中学美术老师彭日峰在筹办百年校庆整理图书时发现了《魏叔子看竹图》，我赶忙找到彭老师询问。果不其然，彭老师向我展示了一只精致的花梨木匣子，匣子长约35厘米、宽10厘米、高10厘米，通身黑中泛红，一看便知是有年份的老东西。打开匣子后，从中小心翼翼地取出一幅长卷铺展在桌面上。这是一幅残卷，前面《魏叔子看竹图》的画面部分已经没有了，剩下的是题跋部分。题跋分为三卷，一卷长330厘米，二卷长260厘米，三卷为空白卷，卷宽均为33厘米，由熟宣做材料。明显可看出，因保管不善，整体上留有许多虫蛀的痕迹，令人十分惋惜。彭老师是美术专业人士，多有作品在国内外参展，此次发现实属不易，该遗迹

已作为学校图书馆的镇馆之宝。《魏叔子看竹图》起始创作于1671年（辛亥）冬天。据朱彝尊《曝书亭集·看竹图记》称："宁都魏叔子与予定交江都，时岁在辛亥。明年予将返秀水，钱塘戴苍为画《烟雨归耕图》，叔子适至题其卷。于是叔子亦返金精山，苍为传写作《看竹图》，俾予作记。"魏禧在《看竹图记》一文中详细介绍了该图创作的经过："余性爱桃花与竹，所居勺庭在翠微千仞中，环庭树桃，右冈种大竹，然仅百余个。十九岁后每令人画像悉不工，最后命戴生画《看竹图》。戴生名苍，字葭湄，西陵人。写人婉婉如生，笔文秀绝天下矣。辛亥冬相遇于扬州，予方毁服急装，而戴生为予写山居像。冠一幅，布衣，方领宽博，前后修竹万竿，清溪带其下，曳杖躧履独行而容与，予亦自惊为绝似也。色微皙，然在山中时恒如是。衣领右弛见胸，尤得神解，不知戴生何自得之。予自分固陋，生平于所作诗文、于生日、于出山还山，即不敢乞人一言，于画像亦然。壬子秋将归勺庭，念友不能尽交，人情物务不能尽阅识，诵杜甫'在山泉水清，出山泉水浊'，慨然太息，将复闭户不出，独知交中怀道执义古之忠孝者，先进、后进咸有其人，终焉离隔，不无恨恨于心，乃以图尾纸请留笔墨。古者赋诗见志，不必自作，诸君子自《三百篇》下放汉魏乐府而止，或取义比似，或意托规勉，选意寓书，又或工绘事，一作山水、草木、物器之形，亦足资教戒也。夫词乃征古，物取通义，言近指远，庶几无恶云尔。闰七月望日，易堂魏禧自记。时年四十有九。"

戴苍，字葭湄，是清初著名的画家，很擅长画肖像、人物、山水，尤其擅长画《看竹图》，魏禧是看到戴苍为著名学者、好友朱彝尊画的《看竹图》和《烟雨归耕图》而动心愿请画的。魏禧对戴苍为自己画的《看竹图》非常喜爱，倍加推崇。《魏叔子看竹图》采用了写实和写意相结合的手法，形象逼真又出神入化地再现了魏禧山居翠微的风骨与面貌，是一件不可多得的稀世珍品。魏禧喜爱之余，欣然自题"修竹万竿，清溪一曲，曳杖容与，适我独幽"四句诗在图上，并留有图尾空白纸张，请堂内堂外各位友兄题跋其上。

现今所见题跋除魏禧自题外，尚有22人。他们分别是友人朱彝尊、金俊明、姜埰、杨瑀、归庄、彭行先、李实、李模、谢文洊、甘京，同堂友兄邱维屏、彭任、彭士望、林时益、魏际瑞、魏礼，以上题跋时间为1672年至1673年。之后先后又有嘉庆庚午（1810）章廷铨、道光丙申（1836）陈云章、道光二十八年（1848）彭玉雯及李临驯、同治己巳（1869）王士奇、光绪癸未（1883）陈宝琛、民国三十六年（1947）周邦道等名流人士题跋。其间，大部分时间画卷均藏于魏氏后人家中并由其展示，最后一次则为宁都李豆村先生收藏所示。周邦道时任江西省教育厅厅长，展观后题书称："宁都李豆村先生家藏易堂魏冰叔先生《看竹图》，为邦国文献，稀世之宝，哲嗣李白学长出示，敬谨展观，愿世世永宝，弗替引之。民国三十六年十一月十五日江西省教育厅厅长瑞金后学周邦道谨识。"此后，再无人见过《魏叔子看竹图》的真身，亦

无世人所阅的文字记载，直至56年后的今天得以重见天日，但却已是身首分离的残卷了，令人感慨万千。

题跋精彩纷呈，无论是工整的小楷，还是舞动的狂草，都呈现出书法大家的气魄，本文不能一一陈述，以下仅撷取同堂六位友兄的题跋供大家欣赏。六位友兄的题赞均遵魏禧"赋诗见志，不必自作"的建议，在纸尾留下墨宝，并盖有各自的图章印玺。

邱维屏题赞出自《诗经·小雅·菁菁者莪》："菁菁者莪，在彼中陵。既见君子，锡我百朋。"

彭任题赞出自梁武帝《逸民》诗曰："如垄生木，木有异心。如林鸣鸟，鸟有殊音。如江游鱼，鱼有浮沉。岩岩山高，湛湛水深。事迹易见，理相难寻。"

彭士望题赞出自《三国志·诸葛亮传》："儒中俗吏，不识时务。识时务者，在乎俊杰。"

林时益题赞出自《诗经·曹风·鸤鸠》："鸤鸠在桑，其子在梅。淑人君子，其带伊丝。其带伊丝，其弁伊骐。"

魏际瑞题赞分别从《诗经》的《陈风》《小雅》《郑风》中选句："衡门之下，可以栖迟。泌之洋洋，可以乐饥。傧尔笾豆，饮酒之饫。兄弟既具，和乐且孺。岂其食鱼，必河之鲂？岂其取妻，必齐之姜？裳锦褧裳，衣锦褧衣。叔兮伯兮，驾予于归。"

魏礼题赞为："身目手足，阙一不可，相视而笑，孰知彼我？"

除《魏叔子看竹图》残卷外，就目前所知，曾灿于康熙二十六年（丁卯）即公元1687年请秀州画家李含汉作过一幅山水画，画卷上面有"丁卯止山先生命属秀州李含汉"的墨迹和印章，藏于李核先生家中。目前保存尚好的曾灿墓内，据表面墓碑文称内藏同堂友兄彭任所撰写的墓志铭文，而此铭文并未收入《草亭文集》，如是，则很有价值。《邱邦士文集》光绪元年（1875）重刻本有一张翠微峰易堂图，据称是当年邱维屏亲手所绘，图中隐藏着许多值得解读的元素和信息。岁月变迁，世事沉浮，易堂九子嫡裔大都难以寻觅。根据有关记载，直至20世纪60年代，彭士望还有嫡裔世居南昌胡琴街，魏际瑞、魏禧、魏礼分别有嫡裔住宁都会同乡、梅江镇南门及建国街老城门口。易堂诸子均有族谱传世，研究人员也许可以从中发现一些线索。还有方以智为李腾蛟在东龙的李氏族谱所写的《谱序》，程山诸子中的重要人物甘京游翠微胜景集仙岩的亲笔题联"贤集高岩追匡阜，泉飞峭壁胜麻姑"等遗迹，都是需要珍惜和保护的文物。

　　当然，随着研究和考察不断深入，必将还会有新的发现和新的认识，不断提高、拓展和加深对易堂九子遗著、遗址、遗迹的认识水平，是易堂九子学术研究的必做课程。如果结合当前乃至今后对资源性区域经济的综合利用与开发，它们或将具有更为重要的社会价值和经济价值。因此，对于这些宝贵的遗产，作为后人，要始终怀抱敬畏之情，尽其所能认识之，尽其所力保护之，尽其所为善待之。

　　（原载于《易堂真气　天下罕二——2014年易堂九子学术研讨会论文集》，江西美术出版社，2016年）

走近易堂

——2014年易堂九子学术研讨会主旨发言

邱国坤

2014年是魏叔子先生诞辰三百九十周年，也是我的族祖、易堂九子的核心人物之一邱邦士先生诞辰四百周年。为了表达纪念，作为宁都人，我有三个梦想：发表一篇论文，出版一本小书，召开一个相关的学术研讨会。现在，这三个梦想都实现了。本届宁都县委及政府提出"崇文、怀德、开放、致远"的立县精神，并且特别将"崇文"置于首要位置，果然名不虚设。今天，有江西省社会科学院、南昌大学、赣南师范学院和中共宁都县委、县人民政府携手联合主办这次有意义的盛会，众多当前易堂九子研究领域最活跃的著名专家学者前来参会，使得这个学术研讨会具有更加重要的意义。这是自易堂九子之后三百余年以来的第一次，是当今社会主流价值观的体现，是社会对易堂九子的敬重，是易堂九位先贤的荣耀，也是宁都人民的荣耀。下面我想以"走近易堂"为话题扼要谈几点个人的体会和认识，请大家批评。

一、我的易堂情结

我是在这座小城土生土长的，是一名普通的中学教师，在农村和县城教了四十年的语文，对易堂九子的一些研究完全出于业余的兴趣爱好。孩提时代，我常听长辈们讲述族祖邦士先生的一些神奇传说，同时也知道有个魏叔子。我有意识地想了解九子之时，已经到了1979年。那年，我请族亲带我去寻找家谱，接着，又去水东、长乐等村寻找九子的墓葬，去九子生活过的地方寻找他们的遗址，去图书馆查找九子的著作。在宁都中学图书馆里，我惊讶地发现了一部清道光年间刊印的《魏叔子文集》，如获至宝，便慢慢读了起来。一边读一边做一些摘录，偶有灵感，也写几句心得，二三年后我将这些心得整理成两篇论文，邀戴存仁先生合作将它们分别发表在20世纪80年代初期的江西师大和南昌大学学报上。在不断的探寻和阅读中，我逐渐培养了一些兴趣，于是有了更深入了解易堂九子的想法。1985年，去南昌的进修给我创造了这个机会，那里有需要读的书，那里有学问渊博的导师。在学习的过程中，我体会到许多的不足与无知。为了拓宽视野，进一步弄清楚易堂九子的来龙去脉，我打算尝试编撰易堂九子年谱。这年冬天，在一次有时任全国高等院校古籍整理研究委员会秘书长安平秋先生亲自参加的小型座谈会上，我把想法做了一个简要的汇报，当场得到安平秋先生首肯，并要求将这一研究计划列入"七五"重点课题里

去。我的两位老师，时任江西省高等院校古籍整理研究领导小组组长余心乐先生、副组长周文英先生也在会上热情地鼓励我，这让我鼓足勇气接受了任务。也是在这个时候，江西师大著名的古代文学教授胡守仁先生和著名学者姚品文、王能宪两位先生共同承担了《魏叔子文集》的整理工作。由于受到眼界和学识的局限，我写的那本《年谱》仍然存在较为明显的缺陷，多年来一直耿耿于怀，希望有机会补正。

之后的一些年里，基于想把易堂九子介绍给更多的普通读者，也想给中学生提供一些可读的优秀文章，我又和戴存仁先生一起着力于《易堂九子散文选注》的编写。在该项工作结束之际，了解到一位全国著名的学者已经认真关注并对易堂九子做了十年的出色研究，这就是赵园先生。赵先生在2001年的春天不辞辛劳辗转来宁都寻踪易堂，并与我进行了联系，可惜那时我正出差在外，错过了当面求教的机会。之后，他又寄给我书信及大作，让我眼界顿开。赵先生用随笔的形式、流畅的语言，描述了易堂九子聚合与流散的种种情态，犹如夏日里翠微峡谷中徐徐吹拂的山风，清新自然而且赏心悦目。前有胡守仁先生这样德高望重的国学大师领衔整理《魏叔子文集》，继有赵园先生这样的学术大家探究九子的精气神韵，令人欣喜，也备受鼓舞。从前，我还认为在这条路上走着太过冷寂，常常生些落寞之感，此时才觉得自己不过是在路上的一分子。这些年来，我们看到：胡守仁、姚品文、王能宪等先生整理的《魏叔子文集》在2003年出版，历时十八年时间；赵园先生从做《明清之际士大夫研究》到《聚合与流散——关于明清之际一个士人群体的叙述》一书出版，耗费时间几近二十年。人生能有几个十八年、二十年？做易堂九子研究的专家还有后起之秀、年轻的马将伟博士，去年在网上忽然发现马博士丰硕的研究成果，今年5月终于得到他的新书。马博士是1976年生人，已经用了八年时间埋头图书馆的古籍堆里专做易堂九子的学术研究。说实话，我很诧异，也很震惊，在今天这样一个极其浮躁的社会里还有如此能耐住寂寞、"不食人间烟火"的读书人。更让我惊喜不已的是，今天，来自全国各地的知名专家学者带着丰硕的学术研究成果齐聚易堂九子的故里，充分说明了易堂九子不可忽视的学术价值、历史地位和现实意义。

二、艰苦卓绝的坚守，纯粹高尚的人格

易堂九子自李腾蛟生于明万历三十七年（1609）五月初六至彭任病卒于康熙四十七年（1708）二月初六，前后正好历时一百年。1645年夏天，为避战乱，彭士望、林时益携家从南昌到宁都结交魏禧。这年冬天，魏禧审度形势邀亲友合资买下了翠微山寨，并花巨资修路盖房。1646年春天，魏禧和友人们先将家眷送上了山寨，冬天，复国无望的九位先生终于齐聚翠微峰。易堂的得名是在1647年的冬天，九位先生中的邱维屏、彭士望、李腾蛟、彭任等人对《周易》均有深刻的研究，当时先生们群聚于山上面积大约三十五平方米的公堂上讨论《周易》，占卜得到"离下乾上"的卦象，于是将公堂取名为"易堂"，从此这

九位读书人便有了"易堂九子"的称号。

易堂九子自1646年冬相邀上翠微诸峰,至1708年春彭任于三巘峰辞世,整整六十二年。数十年来,我常常掩卷沉思,也曾无数次伫立于金精群峰之上,穿行于丛林沟壑之中,尽可能地猜想当年他们极度的生存状态,尽可能地揣测他们坚守的基本动力。在上山的最初期,他们有过短暂的欢愉。躲开了喧闹的红尘,逃离了夺命的战乱,临时建立了一个相对安静甚至安全的生活群落,钟磬歌诗,炊烟袅袅,表面感觉好似世外桃源。"砖移花影,晨读东坡之书;榻转树阴,午摊太白之饭。"(《魏叔子文集·诗》中华书局,2003年)——他们以读书为乐;"三径来白意之交,一庭坐因心之友。"(引文出处同上)——他们以交友为乐;"家无造业之钱,口绝嗟来之食。"(引文出处同上)——他们以清贫为乐;"不问身后,为娱目前。"(引文出处同上)——他们甚至以虚幻为乐。由于是用表面的片刻欢乐,来掩饰内心的极度痛苦,因此常常发出"把酒问天,拔剑斫地"(引文出处同上)的悲叹和长歌,过着把酒浇愁愁更愁的日子。残酷的现实让他们面对更多的是困苦、惊恐甚至死亡的威胁。穷是常态。他们住得极其简陋和拥挤不堪。易堂的两侧有四个面积八平方米左右的房间,分别住了魏际瑞、魏礼和彭士望、林时益四家人。当时每家有多少人口不好统计,但彭士望自述有妻有妾,人口自然不会少。无法住下,彭士望和林时益只好又在屋后加盖了三间小房,每间不到四平方米。邱维屏及妻儿连同他的母亲、弟弟数人,一起挤在一间只有六七平方米大小的土屋里度日。其余的人大体如此。1652年山上遭难后，这样的条件也失去了，无奈之下，林时益、彭士望只好买了冠石和青草湖的破屋作为栖身之地。缺穿，如魏礼这位昔日的富公子所穿的大布裓就缝补了十几处。缺吃，不仅十天半月不能吃上一点荤腥，饿肚子也是常有之事。缺用，到晚上只能在黑暗如漆的房间里相对而坐，等到上床睡觉时才将油灯点亮一下。峰顶的冬日寒风刺骨，但无取暖之物，实在难熬时则锯几截干树枝燃烧代替炭火。惊恐之事常有发生，一惊于匪，二惊于盗。顺治九年（1652），土匪彭宦趁乱带人持刀上山胁迫九子，不但将财物洗劫一空，还将所有人赶下山寨。彭士望携家落荒到青草湖躬耕自食，住在两间破旧低矮的土屋里过着饥寒交迫的日子，半夜里，竟然还遭流窜而来的盗贼抢掠，连棉衣、棉被都抢走了，彭士望的夫人只好将仅剩的一床破棉絮剪成几块，缝了几件棉背心给家人御寒。死人的事情常有发生，仅在上下翠微峰的攀爬过程中便摔死过好几个人，山上居住的女眷们说到下山，都胆战心惊，甚至哭闹不安。魏禧有一次也差点摔下山崖，如果不是弟弟魏礼伸手拉得及时，早已葬身崖底。惊魂之后，魏禧自说从此以后的日子是多余出来的。三巘峰、冠石的登山过程相对没有那么惊险，但也是崎岖难行。

尽管有如此之多的艰难困苦，易堂九子始终在这片突兀孤傲的群峰之上坚守着，不离不弃，他们把这片山林当成了生活的港湾、生命的归宿。他们以生相守：李腾蛟上山二十余年从未改变遗民的服饰打扮；邱维屏山难后搬回

到河东塘角村居住，数十年天天坚持步行往返翠微山中教授弟子，直至逝世前两年；魏礼六十一岁还在翠微峰招收了来自会昌的三位门生，1700年，他的儿子魏世俲为继承易堂之志又在翠微峰上面盖建了"地山草堂"，并请彭任题书匾额。他们以死相守：魏禧三兄弟曾相约死后要合葬易堂，永不分离；彭士望、李腾蛟、彭任最终分别在冠石和三巘峰的陋室里病卒；林时益，这位明宗室后裔一直守在冠石种田弄茶，持斋念佛，在回南昌为儿子料理婚事之际突然重病，生命的最后时刻，再三叮嘱家人一定要将自己送回宁都，送回冠石，他把宁都当作自己真正的故乡，认定冠石为自己最终的埋骨之地。

纵观易堂九子的百年人生，他们不但是一些在学术思想、文学创作、教育实践等方面开一代风气之先、对后世产生很大影响的思想家、文学家、教育家（关于这一点，已经有许多专家学者做了很深入的探讨，我和戴存仁先生编著的《易堂九子散文选注》一书中，也以较大的篇幅发表了自己的看法）。同时，六十二年的努力坚守，也使他们成为生活在特定历史环境中的具有独立人格魅力的杰出士人。他们有少怀壮志，忠心报国的远大理想；有提刀赴难，舍身驱敌的战斗勇气；有不避凶险，临危不惧的侠义衷肠；有急人之难，鼎力相扶的济世精神；有勤勉劳作，躬耕自食的生存意志；有相互砥砺，磊落坦诚的宽广胸怀；有肝胆相照，生死相依的同志信任；有坚守毕生，不事清廷的民族气节。而其中大义凛然、不屈不挠的民族气节，是易堂九子人格魅力的髓核。史家和学界都习惯在文学上把魏禧与侯方域、汪琬并提为"清初三大家",在结社上把易堂与程山、髻山并称为"江西三山学派",同时又与天峰、泉上、北田、板桥、河渚、宛溪等许多遗民士人团体相论。我也喜欢读侯方域和汪琬的散文,戏剧《桃花扇》中的明末四公子之一侯方域的爱情故事曾让许多人扼腕感叹。魏禧作为一位从赣南边鄙山里走出去的读书人,其文章能与身处当时全国文化学术中心的江淮一带顶尖文人媲美,非常不容易。但若论及气节,我还是偏爱魏禧。侯方域于顺治八年(1651)便参加了河南的乡试,并选为副贡生。汪琬则是顺治十二年(1655)的进士,曾任户部主事、刑部郎中,康熙十七年(1678)与魏禧等人同时诏举为博学鸿儒,最终他去应了诏试,并被清廷授以翰林院编修,而魏禧则以病坚辞,守住了人生最后的底线。比较同时期众多结社的遗民士人团体,我们也会发现,在气节的坚守上,在时间的考验上,无论哪一个都没有易堂九子来得坚决和长久。易堂九子中人人都有进学的能力,都有做官的机会,彭士望、邱维屏都曾反复被清朝的官员荐举并以重金聘请,都遭到他们一次又一次的拒绝。魏禧的文章和人格在教育界和学术界一直得到肯定和认可,《大铁椎传》一直为各个时期的中学生必修和选修阅读篇目,今天的人教版高中语文教材及部分省市的七年制义务教材仍在选用。最近六年来,有三篇魏禧的传记文章分别被选为全国、江西及天津的高考文言文阅读试题内容,而这些都是侯、汪两位所没有的,也是其他同时期文人少有的。文人有文品,同时也有人品,高尚的文品与高尚的人

品叠加在一起，才会显得真正的高尚，才会更具有历史的穿透力量。当国家破亡，异族入侵之际，易堂九子的态度是鲜明的——奋起抵抗。从手握武器的直接抵抗到隐退山林的间接抵抗，前后六十余年，这种民族的气节是很值得肯定的。

这里，我想就"民族气节"的认识问题多说几句。近几年来，对"民族主义"乃至"民族英雄"的提法有些争论，某位持有代表性否定观点的历史研究者认为，古代中国没有"民族""民族主义"概念，古人也没有"民族"意识，自然也不可能存在什么"民族英雄"。我们今天熟知的民族英雄如岳飞、文天祥、史可法、郑成功等人都是梁启超等晚清知识分子出于现实政治需要打造出来的，且多臆断，缺乏学术根据。晚清知识分子对"民族主义"的理解更近于"种族主义"，所谓"民族英雄"更近似"种族英雄"。进而认为"中华民族英雄第一伟人"岳飞更像是"中国种族主义第一伟人"。甚至对岳飞能不能算英雄，是不是爱国也持否定态度。同时，还从生物学的角度找了一些佐证，认为民族主义是人类一种多余的想象，谁是我们的祖先？我们并不是周口店猿人的后代，全世界人类其实都来自一个女人，这个女人被称为"线粒体夏娃"。地球上所有的人类都有血缘关系，只不过文化上的偏见妨碍了我们对彼此的认知。将同一个母亲的后代们分化为很多个"民族"并且彼此攻击，这是世间最无聊的事情，等等。

至此，也许有人已经感觉到怎么这些话听起来这么别扭，其言下之意不知是否要说中国没有民族，世界也没有民族；没有民族，也就无所谓国家；没有民族意识，也就无所谓民族精神、民族气节。既然人类都出自同一个母亲，也就不需要有家国观念，又何必谈什么保家卫国？人们要问，当日耳曼的铁蹄践踏之时，当"大东亚共荣圈"的骗术盛行之时，是奋起抵抗，还是俯首称臣呢？在这种认识的指导下，我们的许多价值观念都将被颠覆，人们将失去一些最基本的信念。现在，有的人总想制造一些轰动效应，拿名人来博名，如果仅仅是博一己之名，那只是做人的素质问题，如果另有目的，那又当别论。树立正确的历史观，尊重历史，科学地、客观地评价历史人物，也是我们从中得到的一点启发。

三、特别的动力源泉，超常的价值取向

易堂九子的毕生坚守极其不易，人们要问，支撑他们坚守的基本动力到底在哪里？这个问题，我想是不是可以从以下几个方面来探讨一下。

一是从小受到特别良好的家庭教育熏陶。易堂九子自幼几乎都受过良好的家庭教育，忠孝、刚正、廉洁、仁义是他们从家庭教育里共同获得的美德。魏禧兄弟出生在一个"素封八世"的家庭，祖辈因常行仁义受到朝廷的旌表。邱维屏的祖父邱一鹏是个廉吏，下属为了贿赂他，绞尽脑汁将一只纯金的大盘涂上土漆当作普通铜盘送给他，后被其识破，原物送回。其祖父将家训悬挂厅壁，上书"读书起家之本、勤俭持家之本、和顺齐家之本、循礼保家之本"（《邱邦士文集》一房山家藏版），告诫儿孙做人

做事要有基本准则。曾灿的父亲曾应遴为官清正廉洁，以敢于直谏闻名朝廷。在任工科右给事中时，奉命出督江西、广东兵饷，亲自处死了贪赃枉法的奸吏魏恒法。彭士望的父亲临终前反复叮嘱儿子要师从刚正节义、一身正气的贤臣黄道周，做于国于民有用之人。林时益出身皇家宗室，承父袭奉国中尉，在大部分宁藩支子孙成为横暴一世、祸国殃民的败家子时，林时益却怀有四海之志，与他父亲的严格教育分不开。李腾蛟、彭任的家庭教育也是如此。

二是同堂兄弟特别亲近的血浓于水式的家族联系。他们同怀黍离之悲、亡国之恨，齐上翠微，相聚易堂，感情如一父之子。他们在生活上相互照应，不分彼此，亲如一家，或者说就是一家人。先前，彭士望与林时益、邱维屏与魏氏兄弟以及魏氏兄弟与曾灿本就是亲戚，后来彭士望和魏礼、邱维屏和曾灿、林时益和邱维屏、李腾蛟和彭任、魏际瑞和彭任、彭任和林时益又都成了儿女亲家。这是一个很特殊的现象，这种血浓于水的亲情将他们更紧密地联系在一起，使得他们无论在山出山，互相都自觉地担当起生活照应、安全呵护的责任。但是，他们不搞那种家族式的一团和气，还不断把这种关爱运用到对个人道德品质修养的提高过程中，既不护短，不留情面，又严于律己，宽以待友，修身自省，从善如流。日复一日、年复一年的锤炼，造就了他们贯金石、射日月、齐生死、诚一专精、不可磨灭的友谊，这些都成为他们生活的力量源泉。

三是自觉接受特别广泛的忠义气节奇伟之士的激励。

他们一方面创作大量的诗文，尽情地讴歌那些如史可法、杨廷麟一样以死抵抗、誓不投降的忠节英烈之人，另一方面反复交游，有目的地结交了许许多多像李天植、归庄之类的节义奇伟之士，其中也有包括诸如程山、髻山、北田等地的许多遗民团体，耳濡目染，受到极大的震撼。这些人中对易堂九子影响最大的莫过于方以智，方以智当时声闻天下，是一个称得上伟大的学者，也是一个气节高尚的忠义之士。他不仅亲自访问翠微易堂，与易堂九子一起共同探讨学术、探讨时局、探讨人生，还单独和邱维屏推演易理，亲自为林时益看病，为曾灿已故的父亲写墓志铭，为李腾蛟的家谱作序，对魏禧更是推心置腹，以心相交，以神相交，时间之长，感情之深，无以言表。方以智盛赞"易堂真气，天下罕二"，对易堂九子学术思想和人格精神给予了极高的评价。这一切让易堂九子受益匪浅，终生难忘，他成为易堂九子心中崇拜的偶像、效法的楷模，以至这位大师突然莫名离世时，彭士望不畏凶险代表易堂友兄三赴庐陵青原寺吊唁。借鉴历史，学习古代英雄豪杰，也是一份原动力。当年魏禧在水庄办学时曾编过一本名为《童鉴》的教材，教材中列举了古代五六百位正反人物的事例，这些人大部分是青史流芳的名臣义士，他们能以此教育门生弟子，肯定也能以此激励和鞭策自身。

　　四是具有特别强大的内心世界，这一点最为重要。今年10月中旬，江西省委常委、宣传部长姚亚平同志来宁都考察，很关注易堂九子的研究工作。在交谈中，他提及一个很有意思的问题：江西历代许多著名的士人，似乎都

有一个共同的思想和性格特征，就是一根筋、认死理。想想也是，陶渊明、谢枋得拒官退隐，欧阳修、王安石刚正直谏，胡铨、文天祥拼死抗倭，汤显祖、八大山人白眼傲世，都是些一根筋、认死理的人，这根筋，这个理，其实就是江右这方灵山秀水养育的一颗颗赤诚报国之心，就是满腔浩然济世之气，士可以杀而志不可夺。易堂九子也是这样一些人，战乱让他们失去家园，失去亲人，失去梦想，失去一切，一腔热血，无所用之，宝剑沉埋，此恨难消，于是身上只剩下了气节和做人的尊严，以及为之努力的最后坚守。这种坚守既是思想性格使然，形势逼迫使然，更是数千年中华民族优秀文化熏陶教育积淀于心使然。特定的历史环境决定了他们特定的人生轨迹，也决定了他们超乎寻常的价值取向。1680年春夏之交，魏禧抱病来到南昌，一个静谧的夜晚，叔子先生的内心却在激烈地翻腾涌动着，反思五十多年坎坷曲折的人生之路，他对人之所以成为一个大写的人做了一个哲学家的思考：能知足者天不能贫，能无求者天不能贱，能外形骸者天不能病，能不贪生者天不能死，能随遇而安者天不能困，能造就人才者天不能孤，能以身任天下后世者天不能绝（《魏叔子文集·日录》，中华书局，2003年）。这些掷地有声的话语，既是对自己人生的一个剖析，也是自我精神境界的一个展示，更是对世人的一个劝勉。魏禧是易堂九子的领头羊，也许，在这里我们能够更深刻地寻找到易堂九子为什么能坚守六十二年的基本答案。可以说，这也是易堂九子的精神特质所在。

说到这里，人们要问，九位先生在数十年的坚守之中难道就没有过动摇？彭任八十岁那年患病，在病中写了两首诗给儿子，其中翻用了明代大才子唐寅遭受厄运打击时所写的一句诗："一失足成千古恨，再回首是百年身。"（《草亭文集》豫章丛书刊本）乍一看，好像有追悔之心，其实，当年唐寅是不存在这种心情的，要不然他不会在临终之前写下"生在阳间有散场，死归地府也何妨。阳间地府俱相似，只当漂流在异乡"（《唐寅诗集·临终诗》）的绝命诗。彭任和唐寅所表达的感情是一样的，那就是因生不逢时、不为世用而产生的极度愤懑与无奈。彭任六十二年几乎不出山门，甚至连江西巡抚请他去执掌白鹿洞书院也坚决辞却。可以说，在平生的绝大多数岁月里，他的心是淡定的、坦然的、无怨无悔的。到是后来经常出游江淮的魏禧，因所交之人繁杂、文字应酬颇多，名气越来越大，难免有违心志的地方，常生杜子美"在山泉水清，出山泉水浊"（《魏叔子文集·书简》，中华书局，2003年）的感叹，在心生惭愧的同时，他也不断告诫自己，要留得还山面目，守住做人的底线。当然，自易堂九子以来，人们对魏际瑞、曾灿两位的评价便褒贬不一。曾灿这位当年横刀跃马驰骋战场的青年英雄，后来一段时间表现消沉，当年魏禧、彭士望等老友看在眼里，急在心中，多次相劝，盼其早日振作起来，尽早回到山中，魏禧甚至用收回年轻时以"死友"相期许的诺言相劝。直到魏禧突然病逝仪真（征），曾灿回首往事，也追悔不已。至于对魏际瑞的评价，我有一点自己的看法。我认为魏际瑞出山游幕

的初衷，很大部分原因是出于保全整体的一种策略，起码他自己的思想中抱有这样的出发点。纵观他的一生，无论作为兄长、作为朋友、作为父亲还是作为幕客，他都是一个有担当、负责任、少有私心的人，平心而论，如果没有他的挺身而出，易堂诸位友兄当时面临的生存危机还要更大，结果也更加难以预测。最终，他用近乎于壮烈的死给后人做了一个彻底的交代，的确，他有一颗勇敢的心。毋庸置疑，囿于时代的局限，易堂九子的思想观念和行为方式或多或少不同程度都存在明显的缺陷，可以另作讨论。

四、几点建议

总体说来，易堂九子留给后人的精神财富是丰厚的、不可多得的，值得珍惜，值得传承。借这个难得的机会，我向会议的组织者提出几条建议，也恳请与会的各位专家学者和朋友们献计献策：

第一，从建立易堂九子立体文化公园的大角度出发，规划好旅游开发事业，保护好现存的易堂九子遗址，特别是翠微峰、冠石、三巘峰、勺庭莲池、桃井，以及林时益、曾灿、彭士望的墓葬墓址和河东邱邦士纪念堂、东龙李腾蛟宗祠等。恢复莲池、桃井原貌，让"云中莲叶秋池艳，天半桃花春井香"[《耻躬堂诗文合钞》，道光四年（1824）刊本]的景观再现。适时适度修复易堂、勺庭、水庄拥曝轩学馆等遗址，创造条件建立易堂九子文化博物馆。

第二，积极抢救易堂九子的文学遗产，组织专家队伍整理现存易堂九子著作。由于政治的原因，易堂九子著作多数曾被列为清代全毁书目，由江西巡抚汇总上奏并亲自督办。所谓全毁，就是不但要销毁已经刊出的书籍，而且还要销毁刻板板块，因此损毁极其严重，现存著作极为宝贵。建议高等院校及有能力的学术研究机构牵头组织专家学者，争取立项和资金，地方政府予以配合，制订出可行性规划，争取早日出版较为完整的高质量的易堂九子文献。与此同时，也可采用诸如影印的手段先行刊印部分善本著作，以满足各种需求。前者费时长，但解决了"好"的问题；后者短平快，但解决了"有"的问题。

第三，拍摄介绍易堂九子事迹的纪录片或专题片，鼓励采用不同的文学艺术形式，创作以易堂九子为题材的优秀作品，特别期待地方戏曲推陈出新，在传颂易堂九子的事迹中发挥特色作用，让可歌可泣的易堂九子事迹和精神在各种群众喜闻乐见的文学艺术形式中得到永久的展示。编写适合中学生阅读的乡土教材，让包括青年学生、干部职工及普通百姓在内的广大人群能更全面、更深入了解易堂九子。通过广泛的宣传，让易堂九子成为展示宁都形象、赣南形象、江西形象，促进地域经济发展的一张优秀名片。

第四，积极开展易堂九子学术研究交流活动，成立已经三十五年的"易堂九子研究会"显然已经不能适应当前工作的需要，有必要将现有的"易堂九子研究会"扩展为有全国专家学者参与的更具代表性的学术团体，建议江西社科院文学研究部、南昌大学人文学院、赣南师院文学院

及宁都县社联为副会长单位，推选有代表性的研究人员担任理事成员，聘请著名专家担任名誉会长和学术顾问，定期编辑有关学术动态进行交流，并将"易堂九子学术研讨会"这一形式常态化，期待新的"易堂九子研究会"能在传承易堂九子这一优秀文化的过程中发挥更加积极的作用。

我相信，只要不断地走近易堂，不断地解读易堂九子，就会不断地有新的发现、新的体会、新的认识、新的收获。

主要参考文献

《宁都三魏全集》，清易堂刊本，道光二十五年（1845）宁都谢庭绥绂园书塾刊本。其中包括：魏禧著《魏叔子文集》，魏际瑞著《魏伯子文集》，魏礼著《魏季子文集》，以及魏世杰著《魏兴士文集》（《梓室文稿》），魏世倣著《魏昭士文集》（《耕庑文稿》），魏世俨著《魏敬士文集》（《为谷文稿》）。

（清）魏禧著，胡守仁、姚品文、王能宪校点：《魏叔子文集》中华书局，2003年。

（清）彭士望《耻躬堂诗文合钞》，清道光四年（1824）刊本，咸丰二年（1852）重刻本。

（清）邱维屏：《邱邦士文集》，清道光十七年（1837）刻本。

（清）彭任：《草亭文集》，清乾隆十年（1745）岘山西向堂刊本。

《豫章丛书》，民国胡思敬辑，豫章丛书编刻局刊本。其中包括：林时益著《朱中尉诗集》，曾灿著《六松堂集》，李腾蛟著《半庐文稿》。

四库全书存目丛书编纂委员会编：《四库全书存目丛

书》影印本，齐鲁书社，1997年。

赵尔巽等撰:《清史稿》，中华书局，1976年。

赵园:《明清之际士大夫研究》，北京大学出版社，1999年。

赵园:《聚合与流散——关于明清之际一个士人群体的叙述》，中国文联出版社，2009年。

马将伟:《易堂九子研究》，社会科学文献出版社，2013年。

易堂九子学术研讨会组委会编:《易堂真气　天下罕二——2014年易堂九子学术研讨会论文集》，江西美术出版社，2016年。

后　记

　　数十年来，宁都县委和政府在对优秀的易堂九子文化资源的保护利用、研究队伍的培养建设、项目成果的宣传推广等方面，做了大量卓有成效的工作，一直起着主导和引领的关键作用。今天，优秀的易堂九子文化已经不仅仅是文乡诗国的代表和标识，而且成为全省乃至全国了解和认识宁都悠久历史、社会文明、经济发展、时代进步的一个重要窗口。

　　过往的经验告诉我，我的努力一定会得到宁都县委和政府的支持，但是，还是没有想到支持会来得如此迅速，如此给力。就在书稿呈请审阅的第二天，我便得知了县委主要领导全力支持本书出版的批示，真正的高效率！真正的实干家！我马上联想到了习近平总书记提倡的"抓铁有痕"的踏实工作作风，联想到了建设具有中国特色社会主义现代化强国所需要的精神风貌。当然，也许会有人认为这种事情于县主要领导来说，是区区小事，但是千万别忽视，自古以来，许多小事情里蕴含着大道理、大境界，是可以见微知著的。看惯了花开花落、云卷云舒的老人，平常之事往往难以撩起内心的涟漪，而这一次，我是真的被

感动了，这样雷厉风行的务实精神，能不为之点赞吗？

　　易堂九子对于宁都人民来说，是一个绕不开的永恒的话题。中国社会科学院著名研究员赵园先生在写完《聚合与流散》这本书之后说："易堂诸子在我，已非漠不相关的异代人，他们由故纸堆中走出，径直走入了我的世界。"赵先生赞叹易堂诸子是"天性的诗人"，神往的是易堂诸子"以其光明俊伟的人格，照亮过他人"。赵先生是在用笔与易堂诸子进行心灵的对话，这是真诚与真诚的交流与碰撞。记得2001年年初，先生觅踪易堂，回京后曾写过一封信给我，谈及对易堂诸子的研究已近10年时间了。2014年岁末，赵先生又兴致盎然重返宁都参加易堂九子学术研讨会，在主旨发言中尽兴抒发对易堂诸子的敬仰之情，其情之浓，其意之深，令我辈动颜。与易堂诸子，在感情上，我有和赵园先生相似的地方，但又有与其不同之处。易堂诸子生活过的那山、那水，是生我养我的故乡故土，优秀的易堂文化，注定要与我结下不解之缘，于我而言，它已经不是一般意义上的写作与传承，而是一种生命的延续，我在这里，不仅获得了生命的长度，同时也收获了生命的宽度和厚度。

　　脍炙人口的易堂九子故事，人们一定会永远讲述下去；催人奋进的易堂精神，也一定会永远鲜活在人们心中。我梦想，翠微峰顶能重现"云中莲叶秋池艳，天半桃花春井香"的怡人美景，人们能在峰顶触摸到易堂、勺庭、吾庐、桃泉的生活温度，与先贤亲切对话；我梦想，有一个易堂九子文化主题公园，人们能在休闲时畅游其间，感受一段又一段易堂文化的历史踪迹，寓教于游，寓教于乐；我梦想，在庄重肃穆的现代化易堂九子纪念馆里，一代又一代青少年能沐浴中华民族五千年的文明，寻找到易堂文化的根，增添文化自信的力量。梦想可期，因为宁都已经在规划翠微峰申报5A级景区的蓝图，有大手笔、大气魄。

感谢宁都县委和政府的全力支持，感谢宁都易堂九子研究会副会长廖海鸣先生、秘书长廖平平先生全过程的鼎力相助。

同时，也真诚地感谢中国文联出版社副总编邓友女和责编张凯默，他们的博学和出色的工作，使这本小书成为了赏心悦目的优质图书。

邱国坤
2023年仲秋